정정사항

페이지	정정 전	정정 후
p17 표	③ 펀치문제, 불록 등	③ 펀치문제, 블록 등
p27 예제1 선택지 ③	콸라룸푸르	쿠알라룸푸르
p59 지문 3문단	예를 들어, 간호사들은 ~ 스스로 미안한 감정을 가지려 한다.	예를 들어, 간호사들은 ~ 스스로 미안한 감정을 가지려 한다.
p104 예제2 보기	10101.101	10101.101
p111 06 보기	$\sqrt{n^2 + 14n + 49} = 3^4$	$\sqrt{n^2 + 14n + 49} = 3^4$, n은 자연수
p120 03 정답	③	②
p121 BOX	구성비(%) = $\dfrac{전체}{부분}$ × 100	구성비(%) = $\dfrac{부분}{전체}$ × 100
p125 <그림1> 20~29세 그래프	35.8	35.6
p128 BOX	지수 = $\dfrac{변화량}{기준량}$ × 100	지수 = $\dfrac{비교량}{기준량}$ × 100
p130 표	■ 2000년 ··· ··· ··· ···	■ 2003년 ··· ··· ··· ···
p133 표	1편성 정원	1량의 정원
p133 각주 (추가)		※ A~D의 모노레일은 원형이다.
p135 05 선택지	① 10억4천만원 ② 20억8천만원 ③ 31억2천만원 ④ 52억	① 10조4천억원 ② 20조8천억원 ③ 31조2천억원 ④ 5조2천억원
p135 06 문제	C~E산업 중 부가가치가 가장 적은 산업은 무엇인가? ① C산업 ② D산업 ③ E산업 ④ F산업	B~E산업 중 부가가치가 가장 높은 산업은 무엇인가? ① E산업 ② D산업 ③ C산업 ④ B산업
p142 01 문제	이때 C의 평균시속은 ···	이때 A에서 C까지의 평균시속은 ···
P143 05 문제	S24. S반도체사는 ···	S반도체사는 ···
p151 03 보기	–6 ? 4	–6 4
p159 03 선택지 ③	j	h
p160 05 보기	쀍	쀍 ㄸ
P165 01 해설	①은 시계방향으로 45° 회전만 ··· ④은 제시된 도형과 같은 도형이다.	삭제
P168 03 해설		
p173 03 선택지 ④		

페이지	정정 전	정정 후
P173 03 해설	살펴보면 ①은 전개도… ②와 ③은	살펴보면 ①과 ②는 전개도 … ③은
p175 보기		
P175 01선택지 ③		
p178 05 선택지 ④		
p178 06 선택지 ④	55개	56개
P204 03 보기	A. 소득수준이 … 재화 - 열등재 B. 다른 재화의 … 재화 - 대체재 C. 다른 재화화의 … 재화 - 보완재 D. 가격이 떨어 … 재화 - 기펜재	A. 소득수준이 … 재화 B. 다른 재화의 … 재화 C. 다른 재화화의 … 재화 D. 가격이 떨어 … 재화
P226 예제1 문제	일반금속은 … 0이 되지 않는 물질이 있다. 어떤 온도 …. … 처음으로 이 현상을 발견 …	일반금속은 … 0이 되지 않는다. 그러나 이 물질은 어떤 온도 …. … 처음으로 이 같은 현상을 보이는 물질을 발견 …
p258 05 해설	A산업의 매출액 10억4천만원+B산업의 매출액 41억6천 = 52억	A산업의 매출액 2조6천억원+B산업의 매출액 2조6천억원 = 5조2천억원
p258 06 해설	C산업의 부가가치:282억×0.02×0.3 D산업의 부가가치:141억×0.02×0.6 E산업의 부가가치:408억×0.04×0.5 F산업의 부가가치:102억×0.01×0.5	B산업 부가가치:0.4×(1040억/0.04) C산업 부가가치:0.3×(282억/0.02) D산업 부가가치:0.6×(141억/0.02) E산업 부가가치:0.5×(408억/0.04)
P258 08 길라잡이	… 한국을 기준으로 한 터키의 물가수준은 = 88 이다. 여기에서 만약 두 국가가 2007년에 2003년 대비 12%씩 상승하였다면 = 가 되/ㄴ다. 즉, 한국과 동일한 물가상승률을 보인다면 결국 2003년과 2007년의 물가지수는 동일하게 된다. 그런데 만약 한국보다 더 높은 물가상승률을 보인다면 가 되어 보다 높게 된다.	… 한국을 기준으로 한 터키의 물가수준 $\frac{B}{A}$ = 88 이다. 여기에서 만약 두 국가가 2007년에 2003년 대비 12%씩 상승하였다면 $\frac{B \times 1.12}{A \times 1.12} = \frac{B}{A}$ = 가 된다. 즉 한국과 동일한 물가상승률을 보인다면 결국 2003년과 2007년의 물가지수는 동일하게 된다. 그런데 만약 한국보다 더 높은 물가상승률을 보인다면 $\frac{B \times (1.12 + \alpha)}{A \times 1.12}$ 가 되어 $\frac{B}{A}$ 보다 높게 된다.
p263 06 해설	2층에서 2면 ~ 개수 = (6×4)-4 따라서~개수는=90-24-4-4-3=55개	2층에서 2면 ~ 개수 = (6×4)-3 따라서~개수 = 90-24-3-4-3=56개

EDU-TECH 대한적성시험연구소
SSAT 삼성그룹 직무적성검사

삼성은 1938년 창업 이후 다양하게 급변하는 시대의 흐름에 아주 탄력적으로 적응해 왔다. 변화하지 않으면 1등 기업이 될 수 없다는 마인드와 이를 통한 세계 시장에 대한 끊임없는 도전은 오늘날 삼성을 한국을 대표하는 글로벌 기업으로 성장시켰다.

삼성이 세계 기업에서도 높은 위치를 차지하는 기업으로 발돋움한 가장 중요한 요인 중 하나는 인재경영이다. 이는 삼성 그룹이 경영철학의 최우선 순위를 '인간존중' 이념으로 삼고 있다는 것에서도 발견할 수 있다.

그렇기 때문에 삼성은 인재 발굴을 위해 끊임없이 노력해 왔다. 우리나라 대부분의 기업들이 학력이나 성적에 바탕을 둔 소위 학벌 위주로 사원을 선발하던 90년대 중반, 삼성은 외부 자문 교수들과 2년여의 연구 및 사전 검사를 거쳐 삼성직무적성검사(SamSung Aptitude Test)를 개발했다.

SSAT는 기업의 신입사원 선발 시험에서 최초로 적성시험을 도입한 사례이다. 이는 삼성이 지향하는 인재상이 어떤 것인지를 확연히 보여준다고 할 수 있다. 삼성의 일원이 될 수 있는 일차적 자격은 학벌과 성적이 아니라, 다양하고 급변하는 환경변화에 따른 문제해결력이다.

요컨대, SSAT는 삼성의 경영철학에 부합하는 핵심 인재를 찾고자 지원자들의 역량을 평가하는 첫 관문이라 할 수 있다. SSAT는 암기 위주의 단편적 지식을 측정하기보다는 다양한 상황에서 유연하게 사고하고 판단할 수 있는 능력을 평가하고 있다.

SSAT는 직군별로 요구되는 기초 지각능력과 논리적 사고력, 문제해결력, 분석력 및 추론 능력, 창의성, 상황판단력 등을 종합적으로 측정해 직무에 대한 개개인의 적성 및 소질 등을 찾아내는 것을 1차 목적으로 한다.

나아가 SSAT는 단순히 지원자를 걸러내는 형식적 1차 전형 과정이 아니라, 면접 시에도 중요한 평가 요소로 작용하여 삼성인으로서의 자질을 판단하는 중요한 자료로 활용된다. 즉 입사 이후의 업무 배치 및 승진 시에도 중요한 판단 자료로 적극 이용되고 있다.

삼성에서 SSAT의 도입이 성공적이라고 평가되자 2000년 이후 거의 대부분의 대기업들과 공기업들이 입사 전형 절차에 직무적성시험을 도입했다. 기업마다 문항의 내용이 약간씩 차이를 보이고 있긴 하지만 각 개인의 잠재 능력을 평가하겠다는 측면에서 SSAT의 틀을 거의 벗어나지 않고 있다. SSAT가 가장 광범위한 적성시험의 형태를 띠고 있기 때문에 SSAT를 잘 대비하면 타 기업들의 적성시험을 준비하는데도 많은 도움이 될 수 있다.

SSAT는 크게 기초능력검사(AI), 직무능력검사(PI), 인성검사로 구성되어 있다. 기초능력검사는 언어능력 40문, 수리능력 30문, 추리능력 30문으로 구성되어 있으며, 직무능력검사는 직무상식 50문, 상황판단 25문, 인성검사는 200~300문으로 구성되어 있다.

본 교재에서는 SSAT 3개의 영역 중에서 가장 핵심이 되는 기초능력검사와 직무능력검사 중 직무상식 부분에 초점을 맞추었다. 이 부분은 지원자의 잠재된 능력을 평가하는 적성시험이기 때문에 출제 경향에서 요구하고 있는 기본적인 사항들에 대해 세심한 준비가 없다면 그리 만만치 않은 시험이기 때문이다. 이에 따라 본 교재에서는 SSAT 출제 유형을 다각도로 분석함과 동시에 최신 출제경향을 충실히 반영하여 수험생들이 SSAT를 준비하는데 있어서 부족함이 없도록 최선을 다했다.

모쪼록 본 교재가 삼성인을 꿈꾸는 모든 지원자들에게 큰 도움이 될 수 있기를 바라며, 삼성을 지원하는 모든 인재들의 합격을 진심으로 기원한다.

이 교재는 삼성직무적성검사(SSAT)에 대비하기 위한 기본서로서, SSAT에 출제되었던 최근 3개년 간의 문제를 철저히 분석하여 유형별로 출제경향을 한 눈에 파악할 수 있게 하였다. 또한 각 영역마다 단계별 훈련이 가능하게끔 4개의 영역을 기본이론 · 예제 · 기본문제 · 연습문제의 체제로 구성했다.

기본이론과 예제를 통해서 해당 영역의 특징과 출제되는 유형을 정리하고, 기본문제를 통해서 현재 출제되고 있는 경향을 파악할 수 있게 하였다. 또한 연습문제를 통하여 해당 유형의 특징을 다시 한 번 점검할 수 있도록 하였다. 본 교재는 이러한 과정을 통해 자연스럽게 지원자의 문제 적응력을 높이는 것에 초점을 맞추고 있다.

또한 출제된 기출문제가 반복 출제되고 있는 점을 반영하여 빈출되는 대표적인 형태의 문제들을 효율적으로 해결할 수 있게끔 <길라잡이> 코너를 마련했다. 해당 문제와 관련된 개념이나 성질 및 공식을 정리하여 비슷한 범주의 문제들을 효과적으로 해결할 수 있도록 배려했다.

끝으로 SSAT 출제 비중이 점점 높아지고 있는 부분을 적극적으로 반영했다. 언어능력 검사의 '독해능력' 부분과 수리능력 검사의 '자료의 이해와 해석' 부분, 그리고 추리능력 검사의 '언어추리' 부분 등은 해당 영역에서 그 비중이 50%를 넘는 부분들이다. 이 부분들에 대한 이론적 기반과 상세한 설명을 통해 어떤 문제가 출제되더라도 당황하지 않고 문제를 해결할 수 있도록 구성했다.

특히 직무상식 능력의 경우, 출간된 많은 SSAT관련 수험서들이 실제 시험과 가장 많은 괴리를 보이고 있는 영역이다. 실제 SSAT 시험에서는 50 문제 중에서 경제 및 경영(이공계의 경우 과학 및 공학) 부분이 영역의 절반 이상을 차지하고 있다. 또한 지문의 길이도 길어지고 복합문제의 비중이 늘고 있는 추세이다. 이러한 추세를 반영해야 실제 시험을 준비하는데 도움이 되는 학습서라 할 수 있다. 본 교재는 최신 기출문제 경향에 부합하는 문제들로 구성하여 지원자들이 믿고 공부할 수 있도록 만반의 준비를 다했다.

목차

CONTENTS

1. 경영철학

삼성은 글로벌 무한경쟁과 급변하는 대내외적 경영환경 속에서 다가올 위기극복을 위해, 국내뿐만 아니라 글로벌 차원에서 모든 삼성인을 하나로 결속시키는 정신적 구심점 확보가 절실히 필요하게 됨에 따라 글로벌 차원의 명시화된 가치체계를 재정립하여 초일류기업 실현을 위한 글로벌 싱글삼성의 문화적 토대를 구축하는 작업을 시작하게 되었다.

삼성의 경영철학에 뿌리를 두고 있는 「경영이념」, 「핵심가치」, 「경영원칙」에 대해 살펴보면 다음과 같다.

1) 경영이념

인재와 기술을 바탕으로 최고의 제품과 서비스를 창출하여 인류사회에 공헌한다.

삼성의 존재 이유 및 사명이자 궁극적인 목적 및 방향성을 나타내는 삼성의 경영철학으로, 삼성은 경영이념을 통해 경영의 핵심요소인 인재와 기술을 통해 고객을 만족시키는 최고의 제품 인류의 공동이익을 실현하여 인류사회에 공헌한다는 삼성 궁극적인 목적을 밝히고 있다.

2) 핵심가치

삼성의 지속적인 성장을 견인하고 성공신화를 창조하게 하는 성공 DNA

'핵심가치'는 삼성의 기업정신 중에서도 가장 핵심적이며 모든 삼성인의 사고와 행동에 깊이 체화된 신조로, 창업이념과 삼성정신, 경영이념과 삼성인의 정신, 신경영 등을 통해 계승되고 체화되어 있던 기업정신을 '핵심가치'라는 이름으로 재발견하고 오늘의 시점에 맞게 재해석한 것이라 할 수 있다.

| People | Excellence | Change | Integrity | Co-prosperity |
| 인재제일 | 최고지향 | 변화선도 | 정도경영 | 상생추구 |

3) 경영원칙

글로벌 초일류 기업을 지향

삼성이 법과 윤리를 준수하고 기업 본영의 역할과 사회적 책임을 다하기 위해 모든 경영활동에서 삼성인의 사고와 행동기준이 될 경영원칙을 말한다.

원칙	내용
법과 윤리의 준수	① 인권존중 ② 공정경쟁 ③ 회계 투명성 유지 ④ 정치불개입 및 정치적 중립
깨끗한 조직 문화 유지	① 공과 사의 구분 ② 지적재산 보호와 존중 ③ 건전한 조직 분위기 조성
고객 · 주주 · 종업원 존중	① 고객만족 우선가치 ② 주주가치 중심의 경영 ③ 종업원의 삶의 질 향상
환경 · 안전 · 건강 중시	① 환경친화적 경영 ② 인류의 안전과 건강 중시
글로벌 기업시민으로서의 사회적 책임	① 기업시민의 기본책무 수행 ② 지역사회 존중 및 상생 실천 ③ 사업파트너 공존공영의 관계 구축

2. 인재상

> ## 창의 · 열정 · 소통의 가치 창조인

1) 열정과 몰입으로 미래에 도전하는 인재
(Challenge the Future with Passion and Commitment)

- 일에 대한 열정과 조직에 대한 일체감 및 자부심을 갖고 미래에 도전하는 인재
- 업무열정, 공동체의식, 올바른 가치관을 가지고, 업무에 대한 책임감과 프로의식을 갖고 끊임없이 도전하고 성장하는 사람

2) 학습과 창의로 세상을 변화시키는 인재
(Make the World Better through Learning and Creativity)

- 자기 주도적으로 학습하고 창의적 감성과 상상력을 발휘하여 변화를 선도하는 인재
- 폭넓은 경험과 학습을 통해 전문성을 키우고, 다양하고 독창적인 발상, 영감, 상상력을 발휘하여 더 나은 세상을 선도하는 사람

3) 열린 마음으로 소통하고 협업하는 인재
(Connect, Communicate and Collaborate with Open Mind)

- 세대, 계층, 지역간 벽을 넘어 공감적 소통과 개방적 협업으로 새로운 가치를 창출하는 인재
- 열린 생각과 마음으로 다양성을 수용하여 세계와 소통하고 동료, 이웃, 사회와 협력하여 신뢰를 쌓음으로서 인류에 공헌하는 새로운 가치를 만들어 내는 사람

3. 교육제도

1) 해외지역 전문가 제도

'세계화를 위한 현지화' 전략의 하나로 해외지역 전문가 제도를 실시하고 있다. 이는 21세

기의 국제적인 감각을 지닌 세계 경영자를 양성하기 위한 것으로 관습이나 문화적인 차이를 뛰어 넘어 그 나라 사람처럼 생각하고 행동할 수 있는 완전히 현지화된 삼성인을 양성하는 제도이다.

파견자로 선발된 사원은 모든 업무로부터 해방되어 아무런 조건없이 1년간 자신이 선택한 나라에서 본인의 의사에 따라 자유롭게 활동하고 현지인과 생활하게 되며, 어학연수와 체험연수를 통해 현지 사회문화 전반에 대한 여러 가지 경함을 쌓게 된다.

2) 삼성 MBA

21세기 초일류기업의 초석이 될 차세대 핵심 인력을 발굴 양성하기 위한 전문 인력 육성 제도이다.

Socio – MBA와 Techno – MBA로 나뉘어 운영되며 대리급 이하를 대상으로 원하는 분야의 MBA를 취득할 수 있도록 회사 차원에서 지원을 해주고 소정 자격을 이수한 사원에 대해서는 그룹의 예비 경영자이자 차세대 리더로서 키워 나아가게 된다.

3) 핵심인재 육성 프로그램

삼성의 미래를 이끌어 갈 핵심인재를 교육시키는 과정으로 지역전문가 과정과 Socio – MBA와 Techno – MBA, 21세기 리더 과정, 21세기 CEO 과정 등이 포함되며 전문 소양을 갖춘 경영인력을 육성하기 위한 것으로 업무와 별개로 실시되는 전문교육 과정이다.

4) 국제화 교육 프로그램

국제화 교육 프로그램은 국제화 교육부문과 외국어 교육부문으로 나뉘어져 있다. 국제화 교육부문은 해외사업부문의 관리자, 주재원 부임자 및 귀임자를 위한 각종 과정과 지역연구 과정 등 6개 과정이 운영되고 있으며 외국어 교육부문은 다양한 어학 및 문화를 이해할 수 있도록 12주 과정으로 운영되고 있다.

5) 리더 양성 교육 프로그램

신입사원 및 신임 과·부장, 신임 임원 등 해당 계층 신임자를 대상으로 하는 '기본교육' 과 상위 직급의 업무수행 능력을 사전 배양하기 위한 '육성교육' 으로 나뉘어져 있다. 기본교육에는 신입사원을 위한 입문과정, 신임·과장·부장과정, 경영자 세미나 등이 있고, 신임임원 과정에는 신경영을 선도하는 21세기 New Leader로서의 사명감을 부여하고 사업부문 책임자로서의 추진력과 Leadership을 겸비한 전략경영 실천능력을 함양한다.

6) 전문 직무 교육 프로그램

전문 직무능력 개발을 통해 혁신적 기업문화 창출에 기여할 인재를 양성하는 프로그램으로 모든 사람이 각각의 분야에서 전문지식을 가지고 자신의 능력을 최대한 발휘할 수 있도록 짜여진 교육 프로그램이다. 신경영과 기업문화 확산을 위해 다양한 교육을 실시하고 있으며, 질 좋은 교육을 위해 해외 선진기업 벤치마킹, 국내 타기업, 대학, 교육기관과의 교류를 활발히 진행하고 있다.

7) Cyber 교육 프로그램

기업에 필요한 인재, 나아가 국가에 필요한 인재, 궁극적으로는 세계 인류사회에 공헌하는 인재를 양성한다는 신념으로 인터넷 비즈니스 성공전략, Global Management, 비즈니스 매너, 알기 쉬운 시사 경제, 퍼포먼스 영어 등 40여종의 교육을 실시하고 있다.

4. 급여제도

1) 임금체계

개인의 능력과 업적에 따른 진정한 성과보상을 실현하기 위하여 삼성형 연봉제를 실시하고 있다. 매년 근속에 따라 자동적으로 임금이 올라가는 호봉 승급제를 폐지하고, 삼성형 연봉제를 통해 누구나 능력과 업적에 따라 대우를 받을 수 있는 급여체계를 정착시켜 나가고 있다.

2) 연봉

연봉은 기본급과 능력급으로 구성되어 있다. 기본급은 임직원들의 기본생활을 보장하기 위해 직급별로 동일한 금액을 지급한다. 능력급은 전년도 업적과 능력에 따른 차등 임금항목의 일종으로 개인의 업적과 능력 발휘정도를 공정하게 평가하고 그 결과에 따라 차년도 능력급을 차등 지급한다.

3) 생산성격려금

경영목표를 달성하는 과정에서 임직원의 집단적 노력을 유도하기 위해 기업의 경영, 인적자원, 설비, 기술 등의 효율적 운영결과로 발생된 경영성과 중 일부를 종업원의 생산성 향상에 대한 보상으로 지급하는 별도의 집단성과급 제도이다.

4) 이익분배제도

회사나 사업부 단위로 최종 경영성과가 경영목표보다 초과했을 경우, 경영목표 초과이익의 일정부분을 임직원에게 집단성과급의 형태로 배분하는 변동적 보상제도이다.

5. 복리후생 제도

1) 주택지원

임대아파트 제공, 지방근무자를 위한 사택지원, 기혼근무자를 위한 주택구입 및 전세자금 지원 등을 통하여 사원의 Life Style에 맞는 주거환경을 제공하고 있다.

2) 자녀교육 지원

회사별 장학제도와 교육시스템 등을 통하여 사원자녀의 학비지원은 물론 양질의 교육을 받을 수 있는 기회를 제공하고 있다.

3) 여가생활 지원

사원의 질 높은 문화 교양생활과 건전한 휴식을 위한 비용 및 시설을 적극 지원하고 있다. 회사 차원의 다양한 문화 교양 프로그램이 마련돼 있음은 물론 휴양소 지원과 스포츠 레저 활동에 대한 지원이 이루어지고 있다.

4) 의료지원

정기적으로 사원의 건강진단을 실시하고 있으며 질병에 걸렸을 때는 적극적인 의료지원 뿐만 아니라 의료비도 지원해 주는 등 사원의 질병 치료 및 건강 유지를 위해 최고의 의료 서비스를 제공하고 있다.

5) 노후생활 지원

노후에도 안정되고 편안한 생활이 될 수 있도록 회사차원에서 다양한 연금을 지원하고 있다.

삼·성·그·룹·채·용·이·야·기 ———————————

1. 채용 대상 및 응시자격

- ● 삼성 3급 신입사원
  - 3급 사원은 흔히 대졸 사원을 말하나, 응시는 학력에 구분 없이 지원할 수 있다.

※ 4급 신입사원(전문대졸 기준), 5급 신입사원(고졸기준) 채용은 각 사별로 직접 채용을 원칙으로 하나 필요시에는 별도 공지하고 있다.

2. 모집 시기

- ● 각 회사별 특성에 맞게 인력소요가 생길 경우에 한해 년중 상시로 진행하고 있다.
- ● 회사별로 대규모 인력이 필요한 경우에는 별도의 공고를 통해 모집한다.

3. 지원방법

www.dearsamsung.com에 접속한다.

↓

신입사원채용의 「지원서작성」을 클릭한 후 신규작성 버튼을 클릭한다.

↓

제시된 안내와 채용공고에 따라 지원서를 작성한다.

↓

지원서 접수기간 내에 제출한다.

↓

이후 해당회사의 안내에 따라 전형절차에 응시한다.

4. 채용전형 절차

지원서 작성 ➡ 서류전형 ➡ SSAT 전형 ➡ 면접 ➡ 건강검진 ➡ 최종합격

● 면접

적극적이고 창의적인 인재선발을 위한 열린 면접으로 인성 면접, 프리젠테이션 면접, 집단 토론 면접으로 나누어 실시한다. 면접 전형에서는 면접위원이 일방적으로 묻고, 피면접자는 질문사항에 대해서만 수동적으로 답변하던 기존의 면접방식에서 탈피하여 응시자의 개성과 능력이 자연스럽게 표현될 수 있는 능동적 면접방식을 실시한다.

방법	내용	시간
인성 면접	기본인성 및 적응성	10분 ~ 20분 (1인당)
프리젠테이션 면접	직군별 기본실무능력 및 활용가능성 (직군별 전문성이 있는 주제에 대해 신세대의 가치관과 감각에 맞도록 전문지식, 경험, 포부, 열정을 표현하는 것이 중요)	10분 ~ 20분 (1인당)
집단 토론	직군별로 전문성이 있는 주제에 대한 논리력, 설득력, 의사소통 능력	40분 정도 (4~6인 1조당)

S·S·A·T·이·야·기 ——————————————

1. SSAT란?

SSAT(Samsung Aptitude Test)는 삼성직무적성검사로 학력 또는 단편적인 지식보다는 폭넓은 지식으로 주어진 상황을 유연하게 대처하고 해결할 수 있는 종합적인 능력을 평가하는 시스템이다.

2. SSAT 전형 배경

① 학력 또는 단편적이고 암기식 위주의 지식보다 어떤 상황에서도 유연하게 대처하고 해결할 수 있는 능력이 중시되는 사회의 도래
② 일반 시험공부처럼 사전 준비가 불필요하고, 마치 대학입학시험처럼 도서관에서 단기간의 암기식 취직시험을 준비하지 않아도 되는 평가도구의 필요성 대두
③ 학력제한 철폐와 영어 및 제2외국어, 상식 등 필기시험 폐지를 통한 열린 채용방식 도입
④ 대졸 신입사원 공채를 3급 신입사원 채용으로 바꾸어 간판보다 능력, 획일보다 개성이 존중되는 열린 채용을 실천

3. SSAT의 구성

구 성		문항수	시간	내 용
기초능력검사(AI) (Academic Intelligence)	언어능력	40문항	20분	삼성이 지향하는 인재가 갖추어야 할 기초 지적능력을 종합적으로 파악
	수리능력	30문항	30분	
	추리능력	30문항	30분	
직무능력검사(PI) (Parctical Intelligence)	직무상식	50문항	25분	업무능력, 대인관계 및 사회생활을 하는데 필요한 상식 등을 파악
	상황판단	25문항	25분	
인성검사(200문제 ~ 300문제, 약 45분)				

4. SSAT의 측정내용

구분	측정요소	측정내용	측정방법
기초능력 검사	언어력	일상적으로 사용하고 있는 단어 및 문장에 대한 이해도·정확성 등을 평가	① 동의어, 반의어, 단어의 관계 ② 어휘력·맞춤법 ③ 한자 및 고사성어, 속담, 격언 ④ 문장배열 ⑤ 장문독해
	수리력	회사의 매출액, 인건비, 종업원 변동 추이, 투자비용 등 필수적인 수리계산 및 통계처리능력 등을 평가	① 단순계산 ② 자료해석 ③ 응용계산
	추리력	업무추진 및 상황에 관련된 미래에 대한 정확한 분석·판단능력 등을 평가	① 문자 추리 ② 도형 추리 ③ 언어 추리
	지각력	업무에 따른 신속성 및 정확성 등을 평가	① 도형 찾기 ② 전개도 ③ 펀치 문제, 블록 등
직무능력 검사	상식능력	사회 및 직장생활을 하는데 필요한 상식과 사회적 정보의 소유정도 등을 평가	① 정보화·국제화 능력 ② 직장 예절 ③ 사회·경제·경영 상식
	상황 판단력	다양한 상황에 대한 평가·대처능력 등을 평가	① 계획력 ② 분석 종합력 ③ 상황판단·대처력
성격 검사	인성	대인관계와 개인의 성격·특성 및 자질 등을 평가	① 적극성, 자율성, 인내성 ② 책임성, 지도성, 협조성 ③ 정서적 안정성, 감정통제력

언어능력

 **언어**능력 총론

　언어능력은 단어에 대한 의미를 묻는 문제에서부터 문장, 그리고 글에 대한 전반적인 이해를 요구하는 문제까지 폭넓게 출제된다. 언어능력의 문제 유형은 크게 어휘능력, 문장능력, 독해능력으로 나누어 볼 수 있다.

어휘능력	동의어 · 반의어	주어진 단어와 동의 또는 반대의 뜻을 가진 단어를 찾는 문제. 어휘의 정확한 의미를 알고 있는지를 평가한다.
	단어 간의 관계	두 개의 단어 사이의 상관관계를 유추하는 문제. 포함, 모순, 원인-결과 등의 관계를 정확히 판단할 수 있는지를 평가한다.
	어휘 선택	한 문장이나 한 문단 내의 빈칸에 들어갈 적절한 어휘를 선택하는 문제. 어휘의 의미와 정확한 쓰임을 알고 있는지를 평가한다.
	한자성어	주어진 상황에 어울리는 한자성어를 고르는 문제. 한자와 한자성어에 대한 기본적인 지식을 갖추고 있는지를 평가한다.
문장능력	문장 연결	문장과 문장 사이의 자연스러운 연결을 위해 빈칸에 적절한 접속부사를 찾는 문제. 문장 간의 관계를 파악하고 접속부사를 바르게 사용할 수 있는지를 평가한다.
	문장 배열	순서가 올바르지 않은 문장들의 선후관계를 파악하여 하나의 완결된 글이 되도록 배열하는 문제. 문장 간의 관계를 파악하여 글을 논리적으로 구성할 수 있는지를 평가한다.
독해능력	장문 독해	4~5문단 정도의 글을 읽고 주어진 물음에 답하는 문제. 중심 내용 찾기, 일치하는 진술 찾기, 문단 배열하기, 적절한 사례 찾기 등의 문제가 있으며, 이 밖에도 단어능력 · 문장능력 문제들(한자성어, 접속부사, 어휘 선택 등)이 함께 나올 수 있다. 글을 제대로 이해하는지를 복합적으로 평가한다.

　어휘능력에서 나오는 단어나 한자어는 모두 상식적인 수준의 것들이 나온다. 다만 이에 대한 기본적 지식이 문제를 해결하는 데 반드시 필요하므로 평소에 단어와 한자에 대해 잘 정리해 두어야 한다. 특히 한자성어 문제는 선택지가 모두 한자로만 표기된다는 점에 유의해야 한다.

　문장능력이나 독해능력에서 제시되는 글들은 너무 전문적이지 않은 내용이며, 경제나 과학과 관련된 실용적인 내용이 많이 나온다. 문장능력이나 독해능력의 문제들은 난이도가 높지는 않으나 짧은 시간 안에 정확히 풀어야 한다는 문제가 있다. 다만 비슷한 유형이 거의 반복적으로 출제되고 있으므로 평소에 모의고사 등을 통해 실전감각을 익히고 문제풀이의 방법을 익혀 놓으면 많은 도움이 된다.

1장

어휘능력

어휘를 얼마나 알고 있는가를 테스트하는 영역이다. 단어의 의미는 정확히 알고 있는지, 주어진 단어와 비슷하거나 상반된 단어를 고를 수 있는지, 두 개의 단어를 통해 관계를 유추하고 이러한 관계를 다른 단어에도 적용할 수 있는가를 묻는다. 또한 한자 어휘나 한자성어의 의미를 정확하게 알고 있는지 확인하는 영역이다. 단어의 정확한 사전적(辭典的) 의미는 물론 주어진 상황에 적절한 어휘를 구사할 수 있는가를 테스트하는 영역이므로 어휘의 의미와 사용에 대해 미리 학습할 필요가 있다.

동의어 · 반의어

동의어 · 반의어 문제는 언어능력에서 가장 기초적인 단계에 해당하는 문제라고 볼 수 있다. 제시된 단어와 같은 뜻을 가진 단어나 반대 뜻을 가진 단어를 선택하는 어휘 문제이다. 제시되는 단어는 명사인 경우가 많으나, 때에 따라 부사나 형용사가 나오기도 한다. 또한 4개의 선택지 가운데 2개 정도가 한자로 되어 있는 경우도 있다. 문제의 보기에 출제되는 어휘의 난이도는 그다지 높은 편은 아니다. 그러나 일상생활에서 자주 사용하지는 않지만 상식적인 차원에서 알아야 할 고유어나 한자어 등을 묻는 문제도 간혹 있다.

이 유형은 〈보기〉나 선택지에 제시된 어휘의 의미를 정확하게 알고 있는지가 문제 해결의 관건이라고 할 수 있다. 그러나 지나치게 어렵거나 전문적인 단어는 나오지 않고 일상적으로 사용되는 수준의 단어가 사용되며 출제 비중도 그리 크지 않기 때문에 어려운 단어를 찾아 사전적 의미를 암기하는 것은 효율적이지 못하다. 이보다는 글을 읽으면서 글의 맥락상 적절한 단어가 무엇인지를 자연스럽게 익히는 것이 좋다. 답을 선택할 때에도 단어가 실제로 활용되는 과정을 생각해보고 자연스럽게 바꾸어 쓰일 수 있는 단어나 반대되는 단어를 선택하는 것이 좋다. 또한 문제에 한자로만 나오는 경우도 많기 때문에 단어를 익히면서 정확한 한자도 확인해 두어야 한다.

예제 1 다음 보기와 같은 뜻을 가진 것을 고르시오.

> 보기
>
> 융통(融通)

① 소통   ② 공용   ③ 通用   ④ 變通

| 정답 | ④

융통(融通) : 금전, 물품 따위를 돌려씀. 그때그때의 사정과 형편을 보아 일을 처리함.
① 소통(疏通) : 막히지 아니하고 잘 통함.
② 공용(公用) : 공공의 목적으로 씀.
③ 통용(通用) : 일반적으로 두루 씀.
④ 변통(變通) : 형편과 경우에 따라서 일을 융통성 있게 잘 처리함. 돈이나 물건 따위를 융통함.

예제 2 다음 보기와 반대의 의미를 가진 단어를 고르시오.

> 보기
>
> 습습하다

① 암띠다   ② 두툼하다   ③ 들어맞다   ④ 썰썰하다

| 정답 | ①

습습하다 : 활발하고 너그럽다.
암띠다 : 수줍어하다.
썰썰하다 : 속이 비어 배가 고픈 듯하다.

01 다음 보기와 같은 의미를 가진 단어를 고르시오.

> 보기
>
> 길항(拮抗)

① 順航　　　② 난항(難航)　　　③ 亂杭　　　④ 힐항(頡頏)

| 정답 | ④

길항 (힘이나 세력(勢力) 따위를)서로 버티고 대항(對抗)함. 맞버팀. 비슷한 말 =힐항

① 순항 : 순조롭게 항행함. 또는 그런 항행.

② 난항(難航) : 폭풍우와 같은 나쁜 조건으로 배나 항공기가 몹시 어렵게 항행함.

③ 난항(亂杭) : 적의 기병을 막으려고 굵은 말뚝을 불규칙하게 박아 동아줄로 얼기설기 얽어 놓은 장애물.

02 다음 보기와 같은 의미를 가진 단어를 고르시오.

> 보기
>
> 높바람

① 된바람　　　② 하늬바람　　　③ 샛바람　　　④ 건들마

| 정답 | ①

높바람, 된바람 : 북쪽에서 부는 바람

② 하늬바람 : 서쪽에서 부는 바람(=기수알바람)

③ 샛바람 : 동쪽에서 부는 바람(=강쇠바람)

④ 건들마 : 남쪽에서 부는 바람(=마파람, 하풍)

03 다음 보기와 반대되는 의미를 지닌 것을 고르시오.

> 보기
>
> 눌변(訥辯)

① 강변(强辯)　　　② 대변(對辯)　　　③ 항변(抗辯)　　　④ 능변(能辯)

| 정답 | ④

눌변 : 매끄럽지 못하고 더듬거리며 말함.

① 강변 : 이치에 닿지 아니한 것을 끝까지 굽히지 않고 주장하거나 변명함.

② 대변 : 대답하여 말함.

③ 항변 : 대항하여 변론함.

④ 능변 : 말을 능숙하게 잘함.

04 다음 보기와 반대되는 뜻을 가진 것을 고르시오.

보기	고상(高尙)

① 저하(低下)　　　② 저열(低劣)　　　③ 하위(下位)　　　④ 저급(低給)

| 정답 | ②

고상(高尙) : 품위나 몸가짐이 속되지 아니하고 훌륭함.

① 저하(低下) : 정도, 수준, 능률 따위가 떨어져 낮아짐.

② 저열(低劣) : 질이 낮고 변변하지 못함.

③ 하위(下位) : 낮은 지위나 등급이나 위치.

④ 저급(低給) : 적은 액수의 봉급이나 품삯.

단어와 단어 사이의 관계

　단어 사이의 관계 문제는 제시된 한 쌍의 단어와 동일한 관계를 가진 단어들을 선택하거나 단어 사이의 관계가 다른 한 쌍의 단어들을 골라내는 문제이다. 어휘 문제 중에서 꽤 많은 비중을 차지하고 있다. 이 유형의 문제는 단어 사이의 관계를 파악하는 데에 많은 시간이나 준비가 필요하지 않기 때문에 상대적으로 쉽게 접근할 수 있는 편이다. 단어 사이의 관계를 정확하고 빠르게 파악하기 위해서는 단어 사이에 성립될 수 있는 관계를 다양하게 생각해야 한다. 단어사이에 성립될 수 있는 관계는 보통 다음과 같은 것들이다.

　1) 포함 관계(상위 · 하위 · 동위 관계)
　2) 모순 관계
　3) 원인-결과 관계
　4) 원료-생산물 관계
　5) 유의, 반의 관계
　이외에 '영화-주인공' 관계처럼 색다른 관계를 물어보는 경우도 있다.

　이러한 문제는 제시된 단어의 의미관계를 얼마나 빠르게 파악하느냐가 관건이다. 제시된 단어의 관계가 다양하기 때문에 두 단어의 의미를 생각하고 다양한 가능성을 생각해 두어야 한다. 최근 출제된 문제들을 보면 단어의 사전적 의미를 묻는 문제부터 이슈가 되고 있는 경제 용어나 인물간의 다양한 관계를 묻는 문항들이 등장하고 있다. 이러한 문제들을 위해 별도의 시간을 할애하여 외우는 것보다 글을 읽으면서 실생활에 자주 사용되는 용어들을 눈여겨 보아두는 것이 중요하다.

예제 1 다음 빈칸에 들어갈 단어로 가장 적절한 것은?

> **보기**
> 포르투갈 : 리스본 / 말레이시아 : (   )

① 호치민   ② 스리랑카   ③ 콸라룸푸르   ④ 방콕

| 정답 | ③

국가와 수도의 관계이다, 말레이시아의 수도는 ③이다.

예제 2 다음 제시된 단어의 관계와 동일한 관계를 고르면?

> **보기**
> 언어 : 한국어

① 동물 : 소   ② 소설 : 시   ③ 삼각형 : 사각형   ④ 밀가루 : 메밀가루

| 정답 | ①

언어라는 범주 안에 한국어가 포함된다. 이 단어의 관계는 포함관계이며 상위/하위관계이다.

01 다음 제시된 단어의 관계와 동일한 관계를 고르면?

> 보기
>
> 소환 : 호출

① 추측 : 힐책　　② 숙환 : 근심　　③ 봉쇄 : 미봉　　④ 중개 : 주선

| 정답 |　④

유의관계의 단어이다.

소환 : 법원이 피고인, 증인, 변호인, 대리인 따위의 소송 관계인에게 소환장을 발부하여, 공판 기일이나 그 밖의 일정한 일시에 법원 또는 법원이 지정한 장소에 나올 것을 명령하는 일. [비슷한 말] 구환(句喚)·호출.

02 다음 보기에 제시된 단어와 같은 관계를 가진 단어끼리 묶인 것을 고르시오.

> 보기
>
> 지폐 : 화폐

① 낮 : 새벽　　② 발달 : 진보　　③ 사전 : 서적　　④ 사춘기 : 방황

| 정답 |　③

지폐는 화폐의 한 종류이기 때문에 지폐와 화폐는 포함관계이다. 사전은 서적에 속하기 때문에 이와 같은 관계에 있다.

03 제시된 단어의 관계와 같은 것을 고르시오.

> 보기
>
> 이발지시 : 화살

① 감탄고토:흙　　　　　　　② 오월동주:술

③ 수구초심:고향　　　　　　④ 동가홍상:치마

| 정답 | ④

이발지시(已發之矢) : 이미 시위를 떠난 화살이라는 뜻으로, 시작한 일은 그만두기 어려움을 이르는 말.
사자성어와 사자성어에 사용된 소재와의 관계를 묻고 있다.

① 감탄고토(甘呑苦吐) : 달면 삼키고 쓰면 뱉는다는 뜻으로, 자신의 비위에 따라서 사리의 옳고 그름을 판단함을 이르는 말.

② 오월동주(吳越同舟) : 원수 사이인 두 나라의 사람이 같은 배를 탔다는 뜻으로, 서로 적의를 품은 사람들이 한자리에 있게 된 경우나 서로 협력하여야 하는 상황을 비유적으로 이르는 말.

③ 수구초심(首丘初心) : 여우가 죽을 때에 머리를 자기가 살던 굴 쪽으로 둔다는 뜻으로, 고향을 그리워하는 마음을 이르는 말.

④ 동가홍상(同價紅裳) : 같은 값이면 다홍치마라는 뜻으로, 같은 값이면 좋은 물건을 가짐을 이르는 말.

04 다음 중 두 단어의 관계가 나머지와 다른 것을 고르시오.

① 학교 : 교육　　② 화장실 : 청소　　③ 법원 : 판결　　④ 부엌 : 요리

| 정답 | ②

①, ③, ④는 어떤 장소와 그 장소의 용도라는 관계를 가지고 있다. 그러나 화장실은 청소를 위한 장소가 아니다.

어휘 선택

어휘 선택 문제는 주어진 글의 빈칸에 들어갈 알맞은 단어를 선택하는 문제이다. 즉, 단어의 의미를 파악하고 문맥에 맞는 단어를 찾을 수 있는지를 묻는 문제라고 할 수 있다. 이 유형에서도 마찬가지로 한자어를 물어보는 경우가 있는데, 특히 비슷한 발음을 가지거나 의미를 혼동하기 쉬운 한자어들을 정확히 사용할 수 있는지를 평가하는 문제도 종종 출제되고 있다. 한자어의 경우, 한자로만 제시되는 경우도 있으므로 한자를 정확하게 알아야 한다.

어휘 문제의 가장 기본은 단어이다. 그러나 단어는 짧은 기간 내에 방대한 모든 분량을 학습하는 데는 한계가 있을 수밖에 없다. 또한 문맥 내에서 적절한 단어를 고르는 문제이기 때문에 사전적 의미만 가지고는 빈칸을 채우기 어려운 경우도 발생한다. 시험에 출제되는 단어는 보통 업무관련 용어나 상식차원의 한자어들이 주종을 이룬다. 그러므로 평소 독서를 하면서 단어의 쓰임을 익혀두는 것이 바람직하다. 시험에 임박하여 방대한 독서를 하라는 것이 아니라 가령, 상식 공부를 위해 신문을 본다면 관련된 단어들을 눈여겨 보아두라는 것이다.

예제 1 다음 빈칸에 들어가기에 가장 적절한 말을 고르시오.

> 보기
> 응급 상황에서는 그 상황에 알맞게 (   )하는 것이 무엇보다 중요하다. 대부분의 경우 빠른 조치만 있었으면 큰 문제로 확대되지 않고 해결될 수 있기 때문이다.

① 대응   ② 대책   ③ 대비   ④ 독려

| 정답 | ①

글의 내용을 보면 다급한 상황에서는 그에 맞게 행동을 해야 한다는 의미임을 알 수 있다.
① 대응(對應) : 어떤 일이나 사태에 맞추어 태도나 행동을 취함.
② 대책(對策) : 어떤 일에 대처할 계획이나 수단.
③ 대비(對備) : 앞으로 일어날지도 모르는 어떠한 일에 대응하기 위하여 미리 준비함.
④ 독려(督勵) : 감독하며 격려함.

예제 2 다음 빈칸에 들어가기에 가장 적절한 말을 고르시오.

> 보기
> 이번에 출시된 모니터는 여러 면에서 기존의 제품과 차별화되어 있다. 특히 영상에 따라 해상도를 자동으로 (   )해주는 기능을 장점으로 내세울 수 있다.

① 調停   ② 調整   ③ 選別   ④ 調劑

| 정답 | ②

모니터가 스스로 해상도를 맞춘다는 의미의 단어가 들어가야 한다.
① 조정(調停) : 분쟁을 중간에서 화해하게 하거나 서로 타협점을 찾아 합의하도록 함.
② 조정(調整) : 어떤 기준이나 실정에 맞게 정돈함.
③ 선별(選別) : 가려서 따로 나눔.
④ 조제(調劑) : 여러 가지 약품을 적절히 조합하여 약을 지음.

01 다음 빈칸에 알맞은 단어를 넣으시오.

> 보기
> 이번 싸움은 영희의 투지가 승패를 (   )한 것이라고 해도 과언이 아니다.

① 갈음   ② 어름   ③ 어림   ④ 가름

| 정답 | ④

영희의 투지가 싸움에서 이기고 지는 것을 결정한다는 의미이다.

갈음 : 다른 것으로 바꾸어 대신함.

어름 : 1. 두 사물의 끝이 맞닿은 자리. 2 물건과 물건 사이의 한가운데

어림 : 대강 짐작으로 헤아림. 또는 그런 셈이나 짐작.

가름 : 1 따로따로 나누는 일. 2 사물이나 상황을 구별하거나 분별하는 일.

02 빈칸에 들어갈 적절한 말을 고르시오.

> 보기
> 한 인물에 대한 역사적 평가가 모두 동일하게 내려지는 것은 아니다. 어떤
> 역사서에서 영웅으로 평가되어 있는 사람이 다른 역사서에서 비열한 인물
> 로 (   )되어 있기도 한다.

① 발표   ② 기술   ③ 요약   ④ 결정

| 정답 | ②

비열한 인물로 기록되어 있다는 의미이므로 기술이 들어가야 적절하다.

발표 : 어떤 사실이나 결과, 작품 따위를 세상에 널리 드러내어 알림.

기술 : 대상이나 과정의 내용과 특징을 있는 그대로 열거하거나 기록하여 서술함.

요약 : 말이나 글의 요점을 잡아서 간추림.

결정 : 행동이나 태도를 분명하게 정함. 또는 그렇게 정해진 내용.

03 빈칸에 들어갈 적절한 말을 고르시오.

> 보기
> 한 기업은 자회사 고객의 개인정보가 (   )된 정황이 드러나자 경찰에 신고를 했다. 조사결과 회사 직원 한 명이 정보를 브로커에게 몰래 팔았던 것이 드러났다.

① 출시   ② 산출   ③ 출몰   ④ 누출

| 정답 | ④

개인정보가 밖으로 흘러나갔다는 의미이므로 누출이 들어가야 적절하다.
출시 : 상품이 시중에 나옴.
산출 : 물건을 생산하여 내거나 인물 · 사상 따위를 냄.
출몰 : 어떤 현상이나 대상이 나타났다 사라졌다 함.
누출 : 비밀이나 정보 따위가 밖으로 새어 나감.

04 다음 빈칸에 들어가기에 가장 적절한 말을 고르시오.

> 보기
> 전쟁은 인간에게 많은 피해를 가져온다. 그 중 하나는 많은 문화재가 전쟁으로 인해 (   )되었다는 것이다.

① 방출   ② 쇠퇴   ③ 배척   ④ 유실

| 정답 | ④

전쟁의 피해로 문화재 또한 피해를 받는다는 의미의 단어가 들어가야 한다.
① 방출(放出) : 비축하여 놓은 것을 내놓음.
② 쇠퇴(衰退) : 기세나 상태가 쇠하여 전보다 못하여 감.
③ 배척(排斥) : 반대하여 물리침.
④ 유실(遺失) : 가지고 있던 물건을 부주의로 잃어버림.

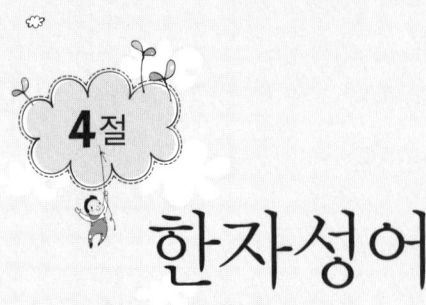

4절 한자성어

　　한자성어를 묻는 문제는 주어진 글의 상황에 부합하는 적절한 단어를 고르거나 고사와 관련된 단어를 묻는 문제들로 구성된다. 단순히 한자성어의 의미를 묻는 것이 아니라 글의 내용을 이해하고 이에 부합하는 적절한 단어를 고르는 것이기에 뜻을 정확히 알고 있어야 한다.

　　이 유형의 문제는 한글이 병행표기 되기도 하지만 일반적으로 선택지가 한자로만 제시되기 때문에 기본적으로 주어진 한자나 한자성어를 읽고 의미를 알 수 있어야 한다. 한자성어는 일반적으로 중고등학교의 학습 수준으로 풀 수 있는 문제들이 출제된다. 따라서 빈출되는 한자성어는 뜻뿐만 아니라 이와 관련된 고사가 있다면 이를 기억해 두는 것이 좋다. 출제되는 유형은 크게 3가지로 분류해 볼 수 있다.

　　1) 제시된 문장의 의미를 한자성어로 표현할 때 적절한 것을 찾는 문제
　　2) 한자성어가 유래된 고사를 제시하고 이에 부합하는 한자성어를 고르는 문제
　　3) 글의 핵심 내용을 파악하여 이에 부합하는 적절한 한자성어를 선택하는 문제

　　2)의 경우 고사성어를 묻는 문제이다. 고사성어는 과거 관련된 고사를 통해 만들어진 단어이다. 글자의 뜻과는 상관없이 제3의 의미를 지니고 있기 때문에 머리 학습이 되어 있지 않으면 맞추기 힘든 경우도 종종 생긴다. 가령, '조삼모사(朝三暮四)'의 경우 글자의 의미는 '아침 세 개, 저녁 네 개'의 뜻을 지니고 있지만 속뜻은 간사한 꾀로 남을 속인다는 의미로 사용되며 〈장자〉의 한 구절에서 유래한 것이다. 이와 같이 한자성어는 글자가 만들어진 상황과 유래된 고사, 그리고 한자어 속에 포함된 이면의 의미를 정확히 알고 있어야 한다.

　　3)의 경우 제시되는 지문을 읽고 핵심 내용을 파악하여 적절한 단어를 골라야하므로 글에 대한 이해가 중요하다.

다음 지문과 가장 관련이 깊은 한자성어를 고르시오.

> 재물이란 우물의 물과 같다. 퍼내면 차게 마련이고 이용하지 않으면 말라
> 버린다. 그렇듯이 비단을 입지 않기 때문에 나라 안에 비단 짜는 사람이
> 없고, 그릇이 찌그러져도 개의치 않으며 정교한 기구를 애써 만들려 하지
> 않으니, 기술자나 질그릇 굽는 사람들이 없어져 각종 기술이 전해지지 않
> 는다. 심지어 농업도 황폐해져 농사짓는 방법을 잊어버렸고, 장사를 해도
> 이익이 없어 생업을 포기하기에 이르렀다.

① 積水成淵　　② 不撤晝夜　　③ 流水不腐　　④ 孤掌難鳴

| 정답 | ③

글에서 하고자 하는 의미와 연관 지을 수 있는 한자성어를 묻는 것이다. 필요로 하지 않고 사용하지 않으
면 없어지거나 황폐해진다는 내용이다. 따라서 끊임없이 노력하고 쉬지 말아야 한다는 의미의 한자성어
가 들어가야 한다.
① 적수성연(積水成淵) : 한 방울의 물이 모여 연못을 이룬다는 뜻으로, 작은 것도 모이면 큰 것이 됨을
이르는 말.
② 불철주야(不撤晝夜) : 어떤 일에 몰두하여 조금도 쉴 사이 없이 밤낮을 가리지 아니함을 이르는 말.
③ 유수불부(流水不腐) : 흐르는 물은 썩지 아니한다는 뜻으로, 늘 움직이는 것은 썩지 아니함을 이르는 말.
④ 고장난명(孤掌難鳴) : 외손뼉은 울릴 수 없다는 뜻으로, 혼자서는 일을 이루지 못하거나, 맞서는 사람
이 없으면 싸움이 되지 않음을 이르는 말.

예제 2　효도와 관련된 고사성어가 아닌 것은?

① 昏定晨省　　② 班衣之戱　　③ 寤寐不忘　　④ 反哺之孝

| 정답 | ②

① 혼정신성(昏定晨省) : 밤에는 부모의 잠자리를 보아 드리고 이른 아침에는 부모의 밤새 안부를 묻는다
는 뜻으로, 부모를 잘 섬기고 효성을 다함을 이르는 말.
② 반의지희(班衣之戱) : 때때옷을 입고 하는 놀이라는 뜻으로 늙어서도 부모에게 효양하는 것을 이르는
말.
③ 오매불망(寤寐不忘) : 자나 깨나 잊지 못함.
④ 반포지효(反哺之孝) : 까마귀 새끼가 자라서 늙은 어미에게 먹이를 물어다 주는 효(孝)라는 뜻으로, 자
식이 자란 후에 어버이의 은혜를 갚는 효성을 이르는 말.

01 다음 글의 내용과 관련된 고사성어가 아닌 것은?

> 보기
> 3대 독자로 귀하게 자란 영수는 항상 할아버지에 의해 귀하게 대접받았다. 시골에 가면 할아버지 곁에서 겸상을 할 수 있는 유일한 손주였다. 항상 부족한 것이 없었고 남이 갖고 있는 것이 탐나면 반드시 **빼앗고** 말았다. 어떠한 일에 있어서도 그는 항상 자신이 먼저였다.

① 傲慢無道　　② 傍若無人　　③ 妄自尊大　　④ 目不識丁

| 정답 |　④

영수가 버릇없이 자라 자기밖에 모르는 인물이 되었다는 의미의 한자성어가 아닌 것을 골라야 한다.
오만무도(傲慢無道) : 태도나 행동이 건방지거나 거만하여 도의를 돌보지 아니함.
방약무인(傍若無人) : 곁에 사람이 없는 것처럼 아무 거리낌 없이 함부로 말하고 행동하는 태도가 있음.
망자존대(妄自尊大) : 앞뒤 아무런 생각도 없이 함부로 잘난체 함.
목불식정(目不識丁) : 낫 놓고 기역자도 모른다는 뜻.

02 다음 글과 관련 있는 한자성어를 고르시오.

> 보기
> 많은 수강생을 몰고 다니던 학원강사 K는 작년에 독립하여 자신의 회사를 설립하였다. 그리고 초등 · 중학생을 대상으로 동영상 강의를 열어 예상보다 많은 수익을 얻었다. 그러자 K씨는 작년 말부터 다른 학원을 인수하고 사업 영역을 점차 확장하는 등 점차 공격적으로 회사를 운영하기 시작하였다. 나아가 너무 성급하다는 주위의 만류에도 불구하고 주식 상장을 추진하였다. 그러다 무리하게 추진한 몇 번의 상장 시도가 모두 실패로 끝나고 새로 진출한 사업에서도 손해만 나자 점점 회사의 재정 상태가 악화되어 결국 부도가 나고 말았다.

① 砂上樓閣　　② 結者解之　　③ 事必歸正　　④ 見利忘義

| 정답 |　①

회사를 설립한지 얼마 되지 않았음에도 불구하고 무리한 확장을 한 결과 부도가 난 사례이다.
사상누각(砂上樓閣) : 기초가 튼튼하지 못하여 오래 견디지 못할 일이나 물건을 이르는 말.
결자해지(結者解之) : 일을 저지른 사람이 일을 해결해야 함을 이르는 말.
사필귀정(事必歸正) : 모든 일은 반드시 바른 데로 돌아감.
견리망의(見利忘義) : 눈앞의 이익을 보면 의리를 잊음.

03 다음 지문과 가장 관련이 깊은 사자성어를 고르시오.

> 보기
>
> 신화는 중학교 때까지만 해도 착실한 학생이었지만 고등학교에 진학하면서 많이 달라졌다. 부모님에게 괜한 반항을 하기 시작했는데, 특히 불량한 친구를 사귀게 되면서 이는 점점 심해졌다. 그리고 평판이 좋지 않은 애들과 점점 자주 어울리면서 크고 작은 사고에 연루되는 일도 잦아졌다. 그러자 이를 보다 못한 신화의 부모님은 먼 지역의 학교로 전학을 보냈다. 전학 후 신화는 영철이라는 모범생과 사귀면서 바른 생활 태도를 보이기 시작했다.

① 近朱者赤　　　② 知己之友　　　③ 桑田碧海　　　④ 切齒腐心

| 정답 |　①

불량한 친구들과 어울리던 신화가 불량해졌고 다른 친구와 사귀면서 모범생이 되었다는 것은 주변의 영향으로 물든다는 의미의 한자성어와 상통한다고 볼 수 있다.
① 근주자적(近朱者赤) : 붉은빛에 가까이 하면 반드시 붉게 된다는 뜻으로, 주위 환경이 중요하다는 것을 이르는 말.
② 지기지우(知己之友) : 자기의 속마음을 참되게 알아주는 친구.
③ 상전벽해(桑田碧海) : 뽕나무밭이 변하여 푸른 바다가 된다는 뜻으로, 세상일의 변천이 심함을 비유적으로 이르는 말.
④ 절치부심(切齒腐心) : 몹시 분하여 이를 갈며 속을 썩임.

04 다음 제시된 속담을 한자성어로 바르게 표현한 것은?

> 보기
>
> 냉수 먹고 이 쑤시기

① 吾鼻三尺　　　② 霄壤之判　　　③ 虛張聲勢　　　④ 萬彙群象

| 정답 |　③

잘 먹은 체하며 이를 쑤신다는 뜻으로 실속은 없으면서 무엇이 있는 체함을 이르는 말.
오비삼척(吾鼻三尺)- 내 코가 석자
소양지판(霄壤之判) - 두 사물이 매우 다름
만휘군상(萬彙群象) - 온갖 일과 물건

01 다음 보기와 같은 뜻을 가진 것을 고르시오.

> 보기   승계(承繼)

① 流轉   ② 相續   ③ 傳達   ④ 贈與

02 다음 보기와 반대되는 뜻을 가진 것을 고르시오.

> 보기   아둔하다

① 허물다   ② 호젓하다   ③ 슬기롭다   ④ 붐비다

03 다음 보기에 제시된 단어와 같은 관계를 가진 단어끼리 묶인 것을 고르시오.

> 보기   단애(斷崖) : 절벽(絕壁)

① 밀정(密偵) : 간첩(間諜)   ② 편애(偏愛) : 편견(偏見)
③ 부농(富農) : 빈농(貧農)   ④ 맹금(猛禽) : 조류(鳥類)

04 빈칸에 들어갈 적절한 말을 고르시오.

> 보기
>
> 후보자들이 공약을 (　　　)할 수 있는지를 판단해서 투표해야 한다.

① 易行　　　　② 履行　　　　③ 移行　　　　④ 已行

05 다음 글과 관련 있는 한자성어를 고르시오.

> 보기
>
> 18세기 영국은 다른 나라와 잦은 전쟁을 벌였다. 여기에는 영국의 식민지인들이 참여했다. 영국은 이러한 식민지인들의 참여가 당연하다고 생각했다. 왜냐하면 전쟁이 식민지인들을 위한 것이라고 생각했기 때문이다. 나아가 자신들이 식민지들을 적극적으로 보호했으므로 식민지인들에게 전쟁이 끝난 후 전쟁으로 인한 재정적 보상을 받아야 한다고 여겼다. 그러나 식민지인들은 전쟁에서 자신들이 영국을 위해 힘들여 싸웠으므로 이에 대한 대가를 얻을 수 있을 것이라고 예상했다.

① 氷炭之間　　　② 同床異夢　　　③ 厚顔無恥　　　④ 遲遲不進

06 '안 되는 일을 억지로 하려 한다.' 라는 말과 같은 의미의 고사성어는?

① 杜門不出　　　② 陸地行船　　　③ 股肱之臣　　　④ 千慮一得

2장
문장능력

　문장능력을 측정하는 문제는 두 가지 유형이 있는데 하나는 빈칸에 적절한 접속부사를 넣어서 문장을 자연스럽게 연결시키는 문장 연결 문제이고, 다른 하나는 주어진 문장들을 배열하여 자연스러운 글이 되도록 하는 문장 배열 문제이다. 이 두 가지 유형은 문장 간의 연관성을 파악하는 것이 핵심이라는 공통점이 있다. 즉, 문장 연결 문제의 핵심은 빈칸의 앞과 뒷 문장이 역접 관계인지 인과 관계인지 등을 파악하는 것이고, 문장 배열 문제도 역시 문장 간의 관계를 파악하는 것이 기본이 된다. 따라서 두 유형 모두 문장 간의 관계를 빠르고 정확하게 파악하는 것이 문제해결의 관건이다.

　이러한 능력을 기르기 위해서는 먼저 문장 간에는 어떤 관계가 성립할 수 있는지를 알고 있어야 한다. 문장과 문장 사이에는 일차적으로 순접, 역접, 병렬 등의 관계가 성립할 수 있고, 전체 글의 구조를 볼 때 핵심 주장, 근거, 부연설명 등의 관계가 성립할 수 있다. 문장 간의 관계에 대한 이해를 바탕으로 글을 천천히 분석하며 관계 파악이 자연스럽게 이루어질 수 있도록 반복하는 훈련이 필요하다. 이러한 훈련은 관계 파악의 정확도와 속도를 높여서 문장 연결과 문장 배열 문제를 잘 해결할 수 있도록 해 준다. 뿐만 아니라 글을 구조적으로 이해하는 습관을 들이게 해 독해 능력을 상승시키는 데 도움이 된다.

문장 연결(접속부사)

문장 연결 문제는 글의 흐름이 자연스럽게 연결되도록 빈칸에 알맞은 단어를 찾는 문제이다. 앞에서 나온 어휘 선택 문제가 문장의 내용상 적합한 단어를 선택하는 것이라면, 문장 연결 문제는 문장 간의 논리적 연결 관계를 분석해서 알맞은 단어를 넣는 문제이다. 따라서 문장 연결 문제는 '그리고', '그러나'와 같은 접속부사를 빈칸에 넣는 문제가 대부분이다.

이 문제를 해결하기 위해서는 빈칸의 앞 내용과 뒷 내용이 어떤 관계를 가지고 있는지를 분석하는 것이 중요하다. 예를 들어 빈칸의 앞부분에서 음주의 단점을 이야기하고 뒷부분에서 음주의 장점을 이야기하고 있다면, 빈칸에는 '그러나', '하지만'처럼 상반된 내용을 연결해주는 접속부사가 들어가야 한다. 만약 빈칸의 앞에 원인이 제시되어 있고 빈칸의 뒤에 결과가 제시되어 있는 구조라면 '따라서', '그러므로' 등이 들어가야 한다. 이처럼 논리적 연결 관계만 분석된다면 알맞은 접속 부사를 선택하는 것은 쉽게 이루어질 수 있다.

문장 간의 연결 관계와 자주 쓰이는 접속부사를 정리해 놓으면 문제 해결에 많은 도움이 된다. 문장 간의 연결 관계는 순접(인과), 역접, 병렬, 첨가, 전환, 예시, 환언(요약) 등이 있다.

1. 순접(인과) : 앞 내용에 근거하여 뒷 내용이 전개되거나 앞 내용과 뒷 내용이 원인과 결과의 관계일 때
   - 원인(근거) → 결과(주장) : 그러므로, 따라서, 그래서, 그러니까, 그리하여, 이리하여, 그러면
     ex) 나는 운동을 많이 하는 편이다. 따라서 체력에는 자신이 있다.
   - 결과(주장) → 원인(근거) : 왜냐하면 ~ 때문이다.
     ex) 나는 체력에 자신이 있다. 왜냐하면 운동을 많이 하는 편이기 때문이다.

2. 역접 : 앞 내용과 뒷 내용이 반대되거나 일치하지 않을 때

   그러나, 그래도, 하지만, 그렇지만, 그래도, 반면에, 그런데

   　ex) 나는 운동을 많이 하는 편이다. 그렇지만 건강하지는 않다.

3. 병렬 : 앞 내용과 뒷 내용이 동등한 자격으로 이어질 때

   그리고, 또는, 및, 혹은

   　ex) 나는 운동을 많이 하는 편이다. 그리고 독서도 많이 하는 편이다.

4. 첨가 : 앞 내용에 뒷 내용을 추가로 덧붙이거나 보충할 때

   더구나, 게다가, 아울러, 더욱이, 그뿐 아니라, 특히, 또한

   　ex) 나는 운동을 많이 하는 편이다. 더구나 나이도 많지 않다.

5. 전환 : 앞 내용과 다른 화제의 내용이나 다른 측면의 내용이 뒤에 연결될 때

   그런데, 아무튼, 한편, 다음으로, 그러면

   　ex) 나는 운동을 많이 하는 편이다. 그런데 너도 운동을 많이 하니?

6. 예시 : 앞 내용을 설명하기 위해 예를 들 때

   예컨대, 이를 테면, 예를 들면, 가령

   　ex) 나는 운동을 많이 하는 편이다. 예를 들어 하루에 1시간 이상은 꼭 걸어 다닌다.

7. 환언 : 앞의 내용을 간략하게 요약하거나 비슷한 의미로 바꿀 때

   이른바, 요컨대, 즉, 결국, 다시 말하면, 말하자면, 바꾸어 말하면

   　ex) 나는 운동을 많이 하는 편이다. 다시 말해 건강관리를 꾸준히 하고 있다.

예제 1 다음 빈칸에 들어갈 적당한 말을 고르시오.

> 보기
>
> 패러디의 특성은 '하나의 기존 텍스트에 대한 풍자적 비판'이고, 패스티시의 특성은 '여러 기존 텍스트들의 짜깁기'라고 할 수 있다. 여기에서 중요한 것은 둘 중 그 어느 것도 표절을 의미하는 것이 아니라는 점이다. (   ) 예술가가 상상력의 고갈로 인해 독창성 있는 작품을 창조하지 못하고 다른 텍스트들을 적당히 짜깁기해 표절하는 것과, 특정한 예술적 목적에 의해 여러 작품들의 특성을 뒤섞어 보여주는 패스티시는 엄격히 구별되어야만 한다.

① 그렇지만   ② 그러므로   ③ 또한   ④ 왜냐하면

| 정답 | ②

앞의 내용은 패러디와 패스티시를 설명하며 이 두 가지 모두 표절과 다르다는 것을 지적하고 있고, 뒤의 내용은 표절과 패스티시를 구별해야 한다고 주장하고 있다. 따라서 앞의 내용이 뒤 내용의 근거이므로 '그러므로'가 적절하다.

예제 2 다음 빈칸에 들어갈 적당한 말을 고르시오.

> 보기
>
> 1905년에 특수상대성이론이 발표되면서 이전부터 사용되던 고전물리학의 몇몇 공식들이 물리적 운동을 정확하게 계산하지 못한다는 것이 밝혀졌다. (   ) 특수상대성이론의 발표 이후에도 고전물리학의 공식들은 계속 사용되었다. 일반인들이 경험할 수 있는 운동의 범위 안에서는 고전물리학이 정확하다고 해도 무방할 정도의 오차만을 가지고 있기 때문이다.

① 왜냐하면   ② 그렇지만   ③ 결국   ④ 따라서

| 정답 | ②

고전물리학이 정확하지 못하다는 것이 드러났다는 내용 뒤에 고전물리학이 계속 사용되고 있다는 내용이 이어지고 있다. 따라서 상반된 내용을 연결시켜 주는 '그렇지만'이 들어가야 한다.

01 다음 빈칸에 들어갈 적당한 말을 고르시오.

> 보기
>
> 고대나 중세에 발전이라는 개념은 없었다. 고대인은 역사가 되풀이되는 것으로 생각하였다. 중세 기독교적인 역사관에 이르러 고대의 순환사관은 깨어지고 역사는 목표와 의미를 가졌지만, 그 목표와 의미는 현세와 인간을 넘어선 신의 섭리에서 구해지는 수밖에 없었다. (   ) 기독교적 역사관은 정체적인 중세 봉건 사회와 깊게 결합함으로써 역으로 기존 사회체제와 질서를 긍정하고 옹호하는 결과를 가지고 왔다.

① 게다가　　　② 그래도　　　③ 한편　　　④ 예컨대

| 정답 |　①
기독교적 역사관이 기존 사회 체제와 질서를 옹호하는 결과를 가져왔다는 것은 중세에 발전이라는 개념이 없었다는 앞의 내용을 보충해주는 역할을 한다. 따라서 '게다가'가 적절하다.

02 다음 빈칸에 들어갈 적당한 말을 고르시오.

> 보기
>
> 산업시대는 대량생산을 위해서 관료조직이라는 거대한 합리적 피라미드형의 계층제가 필요하였다. (   ) 관료조직은 정보시대로 넘어오면서 체질을 전환해야 했다. 산업시대의 관료조직으로는 급격히 변화하는 정보시대의 환경을 적응하기 힘들기 때문이다.

① 그러나　　　② 나아가　　　③ 왜냐하면　　　④ 그래서

| 정답 |　①
산업시대에는 관료조직이 필요했다는 내용 뒤에 산업시대의 관료조직은 정보시대의 환경에 적응하기 힘들기 때문에 체질 전환이 필요하다는 내용이 이어진다. 따라서 상반된 내용을 이어주는 '그러나'가 적절하다.

03 다음 빈칸에 들어갈 적당한 말을 고르시오.

> 보기
> 경제발전에도 불구하고 동아시아에서 빈곤문제는 여전히 상존하고 있다. 중국의 경우만 보더라도 2억이 넘는 인구가 하루에 1달러 미만의 생활비로 살아가야 하는 절대적 빈곤상태에 있다. (   ) 몽고, 인도네시아, 캄보디아, 라오스, 말레이시아, 필리핀, 태국, 베트남은 국가별 빈곤 하한선 아래 인구가 전체의 10%를 넘어서고 있고 일부는 50%에 육박하기도 한다.

① 하기야   ② 또한   ③ 그리하여   ④ 한편

| 정답 | ②

중국의 상황을 설명하고 이와 유사한 몽고, 인도네시아 등의 상황을 이어서 설명하고 있다. 따라서 '거기에다 더' 라는 뜻의 '또한' 이 적절하다.

04 다음 빈칸에 들어갈 적당한 말을 고르시오.

> 보기
> 인권에 대한 서구의 가치를 보편적으로 규정하고 다른 지역과 국가에 강요해서는 안 된다. (   ) 구체적으로 아시아적 가치의 시각에서는 어떻게 인권에 접근하고 있는가?

① 또한   ② 그러면   ③ 하지만   ④ 그러므로

| 정답 | ②

서구의 가치를 다른 지역에 강요해서는 안 된다는 주장을 받아들이고 인권에 대한 아시아적 접근을 알아보려 하고 있다. 따라서 앞의 내용을 받아들이고 주장을 할 때 쓰는 '그러면' 이 적절하다.

문장 배열

　문장 배열 문제는 순서가 올바르지 않은 4~5개의 문장들이 하나의 글로 완성될 수 있도록 적절하게 배열하는 문제이다. 즉, 자연스러운 글이 될 수 있도록 문맥의 흐름에 따라 문장의 순서를 정할 수 있는지를 묻는 문제이다.

　이 문제는 모든 문장 간의 관계를 파악하여 하나의 글이 완성되도록 순서를 결정하는 것이 가장 바람직하다. 하지만 이 방법은 시간이 많이 걸릴 수 있으므로 짧은 시험 시간을 고려할 때 바람직한 방법이 아니다. 짧은 시험 시간을 효율적으로 사용하기 위해서는 객관식 문제라는 점을 이용하는 것이 좋다. 객관식 문제의 특성상 선택지 4개가 제시되기 때문에 4~5개의 문장 중 2~3 개의 문장 순서만 알면 정답을 찾을 수 있는 경우가 대부분이다. 예를 들어 처음 시작하는 문장을 찾으면 선택지의 구성상 4개 중 2개는 오답이라고 결정되는 경우가 많다. 이런 경우 2개의 선택지에 따라 문장을 연결해보고 연결이 더 자연스러운 것을 선택하거나 연결해서는 안 되는 문장끼리 연결이 되어있는 선택지를 제거해나가면 쉽게 답을 찾을 수 있다.

※ 문장 간의 순서를 결정하는 방법

　문장 간의 순서를 결정하는 데는 다양한 방법이 이용될 수 있다. 가장 확실한 방법은 접속부사에 유의하여 문장 관계를 파악하는 것이다. 접속부사의 종류를 파악하면 접속부사의 앞 내용과 뒷 내용 간의 관계를 유추할 수 있다. 예를 들어 '그러므로 그는 많은 돈을 벌었다.' 라는 문장이 있다면 이 앞에는 돈을 벌게 된 이유가 와야 한다. '그러므로' 는 앞부분의 원인과 뒷부분의 결과를 연결시켜 주는 접속부사이기 때문이다. 접속부사와 관련된 또 하나의 팁이 있다. 문제에서 제시되는 문장들은 하나의 글을 이루고 있기 때문에 접속부사가 맨 앞에 놓여있는 문장은 첫 번째 순서로 놓일 수 없다는 것이다. 예를 들어, '그리하여 철수는 학교에 갔다.' 는 문장은 반드시 앞에 다른 문장이 있어야 한다.

글에서 설명하고 있는 개념이나 문장에 포함된 단어들의 선후관계를 파악하는 것도 문장 순서를 결정하는 방법 중 하나이다. 예를 들어 ㉠"민주사회는 이러한 핵심개념에 따라 운영된다.", ㉡"민주주의의 핵심개념은 자유와 평등이다."라는 두 문장이 있다고 하자. 여기서 '민주주의의 핵심개념'은 ㉡에서 먼저 설명되고 그 후에 ㉠이 제시되어야 자연스럽다. 따라서 이 두 문장은 ㉡ – ㉠의 순서로 배열되어야 한다. 이와 연관되어 지시대명사나 관형사, 특수 조사도 문장 순서를 결정하는 데 도움이 된다. '이것', '이런' 등이 있는 문장은 지시하는 대상에 대한 내용 뒤에 위치한다. 또한 '~도'와 같은 특수 조사가 들어간 문장이 있다면 이 문장 앞에는 이와 유사한 내용이 있었다는 것을 의미한다. 예를 들어 '이런 종류의 동물도 번식력이 뛰어나다.'라는 문장은 '이런 종류의 동물'에 대한 설명과 번식력이 좋은 다른 동물에 대한 설명이 앞부분에 언급된다는 것을 의미한다.

문장 순서를 결정하는 또 다른 방법은 일반적인 글의 구조에 근거하여 문장의 순서를 정하는 것이다. 일반적으로 문장들이 하나의 완성된 글을 구성할 때 자연스럽게 받아들여지는 흐름이 있다. 예를 들어 일반적으로 '화제(문제) 제시 – 문제의 원인 분석 – 해결책 도출'로 연결되어야 자연스러운 글이 된다. 다시 말해, '사회적 무질서에 대한 해결책을 제시하는 문장'과 '현대 사회에 사회적 무질서가 만연하고 있다는 사실을 제시하는 문장'이 있다면, 문제점 발견이 먼저 나오고 해결책이 뒤에 나와야 한다. 또 다른 예로 A라는 개념에 대한 설명과 A개념이 B개념과 갖는 관계에 대한 설명이 있을 경우, A개념 자체에 대한 설명이 먼저 앞에 나오는 것이 일반적이다. 이런 흐름을 파악하는 것은 어떤 공식에 따르기보다는 많은 글과 문제를 접해 봄으로써 자연스러운 연결과 그렇지 못한 연결을 감각적으로 골라낼 수 있도록 연습하는 것이 좋다.

예제 1 다음 문장을 문맥에 맞게 순서대로 배열한 것을 고르시오.

> 보기
>
> (가) 이 사업으로 '기적의 쌀', '기적의 밀'의 개발에 성공하였고, 품종 개량을 통해 수확 증대를 촉진시키고 병충해에 강한 신품종을 개발했다.
>
> (나) 최근 세계의 빈곤 문제에 대한 해결방안도 이런 관점에 따라 돈이나 식량 지원에서 기술원조나 기술이전 쪽으로 바뀌어 나가고 있다.
>
> (다) 옛날 중국 속담에 "사람에게 고기 한 마리를 주면 하루를 먹을 것이요, 고기 잡는 법을 가르쳐 주면 평생을 먹을 것이다"라는 말이 있다.
>
> (라) 예를 들어 록펠러재단은 가난한 나라들의 농업을 개량하는 '녹색혁명'을 지원해 왔다.
>
> (마) 원조 대상국이 근본적으로 자립할 수 있게 하려면, 단기적이고 단편적으로 지원하는 것보다는 자립의 기반을 구축해 주어야 한다는 것이다.

① (나) – (다) – (라) – (가) – (마)   ② (나) – (마) – (다) – (라) – (가)

③ (다) – (나) – (마) – (라) – (가)   ④ (다) – (라) – (가) – (나) – (마)

| 정답 | ③

(나)에서 '이런 관점'에 따라 해결방안이 바뀌고 있다고 했으므로 '이런 관점'을 제시하는 (다)가 (나)의 앞에 와야 한다. 그리고 (나)에서 말하는 해결방안 변화의 의미가 (마)에서 설명되고 있으므로 (마)가 (나)의 뒤에 와야 한다. (라)와 (가)는 이렇게 변화된 해결방안의 예를 들고 있으므로 (마)의 뒤에 이어져야 한다. 이를 정리하면, '관점 제시(다) → 관점에 따른 해결방안의 변화(나) → 해결방안 변화의 의미(마) → 변화의 예시(라·가)' 순으로 연결된다.

예제 2 다음 문장을 문맥에 맞게 순서대로 배열한 것을 고르시오.

> 보기
>
> (가) 따라서 자본주의 시장경제는 소유권의 절대성을 인정하면서 자신의 소유물을 자유롭게 사용하고 처분할 수 있는 시장이라는 장소를 제공한다.
>
> (나) 자본주의 시장경제는 소유권 절대 원칙과 계약 자유의 원칙, 그리고 책임의 원칙을 바탕으로 한다.
>
> (다) 시민사회에서 개인은 경제적 활동의 주체이자 단위이며 자유 경쟁을 하는 경제인이다.
>
> (라) 따라서 시민사회가 기본적으로 취하고 있는 경제체제는 경제적 활동이 자유로운 자본주의 시장경제이다.

① (나) - (가) - (다) - (라)　　　② (나) - (라) - (다) - (가)

③ (다) - (가) - (나) - (라)　　　④ (다) - (라) - (나) - (가)

| 정답 |　④

시민사회의 개인은 자유 경쟁을 하는 경제인이라는 (다)의 내용을 근거로 할 때, 시민사회 경제체제가 자유로운 자본주의 시장경제라는 (라)의 내용이 도출될 수 있다. 따라서 (다) - (라)의 순서로 연결되어야 한다. 또한 (나)에서 설명하는 자본주의 시장경제의 원칙을 근거로 할 때, 자본주의는 시장을 제공한다는 (가)의 내용이 도출될 수 있다. 따라서 (나) - (가)의 순서로 연결되어야 한다.

그리고 시민사회는 자본주의 시장경제라는 (다)-(라)의 내용이 먼저 나오고 자본주의 시장경제의 특성에 대한 (나)-(가)의 내용이 이어지는 것이 자연스럽다. (시민사회 → 자본주의 시장경제 → 시장 제공) 따라서 (다) - (라) - (나) - (가)의 순으로 이어져야 한다.

01 다음 문장을 문맥에 맞게 순서대로 배열한 것을 고르시오.

> 보기
> (가) 하지만 이 공간을 단순히 가상적이라고 하는 것은 낡은 관점이다.
> (나) 사이버 공간은 분명 일상의 물리적 공간과는 다르다.
> (다) 가상 세계는 현실 세계의 연속선상에 있다.
> (라) 컴퓨터게임에 빠지고 인터넷 서핑에 미치는 것은 그 공간이 현실보다 더욱 현실적이라고 느끼기 때문이다.
> (마) 때로 이 가상의 공간은 현실보다 더한 현실성을 가진다.

① (나) – (가) – (다) – (마) – (라)   ② (나) – (마) – (가) – (다) – (라)

③ (다) – (가) – (마) – (나) – (라)   ④ (다) – (마) – (라) – (가) – (나)

| 정답 | ①

(가)는 사이버 공간을 단순히 가상적이라고 보는 관점이 낡았다는 내용이며 '하지만'이라는 접속부사로 볼 때 (가)의 앞에는 이와 상반되는 내용이 와야 한다. 그런데 (나)는 사이버 공간과 물리적 공간을 구분하는데 비해, (다)(라)(마)는 사이버 공간의 현실성을 이야기하고 있다. 따라서 (가)와 대비되는 내용인 (나)가 (가)의 앞에 놓여야 하며 (다)(라)(마)는 (가)의 뒤에 이어져야 한다. 또한 (다)(라)(마)는 '(다)현실의 연속 – (마)현실보다 더한 현실성 – (라)현실보다 더한 현실성의 예' 순으로 논의가 전개되어야 자연스럽다.

02 다음 보기의 문장을 문맥에 맞게 순서대로 배열한 것을 고르시오.

> 보기
> (가) 그런데 생태계의 위기를 걱정하는 많은 사람들은 이를 극복하기 위한 노력을 과학적 차원보다는 윤리적 차원에서 접근해야 한다고 주장하고 있다.
> (나) 과학 기술의 발달과 지속적인 경제 개발은 산업화와 도시화에 의한 자연 환경의 파괴를 초래하였다.
> (다) 이에 따라, 생태계의 자연스러운 순환과 재생 능력이 무너지는 생태적 위기가 닥쳐왔다.
> (라) 다시 말해, 이제 우리는 더 이상 물질적 풍요와 진보만을 숭상하거나, 인간 중심주의적 관점에서 자연을 바라보지 말고, 산업 혁명 이후 오늘날에 이르기까지 현대 문명을 주도하고 있는 관점 자체를 반성해 볼 시점에 이르렀다는 것이다.

(마) 이제 우리는 한시바삐 대안을 찾아야만 하는 시점에 이르렀다.

① (나) – (다) – (가) – (마) – (라)　　② (나) – (다) – (마) – (가) – (라)
③ (나) – (라) – (다) – (마) – (가)　　④ (나) – (라) – (마) – (다) – (가)

| 정답 |　②
산업화로 인한 자연 환경 파괴(나)에 따라 생태적 위기가 나타났고(다) 이에 대한 대안이 필요하다(마)는
내용으로 이어지는 것이 자연스럽다. 따라서 (나)-(다)-(마)의 순으로 연결되어야 한다. 또한 (가)와 (라)
는 생태계 위기의 대안을 도출하기 위한 관점 중의 하나를 설명하고 있으므로 대안이 필요하다는 (마)의
뒤에 이어지는 것이 자연스럽다.

03　다음 보기의 문장을 문맥에 맞게 순서대로 배열한 것을 고르시오.

보기
(가) 즉, 수많은 개별적 언어사실들에 의해 귀납된 언어 체계에 의해 이루
　　어져야 한다.
(나) 국어사의 시대 구분은 인위적인 것이다.
(다) 왜냐하면 언어는 음운체계, 문법체계, 어휘체계, 의미체계가 유기적
　　으로 결합된 체계이며, 언어 변화도 개별적으로 일어나는 것이 아니
　　고 체계 전체에서 일어나기 때문이다.
(라) 그러나 그 구분은 성실하게 정리된 언어사실을 바탕으로 이루어져야
　　한다.
(마) 이러한 태도에서 최근에는 언어 외적인 면은 배제하고 순수하게 국어
　　체계상의 변화에 의해서만 시대를 구분하려는 시도들이 있었다.

① (나) – (가) – (라) – (다) – (마)　　② (나) – (라) – (가) – (다) – (마)
③ (나) – (라) – (마) – (다) – (가)　　④ (나) – (라) – (다) – (가) – (마)

| 정답 |　②
가장 먼저 나오는 (나)가 국어사의 시대 구분에 관한 내용이므로 이에 관한 설명인 (라)가 (나)의 뒤에 와
야 한다. (가)의 내용은 언어사실을 바탕으로 구분이 이루어져야 한다는 (라)의 내용을 정리하여 다시 설

명하는 것이므로 (라)의 뒤에 와야 한다. (다)는 시대 구분이 언어사실들에 의해 귀납된 언어 체계에 의해 이루어져야 한다는 (가)의 근거이므로 (가)의 뒤에 와야 한다. (마)의 '이러한 태도'는 (라), (가), (다)에서 설명된 '언어체계에 의해 국어를 구분하는 것'을 말하므로 맨 뒤에 놓여야 한다.

04 다음 보기의 문장을 문맥에 맞게 순서대로 배열한 것을 고르시오.

> 보기
>
> (가) 시장창조를 위한 마케팅전략이 안고 있는 과제 중 하나는 후발업체의 진입이다.
>
> (나) 후발업체가 진입하여 유사제품을 출시하면 시장의 성장속도가 빨라진다.
>
> (다) 예를 들어 딤체가 최초로 출시한 김치냉장고는 기존 가전업체의 진입으로 그 시장이 엄청나게 커졌다.
>
> (라) 따라서 후발업체의 진입은 긍정적 요소로 작용할 수 있지만 선발이점을 잃으면 문제가 된다.
>
> (마) 하지만 유사제품의 범람 속에 딤체의 선발이점이 점차 줄어들고 있는 실정이다.

① (가)-(나)-(다)-(라)-(마)　　② (가)-(나)-(라)-(다)-(마)
③ (가)-(다)-(나)-(라)-(마)　　④ (가)-(다)-(마)-(라)-(나)

| 정답 |　②
(가)에서 후발업체의 진입이 마케팅전략의 과제라고 소개하고 있으므로 후발업체의 진입의 효과를 설명하는 (나)와 (라)가 그 뒤에 이어져야 한다. 이때 (나)의 내용은 (라)의 근거가 되며 '따라서'로 연결되고 있으므로 (나)가 (라)의 앞에 와야 한다. 그리고 (다)와 (마)는 김치냉장고 시장의 예로써, 후발업체 진입의 긍정적·부정적 효과를 모두 보여주고 있으므로 (라)의 뒤에 이어져야 한다.

01 다음 빈칸에 들어갈 적당한 말을 고르시오.

> 보기 작가가 어떤 연극을 위해서 줄거리를 만들어야 할 때, 이 줄거리는 개연성
> 을 획득하기 위해 진실처럼 보이는 방식으로 창작되어야 한다. 개연성 없
> 는 줄거리로는 연극 관람객에게 어떤 심정적 작용도 불러일으키지 못하기
> 때문이다. (   ) 예술적 표현방식에서 결정적인 면은 대상이 개연성
> 있게 표현되어 수용자가 예술로 표현된 어떤 가치를 즐겁게 받아들이게끔
> 해야 한다는 것이다.

① 따라서   ② 반면에   ③ 아울러   ④ 또는

02 다음 빈칸에 들어갈 적당한 말을 고르시오.

> 보기 성공한 대부분의 미국 기업은 고객의 불만에 귀를 기울이고, 고객의 욕구
> 를 만족시키고자 하였다. 즉, 고객의 입장에서 조직의 구조를 재조정하였
> 던 것이다. (   ) 보스턴시에 있는 베쓰 이스라엘 병원은 환자의 권리와
> 환자의 입장에서 경영을 혁신했다.

① 그러므로   ② 예컨대   ③ 그뿐 아니라   ④ 이와 함께

03 다음 빈칸에 들어갈 적당한 말을 고르시오.

> 보기 지금 우리나라 경제위기의 원인 가운데 하나는 바로 '체제 사고' 의식의
> 결핍을 들 수 있다. 즉, 각 은행과 기업들의 해외 및 국내 지사들이 자신의
> 금융행위가 자신의 '은행체제' 및 '기업체제', (   ) 우리나라라는 '국
> 가체제'에 미칠 영향을 간과한 결과이다.

① 한편   ② 그리고   ③ 이를테면   ④ 그러니까

04 다음 보기의 문장을 문맥에 맞게 순서대로 배열한 것을 고르시오.

> 보기
> (가) 불씨(佛氏)는 만물(萬物) 가운데 호랑이 같은 맹수나 모기 같은 미물이 자기 몸을 물어뜯어도 전혀 아깝게 여기려 하지 않는다.
> (나) 유가(儒家)에서 어진 마음을 베푸는 순서는 육친(肉親)에서 사람으로, 또 사람에서 사물로 나아가야 한다.
> (다) 이는 물이 첫째 웅덩이에 가득 찬 후에 둘째 웅덩이를 거쳐 셋째 웅덩이로 흘러가는 것과 같다.
> (라) 그런가 하면 사람에 대해서는 어느 나라 사람인지를 가리지 않고 배고픈 자에게는 밥을 먹이려 들고, 추위에 떠는 자에게는 옷을 입히려 드는데, 이것이 이른바 보시(布施)라는 것이다.
> (마) 그러나 불씨(佛氏)가 주장하는 자비설(慈悲說)은 그렇지 않다.

① (가) – (라) – (나) – (다) – (마) ② (가) – (라) – (마) – (나) – (다)
③ (나) – (다) – (마) – (가) – (라) ④ (나) – (마) – (가) – (다) – (라)

05 다음 보기의 문장을 문맥에 맞게 순서대로 배열한 것을 고르시오.

> 보기
> (가) 그리고 사회를 구성하는 개개인의 사고나 행동방식에도 전통이 깃들여 있다.
> (나) 문화적 유산이라는 것은 포괄하는 범위가 실로 넓어서 사상·종교·예술·문화는 물론이고 풍속·예절·관습에 이르기까지 모두 포함된다.
> (다) 이를 확대해 본다면, 역사 이래로 조상들이 이룬 모든 것이 그 후손에게 있어서는 유산으로서 전통이 될 소지를 가지고 있다.
> (라) 전통이란 국가와 민족, 사회와 가족 등과 같은 공동체를 중심으로 전해 오는 관습이나 의식과 같은 문화적 유산을 통칭하는 말이다.
> (마) 그러나 조상으로부터 받은 모든 유산이 곧 전통이 되는 것은 아니다.

① (나) – (가) – (라) – (다) – (마) ② (나) – (가) – (다) – (라) – (마)
③ (라) – (나) – (가) – (다) – (마) ④ (라) – (나) – (다) – (마) – (가)

06 다음 보기의 문장을 문맥에 맞게 순서대로 배열한 것을 고르시오.

> 보기
>
> (가) 19세기에 마티가 피력한 주장이 바로 이런 것이다.
>
> (나) 인간은 만물의 영장이라고 한다.
>
> (다) 따라서 언어라는 것도 이런저런 이유로 우여곡절 끝에 겨우 생겨난 것이 아니라 인간이 마음먹고 지혜를 발휘하여 만들어 냈다고 볼 수 있다.
>
> (라) 다른 동물과 달리 인간은 세상을 관찰해서 스스로 판단하고 행동하며 놀랄 만한 일들을 창의적으로 해결해나가는 존재라는 점에서 나온 말일 것이다.
>
> (마) 그에 따르면, 사물의 소리를 모방하거나 몸짓으로 무엇인가를 표현하면서 언어가 시작된 것이 아니라 인간이 의지적으로 의사소통 방법을 궁리하여 추상적 언어를 창조적으로 만들어 낸 것이다.
>
> (바) 이런 측면에서 본다면, 인간의 감정을 표현하거나 서로 어떤 의사를 교환하고자 할 때에도 지혜를 발휘하여 그에 필요한 해결책을 찾아나갈 수 있으리라고 생각할 수 있다.

① (나) – (다) – (라) – (바) – (마) – (가)

② (나) – (다) – (바) – (가) – (마) – (라)

③ (나) – (라) – (가) – (마) – (바) – (다)

④ (나) – (라) – (바) – (다) – (가) – (마)

3장

독해능력

독해 문제는 4~5문단 정도의 글을 읽고 이 글에 관련된 문제를 푸는 것이다. 보통 하나의 글에 3~5개의 문제를 포함하고 있다. 독해문제에는 글의 중심 내용 찾기, 글의 내용과 일치하는 진술 찾기, 글에서 추론할 수 있는 내용 찾기, 적절한 위치에 문단 넣기, 문단 배열하기, 적절한 사례 찾기, 〈보기〉에 근거하여 평가하기 등이 있다. 이 밖에도 앞에 나왔던 단어능력·문장능력 문제들(한자성어, 접속부사, 어휘 선택 등)이 함께 출제되므로 복합 문제라 할 수 있다. 독해 문제에서 제시되는 글은 전문적이지 않은 교양 수준으로서, 사회, 경제, 정치 등 다양한 분야의 내용이 출제된다.

독해 문제는 각 문제의 답이 거의 다 글 안에 있기 때문에 정해진 시간 내에 글을 효과적으로 이해하는 것이 가장 중요하다. 글을 효과적으로 이해하기 위해서는 두 가지 점에 유의해야 한다. 첫째는 글의 세부적 내용에 집착하지 말고 핵심 내용과 전체적 흐름을 파악해야 한다는 것이고, 둘째는 문제로 출제된 부분을 중심으로 글을 이해해야 한다는 것이다. 주어진 글을 읽을 때 글의 내용을 빠짐없이 기억하려고 하는 것은 시간이 많이 걸리고 글의 내용이 제대로 정리되지 않을 수 있다. 물론 사람마다 독해의 방법과 능력이 다르기 때문에 꼭 한 가지 방법을 따르라고 이야기하기는 어렵다. 독해능력이 뛰어난 몇몇 사람들은 글의 핵심 내용과 세부 내용을 짧은 시간 내에 파악해서 모두 해결할 수도 있다. 그러나 이는 독해능력이 뛰어난 일부의 사람들에게만 해당되는 내용일 뿐이며 문제해결이라는 목적에 적합하지 않다. 대부분의 경우 처음 글을 읽을 때 모든 내용을 기억하겠다는 마음을 버리고 글 전체의 핵심내용과 글 전개의 흐름을 파악하여 글을 전체적으로 이해하겠다고 생각하는 것이 바람직하다. 만약 글의 중심 내용과 전반적인 흐름을 이해했다면 선택지의 진술이 글의 내용과 일치하는지를 한 번에 판단하지 못한다하더라도 그 내용이 어느 부분에서 나왔는지를 알고 있기 때문에 빠르게 그 부분을 찾아 확인할 수 있다.

독해 문제는 독해력 측정이므로 글을 잘 이해하는 것도 중요하지만 시험인 만큼 글을 이해하는 데 그치는 것이 아니라 문제를 잘 맞히는 것이 중요하다. 따라서 독해 문제를 풀 때는 하나의 글에 속한 문제들의 발문을 먼저 살펴본 후 독해에 들어가는 것이 좋다. 단순한 예를 들면, 두 개의 문단이 있을 때 알맞은 어휘를 넣는 문제의 빈칸이 한쪽의 문단에 있다고 한다면 독해를 할 때 빈칸의 앞 뒤 내용은 좀 더 자세히 분석해야 한다. 만약 문제 중에 문단 배열 문제가 있다면 독해를 할 때 문단 간의 논리적 관계를 중점적으로 살펴볼 필요가 있다. 또한 문제에서 물어보는 개념을 먼저 확인하고 이 개념을 중심으로 글의 내용을 파악하는 것은 문제 풀이뿐만 아니라 글의 이해에도 도움이 된다. 왜냐하면 문제에서 물어보는 개념이 글의 핵심개념인 경우가 대부분이기 때문이다. 따라서 어느 부분을 중점적으로 분석해야 하는가를 알기 위해서는 글을 읽기 전에 발문을 미리 보고 어떤 유형의 문제가 나오는지 파악하는 것이 바람직하다.

최근에 은행업, 보험업, 관광업 및 레저 산업과 같은 서비스 분야의 직업이 증가함에 따라 '감정노동'에 관련된 사람들의 수도 현저히 늘고 있다. 그런데 감정노동은 특정한 범주의 직업에만 한정되지 않으며 공적·사적 생활에서 광범위하게 이루어지고 있다. 우리는 모두 가정과 직장에서 어느 정도 우리의 감정을 만들어내고 관리할 필요가 있다. 예를 들어, 어린아이를 동반한 쇼핑은 아이들 때문에 심하게 부대끼는 부모들에게 종종 감정노동을 단련할 기회가 된다. 부모들은 계산대 앞에서 차례를 기다리는 동안 아이들에게 고함을 지르기보다는 억지 미소를 지어야 하기 때문이다.

스스로 자신을 돌볼 수 없는 아동이나 노인, 장애인 및 병자를 돌보는 직종에 종사하는 사람들 역시 육체노동뿐만 아니라 감정노동을 수행하고 있다. 그들은 규범적이고 윤리적인 측면을 포함한 사회관계 속에서 노동을 한다. 그들은 사회가 일반적으로 그 직업에 기대하는 역할을 수행하기 위해 특정한 얼굴 표정과 육체적 표현을 만들 수 있도록 자신의 감정을 관리한다.

감정노동 종사자들의 임무는 고객들이 요구하는 서비스를 제공함으로써 그들이 편안함을 느끼도록 하는 것이다. 이러한 업무 속에서 그들은 고객들에게 짜증을 내지 않으면서 자신들의 역할에 충실해야 한다는 딜레마에 부딪히게 된다. 표면 연기는 이 딜레마에 대처하는 한 가지 방식이다. 그러나 표면 연기가 위선적이며 자존심을 상하게 한다고 생각하는 사람들에게 그 방법은 만족스럽지 못하다. 그래서 노련한 직업인들은 표면 연기 대신 내면 연기를 선호하는 경향이 있다. 예를 들어 간호사들은 무례하고 공격적인 환자를 다룰 때 그 환자의 행동이 정당화될 수 있는 이유를 생각해내려고 애쓰고, 화를 내기보다는 스스로 미안한 감정을 가지려 한다. 그러나 그런 대처 방식도 바람직한 것만은 아니다. 진정한 자기감정으로부터 ⊙되는 현상을 감수해야 하기 때문이다.

특정 직업이 몸에 가하는 스트레스는 특정한 감정과 육체적 상태를 요구하는 업무 때문에 더욱 심화된다. 자신의 행위가 자아 개념과 모순된다고 인식될 때 스트레스 수준은 높아진다. 자신의 욕구를 부정하면서 언제나 다른 사람들의 욕구에 우선적으로 부응해야 할 때 몸은 견딜 수 있는 이상으로 가해지는 긴장에 대해 무의식적인 저항을 드러낼 수 있다. 감정노동 종사자들에게 기대하는 감정노동의 양이 증가하고 있는 현대사회에서 이런 위험성은 더욱 높아지고 있다.

예제 1 위 글을 바르게 이해하지 못한 것은?

① 현대의 많은 사람들은 직·간접적으로 감정노동을 수행하고 있다.

② 서비스 분야에서 일하는 사람들은 감정노동을 수행하고 있는 경우가 많다.

③ 감정노동 종사자들은 자신의 업무를 수행하는 과정에서 스트레스가 발생할 확률이 높다.

④ 고객들의 요구에 부흥하려는 진정한 마음을 갖는다면 감정노동으로 인한 문제를 해결할 수 있다.

| 정답 | ④

① 최근 '감정노동'에 관련된 사람들의 수가 현저히 늘고 있으며, 감정노동은 특정한 범주의 직업에만 한정되지 않으며 공적·사적 생활에서 광범위하게 이루어지고 있다는 내용을 통해 알 수 있다.
② 서비스 분야의 직업이 증가함에 따라 '감정노동'에 관련된 사람들의 수도 현저히 늘고 있다는 내용을 통해 알 수 있다.
③ 자신의 행위가 자아 개념과 모순된다고 인식될 때 스트레스 수준은 높아지는데, 감정노동의 양이 증가하고 있는 현대사회에서 이런 위험성은 더욱 높아지고 있다. 따라서 감정노동 종사자들은 자신의 업무를 수행하는 과정에서 스트레스가 발생할 확률이 높다는 설명은 적절하다.
④ 위 글에서는 내면 연기를 통해서도 감정노동의 문제를 완전히 해결할 수 없다고 설명할 뿐, 감정노동의 해결책을 제시하고 있지 않다. 따라서 고객 요구에 부흥하려는 마음을 가지면 감정노동의 문제를 해결할 수 있다는 내용은 위 글에 대한 이해로 적절하지 않다.

예제 2 다음 중 (㉠)에 들어갈 말로 가장 적절한 것을 고르시오.

① 유별(留別)   ② 유리(遊離)   ③ 전환(轉換)   ④ 전달(傳達)

| 정답 | ②

내면 연기도 진정한 자기감정으로부터 ( )되는 현상을 감수해야 하기 때문에 바람직하지만은 않다고 설명하고 있다. 따라서 진정한 자기감정과 동일하지 않다는 의미가 들어가야 적절하다.
유리(遊離) : 따로 떨어짐.
유별(留別) : 떠나는 사람이 남아 있는 사람에게 작별함.
전환(轉換) : 다른 방향이나 상태로 바뀌거나 바꿈.
전달(傳達) : 지시, 명령, 물품 따위를 다른 사람이나 기관에 전하여 이르게 함.

예제 3 본문의 밑줄 친 부분과 가장 관계있는 한자성어를 고르시오.

① 吳越同舟   ② 走馬加鞭   ③ 盤溪曲徑   ④ 易地思之

| 정답 | ④
간호사가 환자의 입장에서 생각해 본다는 내용이므로 처지를 바꾸어 생각해 본다는 '역지사지' 가 가장
적절하다.
역지사지(易地思之) : 처지를 바꾸어서 생각하여 봄.
오월동주(吳越同舟) : 서로 적의를 품은 사람들이 한자리에 있게 된 경우나 서로 협력하여야 하는 상황을
비유적으로 이르는 말.
주마가편(走馬加鞭) : 달리는 말에 채찍질한다는 뜻으로, 잘하는 사람을 더욱 장려함을 이르는 말.
반계곡경(盤溪曲徑) : 서려 있는 계곡과 구불구불한 길이라는 뜻으로, 일을 순서대로 정당하게 하지 아니
하고 그릇된 수단을 써서 억지로 함을 이르는 말.

[1~4] 다음 글을 읽고 물음에 답하시오.

(가) 우리나라는 인터넷 보급 비율, 초고속 인터넷 접속 비율, 사용자 수 등 모든 면에서 세계 최고 수준의 정보기술(IT) 인프라를 자랑하고 있다. 인터넷 활용이 증대되면서 이제 사이버 공간은 제2의 생활공간이 되고 있으며 인터넷은 없으면 불편한 존재가 아니라 전화선만큼, 어쩌면 전화선보다 더 중요한 국가 기간망으로 자리 잡게 되었다.

(나) 그러나 정보 보안 수준은 이에 미치지 못할 뿐만 아니라 매우 열악한 수준으로 위와 같은 상황을 낙관할 수 없게 하는 요인이 되고 있다. 한국정보보호진흥원 조사 결과에 따르면, 인터넷 이용자의 93.9%가 프라이버시 침해를 우려하면서도 웹사이트에 가입할 때 해당 사이트의 개인정보 보호정책을 주의 깊게 살펴보지 않는 것으로 나타났다. 또 컴퓨터?인터넷이용 시간이 늘면서 사이버 공격에 의한 피해가 커지고 있음에도 불구하고 일반 이용자 중 42%는 바이러스 등에 의한 피해를 우려하지 않는 것으로 조사된 것도 이와 같은 우려를 뒷받침한다.

(다) 빈약한 정보 보호 투자도 문제이다. 정보화에 투자되는 정부예산은 점차 증가하고 있으나 정보 보호를 위한 정부 투자는 인색한 편이다. 정보통신부 자료를 보면, 지난 해 정보화에 쏟아 부은 예산은 5,789억 원이지만 정보 보호를 위한 투자 예산은 306억 원으로 5.3%에 불과했다. 이는 민간부문(6.2%)이 나 미국(8.1%)보다 낮은 수준이라 할 수 있다. 한편 민간 기업들은 43%가 정보 보호를 위한 별도의 전담 조직을 두지 않고 유관 부서에서 병행하고 있으며, 44%는 특별한 관리를 하지 않는 것으로 조사되었다. 이러한 조사 결과는 국내 기업들의 정보 보호 상황이 위험한 수준임을 단적으로 보여주는 것이라 할 수 있다.

(라) 큰 사고가 터질 때마다 '예고된 사고', '인재'라는 말이 등장하는 것은 아직도 사람들이 '㉠'을 위해 쓰는 돈과 노력을 '비용'이 아닌 '㉡'라고 생각하기 때문이다. 선진국에서는 이미 거의 모든 분야에서 안전 비용은 필수적인 비용이라는 인식이 자리 잡고 있다. 안전에 필요한 노력이나 비용은 처음에는 필요 없는 것처럼 보일 수도 있겠지만, 장기적으로 발생할 수 있는 사고를 미연에 방지함으로써 적은 비용으로 큰 손실을 막는 역할을 하고 있다. 결국 안전에 드는 노력이나 비용은 각각의 회사 또는 더 나아가서 국가의 경쟁력을 높이는 핵심적인 요소라고 할 수 있다.

(마) 정부에서는 우선적으로 보안에 대한 모범을 보일 필요가 있다. 최소한 정부가 관리하는 컴퓨터들은 보안에 대한 투자와 관리가 적정한 수준으로 행해져서 다른 부문에 피해를 입히는 일은 없어야 한다. 민간에 대해서도 보안에 대한 정보를 제공하고 권고함과 동시에 인센티브를 통해서 안전한 인터넷 환경을 만들어갈 수 있도록 유도해야 한다. 또한, 정보 보호 예산을 별도로 책정하여야 한다. 그 동안 정보 보호 예산은 하드웨어나 소프트웨어 예산에 묻혀왔으나 앞으로는 별도로 예산 항목을 설정함으로써 다른 곳으로 전용되는 일이 없도록 해야 할 것이다.

01 위 글의 핵심내용으로 가장 적절한 것은?

① 정보기술이 발달할수록 정보보안을 위해서 많은 투자가 필요하다.
② 우리나라의 정보보안 수준을 높이기 위해서는 정부가 직접 보호활동에 나서야 한다.
③ 우리나라가 정보기술 강국으로 거듭나기 위해서는 정부·민간 기업 간의 협력이 필요하다.
④ 우리나라의 정보보안이 취약한 이유는 개인정보 유출 예방에 대한 인식이 부족하기 때문이다.

| 정답 |　②
위 글은 우리나라 정보보안 수준이 낮다는 점을 지적한 뒤 이를 해결하기 위해 보안에 대한 정부의 투자와 관리가 필요하다는 점을 강조하고 있다. 따라서 '우리나라의 정보보안 수준을 높이기 위해서는 정부가 직접 보호활동에 나서야 한다' 가 핵심내용으로 가장 적절하다.

02 ㉠과 ㉡에 들어갈 단어로 적절한 것은?

① ㉠ : 예방 ㉡ : 준비　　　② ㉠ : 예방 ㉡ : 낭비
③ ㉠ : 비용 ㉡ : 낭비　　　④ ㉠ : 비용 ㉡ : 소득

| 정답 | ②

'㉠을 위해 쓰는 돈과 노력'은 '안전을 위한 비용'과 유사한 의미가 들어가야 한다. 따라서 ㉠에는 '예방'이 들어가는 것이 적절하다. 선진국은 안전 비용을 필수적인 것으로 보고 있지만 우리나라는 이와 다르다는 내용으로 볼 때, ㉡에는 '비용'과 상반되는 '낭비'가 들어가는 것이 적절하다.

03 〈보기〉의 내용이 들어갈 위치로 적절한 것은?

> 보기
> 이는 자동차 보험에 가입하는 이유와도 일맥상통한다. 사고가 나지 않을 때는 자동차 보험을 드는 것이 아깝다는 생각을 많이 하게 된다. 자동차 사고는 다른 사람들의 이야기이며 자기에게는 해당 사항이 없을 것이라는 생각도 하게 된다. 그러나 일단 사고가 나면 그 피해 액수나 형사 책임이 너무 커서 개인적으로 감당하기에는 힘든 경우가 많다. 따라서 자동차 보험은 자동차를 몰면서 누릴 수 있는 많은 혜택을 받기 위해서 필수적으로 지불해야 하는 안전 비용이라고 볼 수 있다.

① (나)의 뒤　　② (다)의 뒤　　③ (라)의 뒤　　④ (마)의 뒤

| 정답 | ③

〈보기〉는 자동차 보험도 앞 문단의 내용과 마찬가지로 사람들이 아깝다는 생각을 가지지만, 이는 필수적으로 지불해야 하는 안전 비용이라는 내용이다. 따라서 〈보기〉의 앞 문단에서는 사람들이 아까워하는 어떤 안전 비용에 대한 내용이 설명되어야 한다. 이러한 내용을 설명하고 있는 문단은 (라)이다. 따라서 〈보기〉는 (라)의 뒤에 들어가야 한다.

04 위 글을 읽고 난 후의 반응으로 적절하지 않은 것은?

① 정보보안은 매우 중요하므로 이를 위해 돈이 쓰이는 걸 아까워해서는 안 되겠어.
② 정보보안 수준이 높은 기업을 선정해 세재 혜택을 주는 방안을 시행하는 것이 바람직하겠어.

③ 다음부터 인터넷 사이트를 가입할 때는 정보보안에 대한 준비가 되어 있는지를 꼭 확인해 봐야지.

④ 정부와 달리 민간 기업은 정보보안이 철저하니까 되도록 민간 기업을 이용하면 정보유출의 위험이 적겠어.

| 정답 |　④

① 위 글에서 정보보안이 취약한 이유 중 하나로 정보보호에 대한 투자를 낭비로 여기는 인식을 지적하고 있다. 따라서 정보보호를 위해 돈이 쓰이는 걸 아깝게 여겨서는 안 된다는 것은 위 글에 대한 반응으로 적절하다.

② 위 글에서는 정부가 보안에 대한 정보를 제공하고 권고함과 동시에 인센티브를 통해서 안전한 인터넷 환경을 만들어갈 수 있도록 유도해야 한다고 주장하고 있다. 따라서 정보보안 수준이 높은 기업을 선정해 세제 혜택을 주는 방안을 시행하는 것이 바람직하다는 내용은 위 글에 대한 반응으로 적절하다.

③ 위 글은 정보보안이 취약한 데도 이용자들이 이에 대한 피해를 우려하고 있지 않다는 것을 지적하고 있다. 따라서 앞으로 정보보안에 대한 고려를 하겠다는 내용은 위 글에 대한 반응으로 적절하다.

④ 민간 기업도 43%가 정보 보호를 위한 별도의 전담 조직을 두지 않고 44%는 특별한 관리를 하지 않으므로 위험하다고 설명하고 있다. 따라서 민간 기업은 정보보안이 철저하다고 믿는 것은 위 글을 읽은 후의 적절한 반응이 아니다.

[1~3] 다음 글을 읽고 물음에 답하시오.

　　역사적 사실이 지니는 어떤 의미란 우리가 보통 역사적 의의라고 부르는 것이다. 이 역사적 의의를 찾는 것이 사실의 탐구와는 차원을 달리한다고 해서 누구나 멋대로 그 의의를 규정할 수 있다는 것은 아니다. 종교나 철학자들도 그들의 신념에 따라서 이러한 작업을 할 수가 있겠지만, 그것은 신앙이나 과학일 수는 있겠으나 역사학이라고는 할 수가 없다. 역사학에서 말하는 역사적 의의의 추구란 것은, 시대적·사회적 관련 속에서 과거의 사실들이 지니는 위치를 밝히려는 것이다. 그러므로 이 관련성을 훌륭히 설명해 내면 그것이 곧 역사학의 본질에 육박하는 것이 된다고 믿는다.

　　(㉠) 시대적·사회적 관련을 어떻게 찾아낼 수가 있는가. 이 경우에 역사가들은 일차적으로 사료에 나타난 증거들을 찾아보게 된다. 이것은 물론 역사가들이 제일 먼저 해야만 할 중요한 작업임에는 틀림이 없다. 그러나 또 이것만으로써 모든 문제를 해결할 수 없는 것도 분명한 일이다. 가령 신라에서 불교를 받아들여 절을 짓는 데 반대한 대신의 말을 들어 보면, 흉년이 들어서 백성들이 불안하고 이웃나라 군대가 침입하여 전쟁이 멎지 않는데 어느 겨를에 백성을 괴롭혀 무용한 집을 짓겠는가 하는 것이었다고 한다. 그러나 이렇게 표면에 내세운 것이 그들이 불교를 반대한 진정한 이유가 될 수 없다는 것은 명백하다. 만일 그러한 식으로 당사자들의 말을 따른다면, 이완용도 애국자가 될지 모르고, 이등박문도 한국의 독립수호자가 될지 모른다. 그리고 이러한 표면에 내세운 말만을 따르는 사람은 이미 역사가가 아니라 그들 정치가의 비서나 대변인으로 전락했다고 할밖에 없다.

　　역사적 인물들이 표면에 내세운 이유만으로 사실과 사실 사이의 관련성을 설명할 수가 없다면, 무엇으로 이것은 가능하게 되는 것일까. 그것은 다름 아닌 인간사회를 지배하는 보편적인 법칙이라고 믿는다. 불교를 믿자고 한 법흥왕이나 이를 반대한 귀족들의 태도는 모두 왕권 중심의 중앙집권적인 귀족국가가 성장하는 과정에서 국가 종교에 대하여 일으키는 이 양자의 반응이라는 일반적인 현상과 관계가 있다. 그러한 현상을 꿰뚫고 있는 보편적인 법칙이 신라의 경우에도 작용하고 있다고 보는 것이 불교 수용의 실제를 훨씬 더 잘 설명해 주는 것이다.

01 다음 중 (㉠)에 들어갈 알맞은 접속사는?

① 그리고   ② 그러나   ③ 그러면   ④ 따라서

02 밑줄 친 단어 중 성격이 다른 하나는?

① 대신의 말   ② 진정한 이유   ③ 보편적인 법칙   ④ 일반적인 현상

03 위 글을 토대로 알 수 없는 것은?

① 사실적 증거만을 근거로 한 역사학은 제대로 된 역사학이라 부를 수 없다.
② 인간사회에서 일어나는 사실과 사실 사이의 관계는 보편적 법칙의 지배를 받고 있다.
③ 역사는 보편적 법칙에 따라 변화하기 때문에 모든 민족은 동일한 역사의 과정을 겪는다.
④ 어떤 사건의 역사적 의의를 찾기 위해서는 그 사건에 작용하고 있는 법칙을 파악해야 한다.

[4~7] 다음 글을 읽고 물음에 답하시오.

(가) 대중 매체 권력은 비대칭적인 대중 매체의 커뮤니케이션에서도 드러난다. 메시지는 주로 대중 매체에서 수용자로 전달된다. 수용자에서 대중 매체로 진행되는 피드백은 없거나 매우 약하다. 그 이유는 대중 매체가 조직적이고 정기적이며 체계적으로 메시지를 생산하는 데 비해 수용자들은 산재되어 있고 서로의 ㉠유대가 약하며 특별한 경계 없이 사적으로 대중 매체를 소비하기 때문이다. 물론 최근 들어 대중 매체와 채널이 급증하여 이러한 권력관계의 틀이 근본적으로 달라졌다고 볼 수도 있다. 즉, 대중 매체도 다원화된 것이 아니냐는 것이다. 그러나 대중 매체 숫자가 아무리 늘어도 수용자 수준으로 다원화되거나 수용자의 여러 측면을 온전히 담아내기에는 많은 한계가 있다.

(나) 권력은 직접적으로 드러나는 행위나 결정을 통해 어떤 사건에 영향을 미치는 1차원적 권력과 행위나 결정이 직접적으로 드러나지 않지만 어떤 사건의 결과에 영향을 주는 2차원적 권력이 있다. 2차원적 권력은 권력 주체가 여러 의제 중 자신에게 유리한 의제만 쟁점화하는 것이다. 그리고 2차원적 권력이 좀 더 구조화·관행화되면 3차원적 권력이 된다. 3차원적 권력은 권력의 주체가 대상의 사고방식을 구성하여 잠재된 갈등 자체를 봉쇄하는 것을 말한다.

(다) 오늘날 대중 매체는 그 규모가 커지고 대기업화되면서 사회 전반에 미치는 영향력이 커졌다. 이에 따라 대중 매체는 어떤 사건의 과정에 개입하여 그 결과에 영향을 미칠 수 있는 능력, 즉 권력을 가지게 되었다. 이러한 대중 매체 권력은 사회학자인 룩스가 제시한 3차원적 권력으로 볼 수 있다.

(라) 대중 매체가 3차원적 권력을 형성하게 것은 사회적 의제를 선택하고 논의하는 데 대중 매체가 큰 기능을 하기 때문이다. 대중 매체는 메시지를 옮기거나 축적시킴으로써 여러 수용자들 사이의 (   ) 중계 기능을 한다. 인간의 활동 범위가 크게 확장된 현대사회에서는 전통사회와 달리 정부를 비롯해 거의 모든 정치적·사회적 주체들이 대중 매체를 통해 소통한다. 또한 대중 매체는 동시에 같은 메시지를 지리적으로 산재해 있는 불특정 수용자 다수에게 전달할 수 있다. 특히 대중 매체 상품은 하나를 만드는 데는 큰돈이 들지만 똑같은 하나를 더 만드는 데 드는 비용은 사실상 제로에 가깝다.

04 위 글을 논리적 순서대로 올바르게 연결한 것은?

① (나) – (다) – (가) – (라)

② (나) – (라) – (가) – (다)

③ (다) – (가) – (라) – (나)

④ (다) – (나) – (라) – (가)

05 빈칸에 들어갈 말로 알맞은 것은?

① 인간적 배려심을 확장시켜 주는

② 사회적 유대감을 형성시켜 주는

③ 다양한 관점과 생각을 일치시켜 주는

④ 공간적 · 사회적 거리를 단축시켜 주는

06 위 글을 토대로 짐작할 수 없는 것은?

① 대중 매체 권력의 특성상 대중 매체가 권력을 행사하고 있어도 수용자는 그 사실을 인지하지 못할 수 있다.

② 현대에는 인터넷과 같은 의사소통 수단의 발달로 인해 신문이나 TV에 대한 수용자들의 의존도가 낮아지고 있다.

③ 자신의 주변사람들에게서 정보를 얻던 옛날과 달리 현대인들은 생활에 필요한 정보의 대부분을 공적 매체를 통해서 얻고 있다.

④ 점차 표현의 자유가 확대됨에 따라 대중 매체의 메시지를 그냥 받아들이는 것이 아니라 이를 비판하고 나아가 자신의 의견을 반영시키는 경우가 늘고 있다.

07 ㉠의 한자로 적절한 것은?

① 有待   ② 有備   ③ 紐帶   ④ 類比

＊동음이의어

가설	假設	어떤 사실을 설명하거나 어떤 이론체계를 연역하기 위해 설정한 가정
	架設	전깃줄이나 전화선, 교량 따위를 공중에 건너질러 설치함
	假設	임시로 설치함
가정	家庭	한 가족이 생활하는 집.
	假定	사실이 아니거나 또는 사실인지 아닌지 분명하지 않은 것을 임시로 인정함.
	家政	집안을 다스리는 일.
감상	鑑賞	주로 예술작품을 이해하여 즐기고 평가함
	感想	마음속에서 일어나는 느낌이나 생각
	感傷	하찮은 일에도 쓸쓸하고 슬퍼져서 마음이 상함
개정	改正	주로 문서의 내용 따위를 고쳐서 바르게 함
	改定	이미 정하였던 것을 고쳐서 다시 정함
	改訂	글자나 글의 틀린 곳을 고쳐 바로잡음
결정	結晶	노력의 결과로 얻어진 훌륭한 보람
	決定	결단을 내려 확정함
	景氣	매매나 거래에 나타나는 호황, 불황 따위의 경제활동상태
경기	競技	일정한 규칙 아래 기량과 기술을 겨룸
	驚氣	어린아이가 경련을 일으키는 병
고사	枯死	나무나 풀이 말라 죽음
	故事	옛날에 있었던 일이나 그것을 표현한 어구.
	考査	자세히 생각하고 조사함.
	固辭	제의나 권유 따위를 굳이 사양함. '굳이 사양함', '거절함' 으로 순화.
공유	共有	두 사람 이상이 한 가지 것을 공동으로 가짐
	公有	국가 또는 공공 단체의 소유
교정	矯正	틀어지거나 잘못된 것을 바로잡음
	校庭	학교의 마당이나 운동장.
	敎正	르쳐서 바르게 함.
	校正	교정쇄와 원고를 대조하여 오자, 오식, 배열, 색 따위를 바르게 고침.

	校訂	남의 문장 또는 출판물의 잘못된 글자나 글귀 따위를 바르게 고침.
	交情	사귀는 정. 또는 사귀어 온 정.
	敎程	가르치는 정도.
기능	機能	역할이나 작용
	技能	기술상의 재능
기술	技術	자연의 사물을 인간에게 유용하도록 가공하는 수단
	記述	있는 그대로 열거하거나 기록하여 서술함
답사	踏査	현장에 가서 직접 보고 조사함
	答辭	회답을 함. 또는 그런 말.
	答謝	보답으로 사례를 함. 또는 그 사례.
대비	對比	두 가지의 차이를 밝히기 위하여 서로 맞대어 비교함
	對備	앞으로 일어날지도 모를 어떠한 일에 대응하기 위하여 미리 준비함
동의	同意	1. 같은 의미. 2. 의사나 의견을 같이함.
	動議	회의 중에 토의할 안건을 제기함. 또는 그 안건.
	同議	같은 의견이나 논의.
동화	童話	어린이를 위하여 동심(童心)을 바탕으로 지은 이야기.
	同化	성질, 양식(樣式), 사상 따위가 다르던 것이 서로 같게 됨.
	同和	같이 화합함.
만기	晩期	만년(晩年)의 시기.
	滿期	미리 정한 기한이 다 참. 또는 그 기한.
매수	買受	사서 넘겨받음
	買收	남을 꾀어서 제 편으로 만듦
매장	埋葬	시체나 유골 따위를 땅속에 묻음.
	埋藏	묻어서 감춤.
반려	伴侶	짝이 되는 동무.
	反戾 /叛戾	배반하여 돌아섬. 도리에 어긋남.
	返戾	같은 말: 반환(返還)
부양	扶養	생활 능력이 없는 사람의 생활을 돌봄
	浮揚	가라앉은 것이 떠오름
부인	夫人	'남의 아내'에 대한 높임말
	婦人	'결혼한 여자'를 통칭하는 말

	否認	어떤 내용이나 사실을 옳거나 그러하다고 인정하지 아니함.
배치	配置	사람이나 물자 따위를 일정한 자리에 알맞게 나누어 둠.
	排置	일정한 차례나 간격에 따라 벌여 놓음.
	背馳	서로 반대로 되어 어그러지거나 어긋남.
사상	事象	관찰할 수 있는 사물과 현상.
	思想	어떠한 사물에 대하여 가지고 있는 구체적인 사고나 생각.
	死傷	죽거나 다침.
사실	寫實	사물을 있는 그대로 그려 냄.
	事實	실제로 있었던 일이나 현재에 있는 일.
	史實	역사에 실제로 있는 사실(事實).
	查實	사실을 조사하여 알아봄.
선전	宣傳	많은 사람들이 알고 이해하도록 잘 설명하여 널리 알림
	宣戰	한 나라가 다른 나라에 대하여 전쟁을 시작한다는 의사 표시를 하는 일
	善戰	있는 힘을 다하여 잘 싸움
수용	收用	거두어들여 사용함.
	受容	어떠한 것을 받아들임.
	收容	범법자, 포로, 난민, 관객, 물품 따위를 일정한 장소나 시설에 모아 넣음.
	受用	받아 씀.
습득	拾得	주워서 얻음
	習得	학문이나 기술 따위를 배워서 자기 것으로 함
심사	審査	자세하게 조사하여 등급이나 당락 따위를 결정함
	心思	어떤 일에 대한 여러 가지 마음의 작용.
	心事	마음속으로 생각하는 일. 또는 그 생각.
	深思	깊이 생각함. 또는 깊은 생각.
역전	逆轉	형세가 뒤집힘.
	力戰	온 힘을 다하여 싸움.
	歷戰	이곳저곳에서 많은 전쟁을 겪음.
	逆戰	적의 공격을 받다가 역습하여 나아가 싸움.
유학	留學	외국에 머물면서 공부함
	遊學	타향에서 공부함
이동	移動	움직여서 있던 자리를 옮김
	異動	같은 직장 안에서 지위, 직책 따위의 변동

이상	理想	생각할 수 있는 범위 안에서 가장 완전하다고 여겨지는 상태.
	以上	수량이나 정도가 일정한 기준보다 더 많거나 나음.
	異常	정상적인 상태와 다름.
	異狀	평소와는 다른 상태.
이행	移行	다른 상태로 옮아 감
	履行	실제로 행함
전세	專貰	계약에 의하여 일정 기간 동안 그 사람에게만 빌려 주어 다른 사람의 사용을 금하는 일.
	傳貰	부동산의 소유자에게 일정한 액수의 돈을 미리 주고 그 부동산을 일정 기간 빌려 쓰는 일
	戰勢	전쟁, 경기 따위의 형세나 형편.
조작	造作	어떤 일을 사실인 듯이 꾸며 만듦.
	操作	기계 따위를 일정한 방식에 따라 다루어 움직임.
재연	再演	연극이나 영화 따위를 다시 상연함.
	再燃	꺼졌던 불이 다시 탐
진정	眞情	참되고 애틋한 정이나 마음.
	鎭靜	몹시 소란스럽고 어지러운 일을 가라앉힘.
	陳情	실정이나 사정을 진술함.
치부	恥部	남에게 드러내고 싶지 아니한 부끄러운 부분.
	致富	재물을 모아 부자가 됨.
	置簿	금전이나 물건 따위가 들어오고 나감을 기록함. 또는 그런 장부.
투기	投機	기회를 틈타 큰 이익을 보려고 함. 또는 그 일.
	投棄	내던져 버림.
	鬪技	서로 맞붙어 다툼.
편재	偏在	한곳에 치우쳐 있음.
	騙財	남의 재물을 속여서 빼앗음.
	遍在	널리 퍼져 있음.
편집	編輯	일정한 방침 아래 여러 가지 재료를 모아 신문, 잡지, 책 따위를 만드는 일.
	偏執	편견을 고집하고, 남의 말을 듣지 않음.
해석	解釋	문장이나 사물 따위로 표현된 내용을 이해하고 설명함. 또는 그 내용.
	解析	사물을 자세히 풀어서 논리적으로 밝힘.

현상	現象	인간이 지각할 수 있는, 사물의 모양과 상태.
	現狀	나타나 보이는 현재의 상태.
	懸賞	무엇을 모집하거나 구하거나 사람을 찾는 일 따위에 현금이나 물품 따위를 내걺.
	現像	노출된 필름이나 인화지를 약품으로 처리하여 상이 나타나도록 함.
	懸象	천상(天上)에 걸린 현상(現象)
	現想	보고 듣는 데 관련하여 일어나는 생각.
확정	確定	일을 확실하게 정함.
	廓正	잘못을 바로잡음

✻주제별 한자성어

1. 효(孝)

事親以孝(사친이효) : 부모를 효도로써 섬긴다. 세속오계의 하나.

昏定晨省(혼정신성) : 아침, 저녁으로 부모의 안부를 물어 살핌

反哺報恩(반포보은) : 자식이 부모가 길러 준 은혜를 갚음

風樹之嘆(풍수지탄) : 이미 부모는 돌아가셔서 효행을 다하지 못하는 슬픔

望雲之情(망운지정) : 객지에서 부모를 생각하는 마음

斑衣之戲(반의지희) : 늙어서 효도함을 이르는 말.

2. 무례

厚顔無恥(후안무치) : 뻔뻔스러워 부끄러워할 줄 모름.

破廉恥漢(파렴치한) : 염치를 모르는 뻔뻔한 사람.

天方地軸(천방지축) : 함부로 날뛰는 모양.

傍若無人(방약무인) : 거리낌 없이 함부로 행동함.

眼下無人(안하무인) : 방자하고 교만하여 사람을 모두 얕잡아 보는 것.

回賓作主(회빈작주) : 주장하는 사람의 의견을 무시하고 자기 마음대로 함.

3. 겉과 속이 다름

面從腹背(면종복배) : 겉으로는 복종하는 체하면서 내심으로는 배반함.

勸上搖木(권상요목) : 나무 위에 오르라고 권하고는 오르자마자 아래서 흔들어 댐

羊頭狗肉(양두구육) : 겉으로는 그럴 듯하게 내세우나 속은 음흉한 딴 생각이 있음

敬而遠之(경이원지) : 겉으로는 존경하는 체하면서 속으로는 멀리함

口蜜腹劍(구밀복검) : 입에는 꿀이 있고 배 속에는 칼이 있다는 뜻으로, 말로는 친한 듯하나 속으로는 해칠 생각이 있음을 이르는 말.

表裏不同(표리부동) : 겉과 속이 다름.

4. 어리석음

緣木求魚(연목구어) : 나무에 올라가서 물고기를 구한다는 뜻으로, 도저히 불가능한 일을 굳이 하려 함을 비유적으로 이르는 말.

陸地行船(육지행선) : 육지에서 배를 저으려 한다는 뜻으로, 안되는 일을 억지로 하려고 함을 비유적으로 이르는 말.

以卵投石(이란투석) : 달걀로 돌을 친다는 뜻으로, 아주 약한 것으로 강한 것에 대항하려는 어리석음을 비유적으로 이르는 말

刻舟求劍(각주구검) : 융통성 없이 현실에 맞지 않는 생각을 고집하는 어리석음을 이르는 말.

守株待兔(수주대토) : 구습을 고수하여 변통할 줄 모름. 진보가 없음을 비유

5. 노력

自强不息(자강불식) : 스스로 힘써 행하여 쉬지 않음

發憤忘食(발분망식) : 끼니까지도 잊을 정도로 어떤 일에 열중하여 노력함.

手不釋卷(수불석권) : 손에서 책을 놓지 아니하고 늘 글을 읽음.

螢雪之功(형설지공) : 가난한 사람이 반딧불과 눈빛으로 글을 읽어가며 고생 속에서 공부함을 일컫는 말.

切磋琢磨(절차탁마) : 옥이나 돌 따위를 갈고 닦아서 빛을 낸다는 뜻으로, 부지런히 학문과 덕행을 닦음을 이르는 말.

走馬加鞭(주마가편) : 달리는 말에 채찍질한다는 뜻으로, 잘하는 사람을 더욱 장려함을 이르는 말.

6. 견문이 좁음

井底之蛙(정저지와) : 우물 안의 개구리

坐井觀天(좌정관천) : 우물 속에 앉아서 하늘을 본다는 뜻으로, 사람의 견문(見聞)이 매우 좁음을 이르는 말.

通管窺天(통관규천) : 붓 대롱을 통해서 하늘을 엿본다.

7. 은혜를 저버림

背恩忘德(배은망덕) : 남에게 입은 은덕을 저버리고 배신하는 태도가 있음.

見利忘義(견리망의) : 이익을 보면 의리를 잊음.

8. 대를 위해 소를 희생함

先公後私(선공후사) : 공적인 것을 앞세우고 사적인 것은 뒤로 함.

大義滅親(대의멸친) : 큰 도리를 지키기 위하여 부모나 형제도 돌아보지 않음.

見危致命(견위치명) : 나라가 위태로울 때 자기의 몸을 나라에 바침.

滅私奉公(멸사봉공) : 사를 버리고 공을 위해 희생함.

9. 의지

百折不屈(백절불굴) : 여러 번 꺾어져도 굽히지 않음

七顚八起(칠전팔기) : 일곱 번 넘어지고 여덟 번 일어난다는 뜻으로, 여러 번 실패하여 도 굴하지 아니하고 꾸준히 노력함을 이르는 말.

10. 허세

虛張聲勢(허장성세) : 실속이 없으면서 허세만 떠벌림.

虛禮虛飾(허례허식) : 예절, 법식 등을 겉으로만 번드레하게 하는 일.

11. 비정한 태도

甘呑苦吐(감탄고토) : 달면 삼키고 쓰면 뱉는다는 뜻으로, 자신의 비위에 따라서 사리 의 옳고 그름을 판단함을 이르는 말.

兎死狗烹(토사구팽) : 토끼가 죽으면 토끼를 잡던 사냥개도 필요 없게 되어 주인에게 삶아 먹히게 된다는 뜻. 필요할 때는 쓰고 필요 없을 때는 야박 하게 버리는 경우를 이르는 말.

炎凉世態(염량세태) : 세력이 있을 때는 아첨하여 따르고 세력이 없어지면 푸대접하는 세상인심을 비유적으로 이르는 말.

12. 일관성이 없음

朝變夕改(조변석개) : 아침저녁으로 뜯어고친다는 뜻으로, 계획이나 결정 따위를 일관
성이 없이 자주 고침을 이르는 말.

朝令暮改(조령모개) : 아침에 명령을 내렸다가 저녁에 다시 고친다는 뜻으로, 법령을
자꾸 고쳐서 갈피를 잡기가 어려움을 이르는 말.

13. 위태로운 상황

風前燈火(풍전등화) : 바람 앞에 놓인 등불, 사물이 매우 위태로운 처지에 놓여 있음을
비유하는 말.

焦眉之急(초미지급) : 눈썹이 타면 끄지 않을 수 없다는 뜻으로, 매우 다급한 일을 일컬
음.

危機一髮(위기일발) : 위급함이 매우 절박한 순간.

累卵之勢(누란지세) : 알을 쌓아 놓은 형세라는 뜻으로, 몹시 위태로운 형세를 비유적
으로 이르는 말.

百尺竿頭(백척간두) : 백 자나 되는 높은 장대 위에 올라섰다는 뜻으로, 몹시 어렵고
위태로운 지경을 이르는 말.

如履薄氷(여리박빙) : 살얼음을 밟는 것과 같다는 뜻으로, 아슬아슬하고 위험한 일을
비유적으로 이르는 말.

四面楚歌(사면초가) : 아무에게도 도움을 받지 못하는, 외롭고 곤란한 지경에 빠진 형
편을 이르는 말.

一觸卽發(일촉즉발) : 조금만 닿아도 곧 폭발할 것 같은 모양. 막 일이 일어날 듯하여
위험한 지경.

14. 가난

三旬九食(삼순구식) : 삼십 일 동안 아홉 끼니밖에 먹지 못한다는 뜻으로, 몹시 가난함
을 이르는 말.

桂玉之嘆(계옥지탄) : 식량 구하기가 계수나무 구하듯이 어렵고, 땔감을 구하기가 옥
을 구하기만큼 어려움.

15. 헛된 꿈

南柯一夢(남가일몽) : 꿈과 같이 헛된 한때의 부귀영화를 이르는 말.

一場春夢(일장춘몽) : 한바탕의 봄꿈이라는 뜻으로, 헛된 영화나 덧없는 일을 비유적
으로 이르는 말.

邯鄲之夢(한단지몽) : 세상의 부귀영화가 허황됨을 이르는 말.

16. 어부지리

漁父之利(어부지리) : 두 사람이 이해관계로 서로 싸우는 사이에 엉뚱한 사람이 애쓰
지 않고 가로챈 이익을 이르는 말.

犬兔之爭(견토지쟁) : 개와 토끼의 다툼이라는 뜻으로, 두 사람의 싸움에 제삼자가 이
익을 봄을 이르는 말.

蚌鷸之爭(방휼지쟁) : 대립하는 두 세력이 다투다가 결국은 구경하는 다른 사람에게
득을 주는 싸움을 비유적으로 이르는 말.

17. 세상의 변화

桑田碧海(상전벽해) : 뽕나무밭이 변하여 푸른 바다가 된다는 뜻으로, 세상일의 변천
이 심함을 비유적으로 이르는 말.

天旋地轉(천선지전) : 세상일이 크게 변함

18. 늦은 조치

亡羊補牢(망양보뢰) : 양을 잃은 후에 우리를 고침.(=소 잃고 외양간 고친다)

渴而穿井(갈이천정) : 목이 말라야 비로소 샘을 판다는 것으로, 미리 준비를 하지 않고
있다가 일이 지나간 뒤에는 아무리 서둘러 봐도 아무 소용이 없
음을 의미. 자신이 급해야 서둘러서 일을 한다는 뜻도 있음.

死後藥方文(사후약방문) : 죽은 뒤에야 약방문(藥方文:현대의 처방전)을 줌.

19. 길흉화복

塞翁之馬(새옹지마) : 인생의 길흉화복은 변화가 많아서 예측하기가 어렵다는 말.

轉禍爲福(전화위복) : 화가 바뀌어 복이 됨

20. 가혹한 정치

苛斂誅求(가렴주구) : 세금을 가혹하게 거두어들이고, 무리하게 재물을 빼앗음.

泡烙之刑(포락지형) : 잔혹하고 가혹한 형벌.

塗炭之苦(도탄지고) : 진구렁에 빠지고 숯불에 타는 괴로움을 이르는 말.

21. 시작 또는 최초

嚆矢(효시) : 어떤 사물이나 현상이 시작되어 나온 맨 처음을 비유적으로 이르는 말.

前代未聞(전대미문) : 이제까지 들어 본 적이 없는 일.

前人未踏(전인미답) : 이제까지 아무도 발을 들여놓거나 도달한 사람이 없음.

前無後無(전무후무) : 전에도 없었고 앞으로도 없음.

空前絶後(공전절후) : 전에도 없었고 앞으로도 없음.

未曾有(미증유) : 지금까지 한 번도 있어본 일이 없음.

22. 환경의 중요성

近墨者黑(근묵자흑) : 먹을 가까이 하면 검게 된다. 좋지 못한 사람과 가까이 하면 악에 물들게 됨.

三遷之敎(삼천지교) : 맹자의 교육을 위하여 그 어머니가 세 번이나 집을 옮긴 일. 교육에는 환경이 중요함. = 孟母三遷(맹모삼천)

橘化爲枳(귤화위지) : 회남의 귤을 회북으로 옮기어 심으면 귤이 탱자가 된다는 말. 환경에 따라 사물의 성질이 달라진다는 말.

23. 모순

矛盾(모순) : 창과 방패. 일의 앞뒤가 서로 안맞는 상태. 서로 대립하여 양립하지 못함.

自家撞着(자가당착) : 같은 사람의 말이나 행동이 앞뒤가 맞지 아니함. 자기 모순.

二律背反(이율배반) : 서로 모순되어 양립할 수 없는 두 개의 명제.

24. 태평한 시대

太平聖代(태평성대) : 태평스런 시절

康衢煙月(강구연월) : 번화한 큰 길거리에서 달빛이 연기에 은은하게 비치는 모습을 나타내는 말로, 태평한 세상의 평화로운 풍경을 이르는 말.

鼓腹擊壤(고복격양) : 태평한 세월을 즐김을 이르는 말.

擊壤老人(격양노인) : 태평한 생활을 즐거워하여 노인이 땅을 치며 노래함

25. 그리워함

寤寐不忘(오매불망) : 자나 깨나 잊지 못함

輾轉反側(전전반측) : 누워서 몸을 이리저리 뒤척이며 잠을 이루지 못함. = 輾轉不寐 (전전불매)

26. 고향에 대한 그리움

首邱初心(수구초심) : 여우가 죽을 때에 머리를 저 살던 굴 쪽으로 향한다는 뜻, 고향을 그리워하는 마음

看雲步月(간운보월) : 구름을 바라보거나 달빛 아래 거닌다는 뜻으로, 객지에서 집을 생각함을 이르는 말.

27. 기다림

鶴首苦待(학수고대) : 학의 목처럼 길게 늘여 고대함.

一日如三秋(일일여삼추) : 하루가 삼 년 같다는 뜻으로, 몹시 애태우며 기다림을 이르는 말.

28. 서로 마음이 통함

以心傳心(이심전심) : 마음과 마음으로 서로 뜻이 통함. 心心相印(심심상인) : 말없이 마음과 마음으로 뜻을 전함.

不立文字(불립문자) : 문자나 말에 의지하지 않고 도를 전함 拈華微笑(염화미소) : 말로 통하지 아니하고 마음에서 마음으로 전하는 일.

29. 뛰어난 사람

白眉(백미) : 흰 눈썹이라는 뜻으로, 여럿 가운데에서 가장 뛰어난 사람이나 훌륭한 물건을 비유적으로 이르는 말.

鐵中錚錚(철중쟁쟁) : 여러 쇠붙이 가운데서도 유난히 맑게 쟁그랑거리는 소리가 난다는 뜻으로, 같은 무리 가운데서도 가장 뛰어남을 이르는 말.

群鷄一鶴(군계일학) : 닭의 무리 가운데서 한 마리의 학이란 뜻. 여럿 가운데서 가장 뛰어난 사람.

棟梁之材(동량지재) : 한 집안이나 한 나라의 기둥이 될 만한 훌륭한 인재.

囊中之錐(낭중지추) : 주머니 속의 송곳이란 뜻으로서 재능이 뛰어난 사람은 숨어 있어도 남의 눈에 띄게 됨을 이르는 말.

30. 스승보다 나은 제자

靑出於藍(청출어람) : 쪽에서 뽑아낸 푸른 물감이 쪽보다 더 푸르다는 뜻으로, 제자나 후배가 스승이나 선배보다 나음을 비유적으로 이르는 말.

後生可畏(후생가외) : 젊은 후학들을 두려워할 만하다는 뜻으로, 후진들이 선배들보다 젊고 기력(氣力)이 좋아, 학문(學問)을 닦음에 따라 큰 인물(人物)이 될 수 있으므로 가히 두렵다는 말.

31. 발전

日就月將(일취월장) : 날로 달로 나아감. 곧 학문이 계속 발전해 감.

刮目相對(괄목상대) : 눈을 비비고 상대편을 본다는 뜻으로, 남의 학식이나 재주가 놀랄 만큼 부쩍 늚을 이르는 말.

✱나이를 이르는 말

1세 [弄璋(농장) / 弄瓦(농와)] : 아들(농장)을 낳으면 구슬(璋) 장난감을, 딸(농와)을 낳으면
　　실패(瓦) 장난감을 주는데서 유래.

2~3세 [孩提(해제)] : 어린아이(兒提)의 뜻.

10세 [沖年(충년)] : 열 살에는 하는 짓거리들이 미움이 沖天(충천) 한다는 뜻.

15세 [志學(지학)] : 15세가 되어야 學文(학문)에 뜻을 둔다는 뜻.

20세 [弱冠(약관) / 芳年(방년) · 芳齡(방령), 妙年(묘년) · 妙齡(묘령)] : 남자는 스무 살에
　　관례를 치러 성인이 된다는 뜻 / 여자의 20세 전후 꽃다운 나이.

30세 [而立(이립)] : 서른 살쯤에 가정과 사회에 모든 기반을 닦는다는 뜻.

40세 [不惑(불혹)] : 공자가 '40세가 되어서야 세상일에 미혹함이 없었다.' 고 한데서 나온 말.

50세 [知天命(지천명)] : 쉰 살에 비로소 天命(천명)을 알게 된다는 뜻.

60세 [耳順(이순) · 六旬(육순)] : 이순은 귀에서 나온 말로, 예순에는 생각하는 모 든 것이
　　원만하며 무슨 일이 들으면 곧 이해가 된다는 뜻. 육십 세 때 생신인 육순이란 열(旬)
　　이 여섯(六)이란 말이 육십갑자(干支六甲)를 모두 누리는 마지막 나이.

61세 [還甲(환갑) · 回甲(회갑)] : 61세 때의 생신으로 60갑자를 다 지내고 다시 낳은 해의
　　간지가 돌아왔다는 의미.

62세 [陳甲(진갑) · 進甲(진갑)] : 62세의 생신으로 다시 60갑자가 펼쳐져 진행한다는 의미.

66세 [美壽(미수)] : 66세 때 생신. 66세는 모든 사회활동이 성취되어 은퇴하는 나이이면서
　　도 아직 여력이 있으니 참으로 아름다운 나이이므로 '미수' 라 하고, 美(미)字는 六十
　　六을 거꾸로 쓰고 바로 쓴 자에서 그렇게 이름을 붙였다.

70세 [古稀(고희)·七旬(칠순)·從心(종심)] : 70세 때의 생신. 杜甫(두보)의 曲江 (곡강) 詩에 「술 빚은 보통 가는 곳마다 있으니 결국 인생은 기껏 살아본들 70세는 옛날부터 드물다.」는 구절에서 '古' 자와 '稀' 자 만을 써서 '古稀' 란 단어를 만들어서쓴 것이다. 또한 뜻대로 행하여도 道에 어긋나지 않다고 한 대서 從心이라고 하였다.

[不矩蹛(불구유)] : 70세, 논어에 나오는 말로 '마음이 가는 데로 좇아도 법도에 어긋나지 않는다.' 에서 유래한 말.

77세 [熹壽(희수)] : 77세 때의 생신이다. 오래 살아 기쁘다는 뜻. 熹자를 약자로쓰면 七十七이 되는데서 유래.

80세 [八旬(팔순)·傘壽(산수)] : 80세 때의 생신이다. 傘자의 약자가 八자를 위에 쓰고 十자를 밑에 쓰는 것에서 유래.

81세 [望九(망구)] : '아흔' 을 바라본다는 뜻에서 81세를 가리키는 말.

88세 [米壽(미수)] : 88세 때의 생신이다. 쌀 米자가 八十八의 첫 八자를 거꾸로 쓰고, 十자를 쓴 다음 끝의 八자가 바르게 겹쳐 쓴 모양에서 이르는 말.

90세 [卒壽(졸수)] : 90세 때 생신이다. 卒자의 俗字(속자)가 아홉 구(九) 밑에 열十자를 사용한대서 유래.

91세 [望百(망백)] : '백살' 을 바라본다는 뜻에서 사람의 나이 '아흔 한 살' 을 이르는 말.

99세 [白壽(백수)] : 99세 때의 생신이다. 百(100)에서 一(1)을 빼면 99에서 즉白자가 된다는 뜻.

100세[天壽(천수)] : 병 없이 늙어서 죽음을 맞이하면 하늘이 내려준 나이를 다 살았다는 뜻.

108세[茶壽(다수)]

111세[皇壽(황수)]

✻ 단위를 나타내는 말

강다리 : 쪼갠 장작 100 개비를 한 단위로 이르는 말.

거리 : 오이, 가지 따위의 50 개를 이르는 단위.

고리 : 소주 10 사발을 한 단위로 일컫는 말.

꾸러미 : 달걀 10 개를 꾸리어 싼 것. 꾸리어 싼 것을 세는 단위.

담불 : 벼 100 섬을 단위로 이르는 말.

동 : 묶어서 한 덩이로 만든 묶음. 피륙 50 필, 먹은 10 장, 붓은 10 자루, 무명과 베는 50
     필, 백지는 100 권, 조기나 비웃 2000 마리, 새앙은 10 접, 곶감 100 접, 볏짚 100단,
     땅 100 뭇을 가리키는 말.

두름 : 조기, 청어 따위의 생선을 10 마리씩 두 줄로 묶은 20 마리 또는 산나물을 10 모숨
     쯤 묶은 것.

마장 : 주로 5 리나 10 리가 못 되는 몇 리의 거리를 일컫는 단위.

마지기 : 논밭의 넓이의 단위. 벼나 보리의 씨를 한 말 뿌릴 만한 넓이를 한 마지기라 함.
         논은 200평~300평. 밭은 100평에 해당.

매 : 젓가락 한 쌍. '한창 구쁘던 때라, 음식을 두 매 한 짝으로 집어먹는다.'
     *두 매 한두 매와 한 짝에 비유한 말.   *구쁘다 : 먹고 싶은 생각이 나다.

모숨 : 모나 푸성귀처럼 길고 가는 것의 한 줌쯤 되는 분량. 춤.

뭇 : 생선 10 마리, 미역 10 장, 자반 10 개를 이르는 단위.

손 : 고기 두 마리를 이르는 말로 흔히 쓰임. 고등어 한 손

쌈 : 바늘 24개, 금 100 냥쭝을 나타내는 말.

우리 : 기와를 세는 단위. 한 우리는 2000 장.

접 : 과일, 무우, 배추, 마늘 따위의 100 개를 이르는 말.

제 : 탕약 스무 첩, 또는 그만한 분량으로 지은 환약이나 고약의 양.

죽 : 옷, 신, 그릇 따위의 열 개(또는 벌)를 이르는 말.

줌 : 주먹으로 쥘 만한 분량.

채 : 인삼 한 근(대개 750그램)을 일컫는 말.

첩 : 한약을 지어 약봉지에 싼 뭉치를 세는 단위.

켤레 : 신, 버선, 방망이 따위의 둘을 한 벌로 세는 단위.

쾌 : 북어 20 마리, 엽전 10꾸러미, 곧 10냥을 한 단위로 세는 말.

타래 : 실 같은 것을 감아 틀어 놓은 분량의 단위.

테 : 서려 놓은 실의 묶음을 세는 말.

토리 : 실 뭉치를 세는 말.

톳 : 김 100 장씩을 한 묶음으로 세는 단위.

한소끔 : 끓는 물 따위의 한 번 끓는 것을 일컫는 말.

〈 해물 〉

두름 : 조기, 청어 20마리. 산나물 열 모숨.

손 : 고등어 따위 생선 2 마리

쾌 : 북어 스무 마리를 한 단위로 세는 말.

태 : 나무꼬챙이에 꿴 말린 명태 20 마리

톳 : 김 40 장 또는 100 장을 한 묶음으로 묶은 덩이. 김 톳이나 샀다.

〈 농산물 또는 농업 관련 〉

갓 : 말린 식료품의 열 모숨을 한 줄로 엮은 단위. 고사리 한 갓. 굴비 두 갓.

강다리 : 쪼갠 장작의 100 개

고리 : 소주 열 사발을 한 단위로 일컫는 말.

꾸러미 : 짚으로 길게 묶어 사이사이를 동여 맨 달걀 10 개의 단위.

거리 : 가지, 오이 50 개. 반 접.

담불 : 벼 100섬.

접 : 감, 마늘 100개

〈 일상생활 〉

쌈 : 바늘 24 개

연 : 종이 전지 500장

죽 : 버선이나 그릇 등의 열 벌을 한 단위로 말하는 것. 짚신 한 죽, 미투리 두 죽

제 : 한방약 20 첩

첩 : 한방약 1 봉지

통 : 광목 60 자

필 : 명주 40 자

우리 : 기와 2000장. 울.

〈 일반 〉

술 : 숟가락으로 떠서 헤아릴만한 분량.

움큼 : 손으로 한 줌 움켜 쥔 만큼의 분량. 〈작은말〉 옴큼

줌 : 한 주먹 양. 한 뭇의 10분의 1 되는 땅. (주로 동글동글한 알갱이를 움킬 때)

춤 : 가늘고 긴 물건의 한 손으로 쥘 만한 분량이나 세는 단위.

〈 옷 〉

땀 : 바느질에서 바늘로 한 번 뜬 눈.

벌 : 옷이나 그릇의 짝을 이룬 단위

새 : 피륙의 날을 세는 단위

오리 : 실, 가는 대 같은 것을 세는 단위

채 : 집, 이부자리를 세는 단위

토리 : 둥글게 실을 감은 뭉치.

타래 : 실이나 고삐를 감아서 틀어 놓은 분량의 단위. 테.

〈 음식, 곡식 〉

모금 : 물 같은 것을 한번 머금은 량

모태 : 떡판에 놓고 한차례에 칠만한 떡의 분량.

사리 : 국수, 새끼 같은 것을 사리여 놓은 것을 세는 단위

자밤 : 양념이나 나물 같은 것을 손가락 끝으로 집은 정도의 분량

톨 : 밤, 도토리, 마늘 같은 것을 세는 단위.

〈 농업 〉

가리 : 곡식, 장작의 한 더미. 삼을 벗긴 한 줌.

가웃 : 되, 말, 자의 수를 셀 때 차고 남는 반.

단 : 푸성귀, 짚, 땔나무 따위의 한 묶음

닷곱 : 한 되의 반, 곧 다섯 홉.

마투리 : 한 가마니나 한 섬에 차지 못하고 남은 양.

모숨 : 한 줌 안에 드는 가늘고 긴 물건의 수량. 모 한 모숨, 고비나물 한 모숨.

말소수 : 한 말이 조금 더 되는 곡식의 분량.

자락 : 논밭을 갈아 넘긴 골을 세는 단위. 물갈이에서는 두 자락이 한 두둑이 되고 마른갈
　　이나 밭에서는 네 자락이 한 두둑이 된다.

조짐 : 쪼갠 장작을 사방 6자로 쌓은 양.

홰 : 닭이 홰를 치며 우는 횟수를 세는 말.

〈 기타 〉

가름 : 긴 글의 내용을 나누는 단위. 장

꼭지 : 모숨을 지어 잡아 맨 긴 물건을 세는 단위.

그루 : 식물 특히 나무를 세는 단위

달 : 30일을 한 단위로 세는 단위

덩이 : 작은 덩어리

되 : 곡식이나 액체 따위의 분량을 헤아리는 단위

땀 : 바느질 할 때에 바늘을 한번 뜬 그 눈

말 : 곡식이나 액체 따위의 용량의 단위

모 : 두부와 묵 따위의 덩이를 세는 단위

무지 : 무더기로 쌓여있는 더미를 세는 단위. 돌무지

바리 : 마소가 실어 나르는 짐을 세는 단위

송이 : 꽃이나 눈, 열매 따위가 따로 된 한 덩이

알 : 둥근 물건을 세는 단위

자루 : 기름한 물건을 세는 단위

장 : 무덤을 헤아리는 단위

줄 : 사람이나 물건의 늘어선 열을 세는 말 . 푸성귀 따위를 엮어서 묶은.

허리 : 씨름 경기에서 사람을 이겨 낸 수효.

수리능력

 # 수리능력 총론

SSAT의 수리능력 영역에서는 단순히 수의 개념에 대한 이해를 묻는 문제에서부터 주어진 상황을 통해 식을 구성하여 값을 도출해야하는 것까지 다양한 문제들이 출제되고 있다. 이용되는 수의 개념 및 주어지는 상황이라는 것도 문제만큼 다양하다. 출제되는 문제들을 유형별로 나누어 살펴보면 다음 〈표〉와 같다.

대소판별	도형의 성질	주어진 도형을 이용하여 구한 값을 주어진 수 또는 다른 값과 비교하는 문제
	수와 확률	다양한 방식으로 표현된 수 또는 여러 가지 확률을 주어진 수와 비교하는 문제
자료의 이해와 해석	실수자료	각 실수 수치의 절대적 크기를 비교하거나 실수로 주어진 변수 또는 각 항목들을 가공해서 비율, 증가율 등과 같은 새로운 정보를 구하는 문제
	비율자료	비율 수치만 주고 실제 크기를 비교하는 문제, 서로 다른 시점 또는 대상간의 비율과 비율간의 차이나 변화율(증가율)과 변화폭(증가폭)을 확인하는 문제, 비율 자료와 준거실수를 주고 각 항목의 비율 수치를 통해 실제 크기를 계산하는 문제
	지수자료	지수와 지수의 상대적 크기를 비교하는 문제 또는 지수와 준거실수를 통해 해당 지수의 실제 크기를 계산하거나 지수 간의 실제 크기를 비교하는 문제
응용계산	텍스트의 내용을 바탕으로 문제에서 요구하는 값을 구하는 문제	

유형별 난이도를 보면 대소판별이 가장 쉽고, 그 다음으로 응용계산, 자료의 이해와 해석 순이다. 대소판별의 경우 수 또는 도형에 대한 기본이해 및 이를 바탕으로 한 공식의 숙지가 전제되어야 풀 수 있는 문제들이 출제된다.

이보다 한 단계 나아간 자료의 이해와 해석에서는 단순한 사칙연산정도의 계산능력 이외에 한 가지 능력이 더 요구된다. 바로 자료의 이해와 해석을 바탕으로 한 추리능력이다. 수치자료를 보고 이를 통해 문제에서 요구하는 수적 추리를 할 수 있느냐 없느냐, 있다면 어떤 관점에서 그렇게 할 수 있고, 없다면 어떤 관점에서 그럴 수 없는지 파악할 수 있어야 한다.

응용계산은 일차방정식을 풀 수 있는 정도의 비교적 단순한 계산능력을 요한다. 그렇지만 주어진 상황을 바탕으로 문제에서 요구하는 값을 구하기 위한 방정식을 도출해 낼 수 있는 지가 문제해결의 관건이 된다.

비록 수리능력 영역을 유형 및 난이도별로 크게 세 영역으로 나누었지만 각 영역의 면면을 살펴보면 SSAT의 수리능력은 단계별로 지원자의 수리능력을 측정하고자 하는데 그 목적이 있음을 알 수 있다. 대소판별은 기초 수리능력, 응용계산은 기초 수리능력을 바탕으로 한 응용계산능력, 그리고 자료의 이해와 해석은 실제 직장생활에서 자주 접하게 되는 수치자료들에 대한 이해력 측정에 그 목적이 있다고 할 수 있다. 따라서 SSAT를 준비하는 지원자라면 측정하고자 하는 목적에 부합하는 능력을 향상시킬 수 있는 방향에 초점을 맞춰 학습하는 것이 효과적이다.

1장

대소(大小)판별

대소판별 문제는 수 또는 도형의 성질을 이용해 구한 값을 주어진 수 또는 다른 값과 비교하여 대소를 판별하도록 하는 형태를 띠고 있다. 빈출되는 문제들을 살펴보면, 사칙연산만으로 문제를 해결할 수 있는 기초적인 문항에서부터 log의 성질이나 사칙연산 방법, 도형의 특성과 특정 공식을 적용해야만 시간 내에 효율적으로 문제를 해결할 수 있는 고난도의 문항들까지 다양하게 출제되고 있다. 출제 범위가 매우 넓긴 하지만 중학교나 고등학교에서 이미 학습한 바 있는 기본적인 수학내용을 바탕으로 출제되고 있다. 더구나 제한된 시간 내에 기본적인 계산능력을 측정하기 때문에 좋은 성과를 거두기 위해서는 수 또는 도형 등에 대한 기본적인 개념을 이해하고 관련 공식을 숙지해야 한다. 그렇다고 중학교와 고등학교에서 학습한 수학 전범위를 다시 공부할 필요는 없다. 기출문제를 살펴보면 중고등학교 때 이미 학습한 바 있는 내용중에서도 특정범위의 기본적인 개념에 대한 이해를 통해 해결할 수 있는 문제들로 한정되고 있다.

도형의 성질

도형의 성질을 이용한 문제들이 주를 이루고 있다. 그림 또는 글을 통해 도형에 대한 정보를 주고 면적 이나 각 등을 구하게 한 후 이 값을 주어진 수 또는 다른 기초지식을 통해 구해야 하는 값과 비교하도록 하는 형태로 출제된다. 도형은 평면도형 뿐 아니라 입체도형도 이용된다. 구해야하는 값을 보면 간단하게는 피타고라스의 정리를 이용하여 선분의 길이를 구하는 것에서부터 삼각비와 입체도형의 특징 및 공식들을 이용한 문제까지 다양하게 출제되고 있다. 주목할 점은 각의 크기나 부피, 면적 등을 구한 후 그 크기를 비교하도록 하는 문제가 빈출되고 있다는 사실이다. 특히나 이러한 문제들은 도형에 의해 만들어지는 각의 특성이나 부피 또는 면적 등을 구하는 공식이 숙지되지 않은 상태에서 접할 경우 문제해결에 난항을 겪어 많은 시간을 허비할 수 있다. 도형의 기본 성질 및 공식에 대한 충분한 숙지가 필요한 부분이라 하겠다.

예제 1 다음에 주어진 두 각 A, B의 크기를 비교하시오.

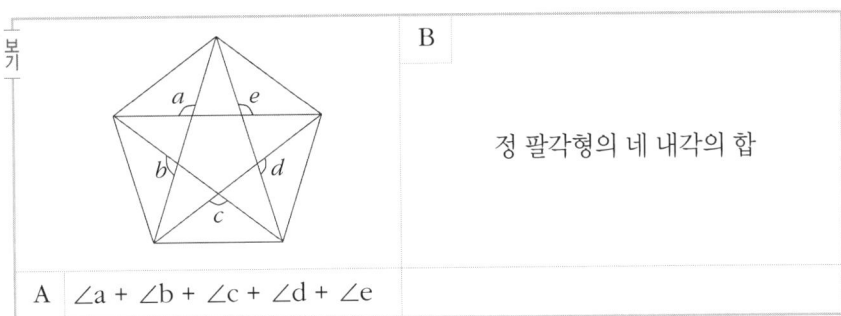

보기		B
		정 팔각형의 네 내각의 합
A	∠a + ∠b + ∠c + ∠d + ∠e	

① A 〉 B   ② A 〈 B   ③ A = B   ④ 알 수 없다.

| **정답** | ③

A : ∠a + ∠b + ∠c + ∠d + ∠e
- ∠a + ∠b + ∠c + ∠d + ∠e
  = ∠a의 맞꼭지각 + ∠b의 맞꼭지각 + ∠c의 맞꼭지각 + ∠d의 맞꼭지각 + ∠e의 맞꼭지각
  = 작은 오각형의 내각의 합
- 작은 오각형의 내각의 합 = $180° × (5 - 2) = 540°$

B : 정 팔각형의 네 내각의 합
- 정 팔각형의 한 내각의 크기 = $\dfrac{180° × (8 - 2)}{8} = 135°$
- 정 팔각형의 네 내각의 크기 = $135° × 4 = 540°$

〈길라잡이 1〉
- 맞꼭지각 : 교차하는 두 선분의 마주하는 각
- 맞꼭지각의 성질 : 맞꼭지각의 크기는 서로 같다.
- n각형의 내각의 합 = $180° × (n-2)$
- 정 n각형의 한 내각의 크기 = $\dfrac{180° × (n - 2)}{n}$

〈길라잡이 2〉
- 동위각
  - 두 직선이 다른 한 직선과 만날 때, 두 직선의 같은 쪽에서 한 직선과 이루는 각을 의미한다.
- 엇각
  - 한 직선이 다른 두 직선과 각각 서로 다른 두 점에서 만날 때 의 여러 각 중에서 서로 반대 쪽에서 상대하는 각을 의미한다.
- 동위각과 엇각의 특징
  - 한 직선이 지나는 두 직선이 평행하면 한 쌍의 동위각과 엇각의 크기는 서로 같다.
- n각형의 대각선의 총 개수 = $\dfrac{n(n - 3)}{2}$

예제 2 다음에 주어진 두 수 A, B의 크기를 비교하시오.

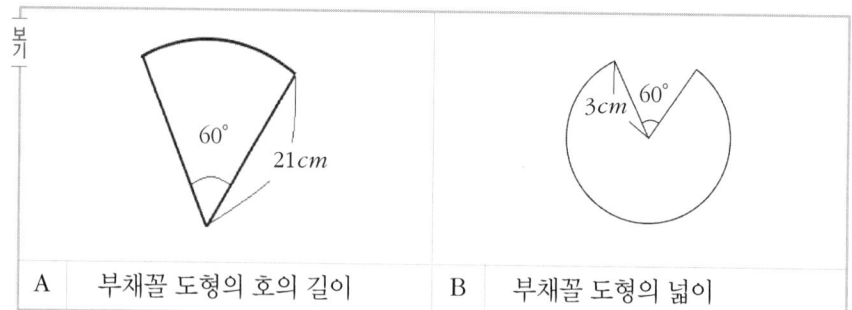

| A | 부채꼴 도형의 호의 길이 | B | 부채꼴 도형의 넓이 |

① A > B 　　② A < B 　　③ A = B 　　④ 알 수 없다.

| 정답 | ②

A : 부채꼴 도형의 호의 길이

■ 반지름이 21cm인 부채꼴의 호의 길이

$= 2 \times \pi \times 21\text{cm} \times \dfrac{60°}{360°} = 2 \times \pi \times 21\text{cm} \times \dfrac{1}{6} = 7\pi\text{cm}$

B : 부채꼴 도형의 넓이

■ 반지름이 3cm인 부채꼴의 넓이

$= \pi \times (3\text{cm})^2 \times \dfrac{300°}{360°} = \pi \times (3\text{cm}) \times \dfrac{5}{6} = \dfrac{15}{2}\,\pi\text{cm} = 7.5\pi\text{cm}$

〈길라잡이 1〉

• 반지름이 r인 부채꼴의 호의 길이 = $2\pi \times \dfrac{중심각의\ 크기}{360°}$

• 반지름이 r인 부채꼴의 넓이 = $\pi r^2 \times \dfrac{중심각의\ 크기}{360°}$

〈길라잡이 2〉

• 반지름이 r이고 호의 길이가 l인 부채꼴의 넓이 = $\dfrac{1}{2} rl$

01 다음에 주어진 두 각 A, B의 크기를 비교하시오.

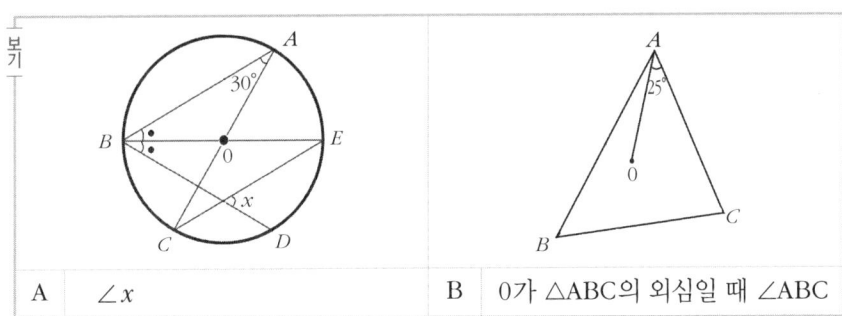

보기			
A	$\angle x$	B	0가 △ABC의 외심일 때 ∠ABC

①A 〉 B   ②A 〈 B   ③A = B   ④알 수 없다.

| 정답 | ②

A : $\angle x$

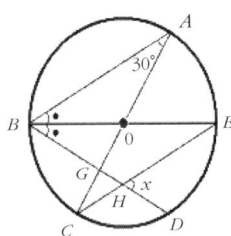

■ $\angle x = \angle DHE$

■ $\angle DHE + \angle BHE = 180°$

■ $\angle DHE = 180° - \angle BHE$

■ △BEH의 내각의 합은 180° 이므로

$180° - \angle BHE = \angle BEH + \angle EBH$

따라서 $\angle x = \angle BEH + \angle EBH$

■ ∠BEC와 ∠BAC는 두 점 B, C의 원주각으로 같다.

■ $\angle BEC = \angle BEH$ 이므로 $\angle BEH = 30°$

■ 원의 반지름 $= \overline{OA} = \overline{OB}$ 이므로 △0AB는 이등변 삼각형.

■ △0AB의 ∠ABE = ∠BAC

■ $\angle BAC = 30°$ 이므로 $\angle ABE = 30°$

■ $\angle ABE = \angle EBH$ 이므로 $\angle EBH = 30°$

■ $\angle x = \angle BEH + \angle EBH$ 이므로 $\angle x = 30° + 30° = 60°$

B : 0가 △ABC의 외심일 때 ∠ABC

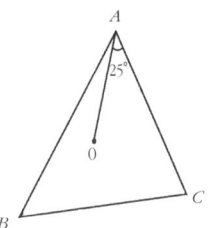

- 0는 △ABC의 외심이므로 꼭지점 A, B, C는 원의 중심이 0인 원 위에 있는 세 점
- ∠ABC는 원 위에 있는 두 점 A, C의 원주각
- ∠ABC × 2 = ∠A0C
- 0는 △ABC의 외심이므로 = $\overline{0A} = \overline{0C}$, 따라서 △A0C는 이등변 삼각형
- △A0C의 ∠AC0 = ∠CA0
- ∠CA0 = 25°이므로 ∠AC0 = 25°
- △A0C 내각의 합 180° = ∠A0C + ∠AC0 + ∠CA0 = ∠A0C + 25° + 25°
- ∠A0C = 180° − (25° + 25°) = 130°
- ∠ABC × 2 = ∠A0C = 130°, ∠ABC = 65°

〈길라잡이 1〉
- 원주각
① 개념
  – 원주 위의 두 점 A, B에서 원주 위의 한 점 C 또는 D로 그은 두 선분이 이루는 각(반원에 대한 원주각의 크기는 90°!) 을 말한다.

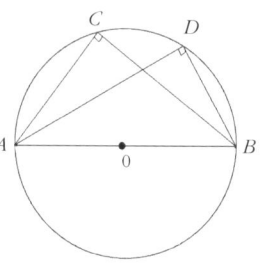

② 원주각의 성질
  – 두 점 A, B의 모든 원주각의 크기는 같다. (∠C = ∠D)
  – 두 점 A, B의 중심각의 크기는 두 점 A, B의 원주각의 2배이다.
    (중심각이란 두 점 A, B에서 원의 중심에 그은 두 선분이 이루는 각을 의미한다.)
- 이등변 삼각형
① 개념
  – 두변의 길이가 같은 삼각형 또는 두 각의 크기가 같은 삼각형을 말한다.
② 이등변 삼각형의 성질
  – 두 변의 길이가 같은 이등변 삼각형에서 길이가 같은 두 변 중 한 변이 길이가 다른 한 변과 이루는 각은 서로 같다.
- 삼각형의 외심
① 개념
  – 삼각형의 모든 꼭지점이 한 원 위에 있을 때 이 원의 중심을 삼각형의 외심이라 한다.
② 삼각형의 외심의 특징
  – 삼각형의 외심에서 삼각형의 각 꼭지점에 이르는 길이는 원의 반 지름으로 서로 같다.
  – 삼각형의 외심과 각 꼭지점을 연결하면 삼각형 안에는 세 개의 이등변 삼각형이 존재하게 된다.

〈길라잡이 2〉
• 내접원
- 삼각형의 세 변에 접하는 하나의 원이 있을 때, 이 원을 삼각형의 내접원 이라 하고, 이 내접원의 중심을 그 삼각형의 내심이라 한다.
• 내심의 특징
- 내접원의 내심은 삼각형의 세 내각의 이등분선이 만나는 점과 일치한다.
- 삼각형의 내심에서 삼각형의 세변에 이르는 거리는 같다.
• 사각형의 외접원
- 사각형의 모든 꼭지점이 한 원에 위에 있을 때 이원을 사각형의 외접원이라 한다.
- 사각형이 외접원을 가질 때 사각형 안에서 서로 대각선 방향에 위치한 각을 대각이라 하며 대각의 크기의 합은 180° 이다.
- 외접원을 갖는 사각형에서 180˚ − 대각의 크기 = 180˚ − 외각의 크기

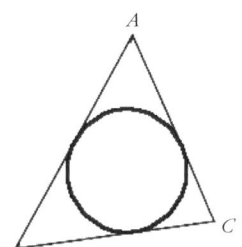

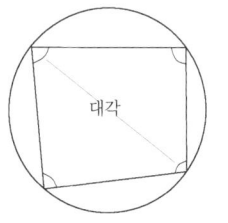

02 다음에 주어진 두 수 A, B의 크기를 비교하시오.

보기	A	두 변의 길이가 2, $\sqrt{3}$이고, 그 끼인각이 60°인 삼각형의 넓이	B	지름이 $\sqrt{2}$인 원의 넓이

① A 〉 B　　　　② A 〈 B　　　　③ A = B　　　　④ 알 수 없다.

| 정답 |　②

A : 두 변의 길이가 2, $\sqrt{3}$이고, 그 끼인각이 60°인 삼각형의 넓이

■ 두 변의 길이가 각각 2, $\sqrt{3}$이고, 그 끼인각이 60°인 삼각형의 넓이

$$= \frac{1}{2} \times 2 \times \sqrt{3} \times \sin 60°$$

$$= \sqrt{3} \times \frac{\sqrt{3}}{2} = \frac{3}{2}$$

B : 지름이 $\sqrt{2}$인 원의 넓이

■ 지름이 $\sqrt{2}$인 원의 반지름 $r = \frac{\sqrt{2}}{2} = \frac{1.414\cdots}{2}$

■ 반지름 $r = \frac{\sqrt{2}}{2}$인 원의 넓이 $= 3.14\cdots \times \left(\frac{\sqrt{2}}{2}\right)^2 = \frac{3.14\cdots}{2}$

〈길라잡이 1〉
• 기본적인 $\sin\theta$값, $\cos\theta$값, $\tan\theta$값

	30°	45°	60°
$\sin\theta\left(\dfrac{C}{B}\right)$	$\dfrac{1}{2}$	$\dfrac{1}{\sqrt{2}}$	$\dfrac{\sqrt{3}}{2}$
$\cos\theta\left(\dfrac{A}{B}\right)$	$\dfrac{\sqrt{3}}{2}$	$\dfrac{1}{\sqrt{2}}$	$\dfrac{1}{2}$
$\tan\theta\left(\dfrac{\sin\theta}{\cos\theta}=\dfrac{C}{A}\right)$	$\dfrac{1}{\sqrt{3}}$	1	$\sqrt{3}$

• 두변의 길이가 각각 a, b이고 그 끼인각이 θ인 삼각형의 넓이 : $\dfrac{1}{2}\,ab\sin\theta$
• 반지름이 r인 원의 넓이 : πr^2
• $\pi = 3.14\cdots$, $\sqrt{2} = 1.414\cdots$

〈길라잡이 2〉
• $\sin^2\theta + \cos^2\theta = 1$
• $\sin(360°+\theta)=\sin\theta,\ \cos(360°+\theta)=\cos\theta,\ \tan(180°+\theta)=\tan\theta$
• $\sin(180°-\theta)=\sin\theta,\ \cos(180°-\theta)=-\cos\theta,\ \tan(180°-\theta)=-\tan\theta$
• $\sin(90°-\theta)=\cos\theta,\ \cos(90°-\theta)=\sin\theta,\ \tan(90°-\theta)=\cot\theta$
• $\sin(-\theta)=-\sin\theta,\ \cos(-\theta)=\cos\theta,\ \tan(-\theta)=-\tan\theta$
• 세변의 길이가 x, y, z인 삼각형의 넓이 $= \sqrt{s(s-x)(s-b)(s-c)}$, 여기서 $s=\dfrac{x+y+z}{2}$

03 다음의 주어진 두 수 A, B를 비교하시오.

보기 A	밑면의 반지름이 x, 높이가 y인 원뿔의 부피	B	밑면의 지름이 x, 높이가 y인 원기둥의 부피

① A > B   ② A < B   ③ A = B   ④ 알 수 없다.

| 정답 | ①

A : 밑면의 반지름이 x, 높이가 y인 원뿔의 부피
■ 밑면의 반지름 r = x, 높이 h = y인 삼각뿔의 부피 $= \dfrac{1}{3}\pi x^2 y$

B : 밑면의 지름이 x, 높이가 y인 원기둥의 부피
■ 밑면의 반지름 r = $\dfrac{x}{2}$, 높이 h = y인 삼각뿔의 부피 $= \pi \times \left(\dfrac{x}{2}\right)^2 \times y = \dfrac{1}{4}\pi x^2 y$

〈길라잡이〉

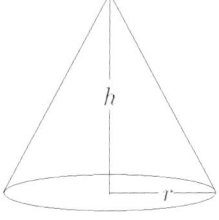

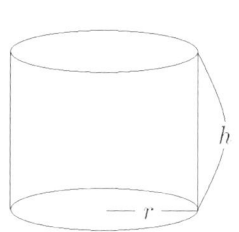

– 밑면의 반지름이 r, 높이가 h인 원뿔의 부피
  $= \frac{1}{3}\pi r^2 h$

– 밑면 반지름이 r, 높이가 h인 원기둥의 부피
  $= \pi r^2 h$

04 다음에 주어진 두 수 A, B의 크기를 비교하시오.

보기			
A	십이각형의 각 꼭지점을 연결하는 대각선의 총 개수	B	십이각기둥의 모서리의 개수와 면의 개수의 합

① A 〉 B　　　　② A 〈 B　　　　③ A = B　　　　④ 알 수 없다.

| 정답 |　①

A : 십이각도형의 각 꼭지점을 연결했을 때 도형 내부에 그려지는 대각선의 총 개수
- 12각 도형의 내부에 그려지는 대각선의 총 개수 : $\frac{12(12-3)}{2} = 54$개
B : 십이각기둥의 모서리의 개수와 면의 개수의 합
- 12각 기둥의 모서리의 개수 + 12각 기둥의 면의 개수 : 36 + 14 = 50개수

〈길라잡이 〉
- n각형의 대각선의 총 개수 : $\frac{n(n-3)}{2}$
- n각 기둥의 모서리의 개수 : 3n
- n각 기둥의 꼭지점의 개수 : 2n
- n각 기둥의 면의 개수 : n+2

수와 확률

수와 확률을 이용한 문제는 식이나 특정 상황에서의 확률 및 경우의 수를 계산하여 구한 값을 특정한 수 또는 계산을 통해 구할 수 있는 다른 값과 비교하도록 하는 형태의 문제다. 문제에서 식에 이용되는 수와 확률 및 경우의 수를 구해야 하는 상황은 매우 다양하다. 수의 경우 자연수를 이용한 것부터 진수, log에 이르기까지 다양한 수학 개념이 활용된다. 확률 및 경우의 수를 계산해야 하는 경우에도 동전을 던졌을 때 앞면이 나올 확률을 구하는 것부터 여러 문자를 사용하여 만들 수 있는 단어의 수를 구하는 것까지 다양한 문제가 출제되고 있다. 그러나 앞 장에서 밝혔듯이 난이도는 높지 않다. 이 유형의 문제 역시 중·고 등학교 교과과정에서 접한 기본적인 내용이 출제되고 있기 때문이다. 기출문제를 살펴보면, 수와 관련된 문제들의 경우 계산력과 응용력을 동시에 요구하는 복잡한 문제 보다는 다양한 수의 기본개념 및 사칙연산방법을 이용해 얼마나 빠르게 계산할 수 있는지를 측정하는 문제가 다수를 차지하고 있다. 확률에 관계된 문제들도 간단한 경우의 수를 따져 기본적인 확률 값을 구해 다른 수와 비교하는 문제들이 주를 이루고 있다. 따라서 빈출되는 문제에 자주 이용되는 수학의 기본 개념 및 공식을 정확히 숙지하고 있는 것이 이 유형의 문제를 정복하는 첩경이라 할 것이다.

다음의 주어진 두 수 A, B를 비교하시오.

보기 A	연속 네 번 가위 · 바위 · 보를 할 때 처음 두 번은 지지 않고, 세 번째는 비기고 네 번째는 이기지 못할 확률	B	$\sqrt{\dfrac{2^3}{3^4}}$

① A > B   ② A < B   ③ A = B   ④ 알 수 없다.

| 정답 | ②

A : 연속 네 번 가위 · 바위 · 보를 할 때 처음 두 번은 지지 않고, 세 번째는 비기고 네 번째는 이기지 못할 확률

■ 가위 · 바위 · 보를 할 때 이길 확률 $\dfrac{1}{3}$, 비길 확률 $\dfrac{1}{3}$, 질 확률 $\dfrac{1}{3}$

■ 가위 · 바위 · 보를 할 때 지지 않을 확률 = 1 − 질 확률 = $1 - \dfrac{1}{3} = \dfrac{2}{3}$

■ 가위 · 바위 · 보를 할 때 이기지 못할 확률 = 1 − 이길 확률 = $1 - \dfrac{1}{3} = \dfrac{2}{3}$

■ 연속 네 번 가위 · 바위 · 보를 할 때 처음 두 번은 지지 않고, 세 번째는 비기고 네 번째는 이기지 못할 확률

= 지지 않을 확률 × 지지 않을 확률 × 비길 확률 × 이기지 못할 확률

= $\dfrac{2}{3} \times \dfrac{2}{3} \times \dfrac{1}{3} \times \dfrac{2}{3} = \dfrac{8}{81}$

B : $\sqrt{\dfrac{2^3}{3^4}}$

■ $\sqrt{\dfrac{2^3}{3^4}} = \dfrac{2\sqrt{2}}{9} = \dfrac{18\sqrt{2}}{81}$

〈길라잡이 1〉

• 사건 A가 일어날 확률 = $\dfrac{\text{사건 } A \text{가 일어나는 경우의 수}}{\text{일어날 수 있는 모든 경우의 수}}$

• 사건 A가 일어나지 않을 확률 = 1 − 사건 A가 일어날 확률

• 사건 A와 B가 함께 일어날 확률 = (A가 일어날 확률) × (B가 일어날 확률)

• 지수의 성질

① $\sqrt{\dfrac{b^d}{a^c}} = \dfrac{\sqrt{b^d}}{\sqrt{a^c}}$,   ② $\sqrt{a^n} = a\sqrt{a^{(n-2)}}$

〈관련 길라잡이 2〉

• $n^{-x} = \dfrac{1}{n^x}$

• $n^x \times n^y = n^{x+y}$, $(n^x)^y = n^{x \times y}$, $(n \times m)^x = n^x \times m^x$, $n^x \div n^y = n^{x-y}$, $\left(\dfrac{m}{n}\right)^x = \dfrac{m^x}{n^x}$

• $n^{\frac{1}{x}} = \sqrt[x]{n}$, $n^{\frac{y}{x}} = \sqrt[x]{n^y}$

다음에 주어진 두 수 A, B의 크기를 비교하시오.

보기 A	10101.101	B	$19 + \dfrac{21}{8}$

① A > B ② A < B ③ A = B ④ 알 수 없다.

| 정답 | ③

A : 10101.101

■ $10101_{(2)} = 1 \times 2^4 + 0 \times 2^3 + 1 \times 2^2 + 0 \times 2^1 + 1 \times 2^0 = 21$

■ $0.101 = 1 \times 2^{-1} + 0 \times 2^{-2} + 1 \times 2^{-3} = 0.625$

■ $10101.101 = 21.625$

B : $19 + \dfrac{21}{8}$

■ $19 + \dfrac{21}{8} = 19 + 2 + \dfrac{5}{8} = 21.625$

〈길라잡이 1〉

• n 진법의 수를 10진법의 수로 변환하는 경우

 – $abcd = a \times n^3 + b \times n^2 + c \times n + d$

 – $0.abcd_{(n)} = \dfrac{a}{n} + \dfrac{b}{n^2} + \dfrac{c}{n^3} + \dfrac{d}{n^4}$

ex) $111.11_{(n)}$이라고 할 때 이 수는 n진수로 표현된 수

 – 10진수는 일상적으로 사용하는 수이기 때문에 일반적으로$_{(10)}$을 생략함

 – $111.11_{(n)}$을 10진수로 변환

  $111_{(n)} = 1 \times n^2 + 1 \times n^1 + 1 \times n^0$

  $0.11_{(n)} = 1 \times n^{-1} + 1 \times n^{-2}$

• $n^0 = 1$

• $n^{-x} = \dfrac{1}{n^x}$

〈길라잡이 2〉

• 10진수를 2진수로 변환하는 경우

 ex) $21.625 \rightarrow 10101.101_{(2)}$

	나눠지는 수	나머지		1의 자리	곱해지는 수	
2	21	… 1			0.625	× 2
2	10	… 0		1	0.25	× 2
2	5	… 1		0	0.5	× 2
2	2	… 0		1	0	
	1					

10101 + 0.101 = 10101.101

01 다음에 주어진 두 수 A, B의 크기를 비교하시오.

보기	A	Commons에 포함된 7개의 문자를 모두 사용하여 만들 수 있는 단어의 수	B	$(35)^2$

① A > B   ② A < B   ③ A = B   ④ 알 수 없다.

| 정답 | ①

A : Commons에 포함된 7개의 문자를 모두 사용하여 만들 수 있는 단어의 수

■ Commons → c = 1개, o = 2개, m = 2개, n = 1개, s = 1개

$= \dfrac{7!}{1! \times 2! \times 2! \times 1! \times 1!} = 1,260$

B : $(35)^2$

■ $(35)^2 = (35 \times 30) + \dfrac{35 \times 10}{2} = 1,225$

〈길라잡이 1〉
• 같은 것을 포함하는 순열의 수
－n개 중에 서로 같은 것이 각각 p개, q개, … r개씩 있을 때, n개를 택하여 만들 수 있는 순열의 수는

$\rightarrow \dfrac{n!}{p! \times q! \times \cdots \times r!}$(단, p + q + ⋯ r = n)
• n! = n × (n−1) × (n−2) × ⋯ × 3 × 2 × 1
• 1! = 1
• 0! = 0

〈길라잡이 2〉
－ 서로 다른 n개를 원형으로 나열하는 서로 다른 순열의 수(경우의 수) : (n − 1)!
－ 서로 다른 n개에서 중복을 허락하여 r개를 선택하는 순열의 수(경우의 수) : $_n p_r = n$

02 다음 문제에 주어진 두 수 A, B의 크기를 비교하시오.

<table>
<tr><td rowspan="2">보기</td><td>1</td><td>2</td><td>3</td><td>4</td><td>5</td><td>6</td><td>7</td><td>8</td><td>9</td></tr>
</table>

A	위 카드 중 3개를 뽑아서 만들 수 있는 3자리의 홀수의 개수	B	위 카드 중 3개를 뽑아서 만들 수 있는 600 미만의 자연수의 개수

① A > B   ② A < B   ③ A = B   ④ 알 수 없다.

| 정답 | ③

A : 위 카드 중 3개를 뽑아서 만들 수 있는 3자리의 홀수의 개수

■ 9개 중에 3개를 뽑아 만드는 순열의 수

$$\frac{9!}{(9-3)!} = \frac{9 \times 8 \times 7 \times 6 \times 5 \times 4 \times 3 \times 2 \times 1}{6 \times 5 \times 4 \times 3 \times 2 \times 1} = 504$$

■ 홀수는 1의 자리가 1, 3, 5, 7, 9인 수
■ 3개의 카드로 만든 수가 홀 수 일 확률은 $\frac{5}{9}$
■ 9개의 카드 중에 3개를 뽑아 만들 수 있는 세 자리의 홀수의 개수 = $504 \times \frac{5}{9} = 280$

B : 위 카드 중 3개를 뽑아서 만들 수 있는 600 미만의 정수의 개수

■ 9개 중에 3개를 뽑아 만드는 순열의 수

$$\frac{9!}{(9-3)!} = \frac{9 \times 8 \times 7 \times 6 \times 5 \times 4 \times 3 \times 2 \times 1}{6 \times 5 \times 4 \times 3 \times 2 \times 1} = 504$$

■ 600미만의 정수는 백의 자리가 1, 2, 3, 4, 5인 수
■ 3개의 카드로 만든 수 가운데 백의 자리가 6미만일 확률 $\frac{5}{9}$
■ 9개의 카드 중에 3개를 뽑아 만들 수 있는 600미만의 정수의 개수 = $504 \times \frac{5}{9} = 280$

〈길라잡이〉
- n개의 대상 중 x개를 뽑아 만들 수 있는 순열의 수 = $\frac{n!}{(n-x)!}$
- $n! = n \times (n-1) \times (n-2) \times \cdots \times 3 \times 2 \times 1$
- $(n-x)! = (n-x) \times (n-x-1) \times (n-x-2) \times \cdots \times 3 \times 2 \times 1$
- 사건 A가 일어날 확률 = $\frac{\text{사건 } A\text{가 일어나는 경우의 수}}{\text{일어날 수 있는 모든 경우의 수}}$
- n개의 대상 중 x개를 뽑아 만들 수 있는 순열이 사건 A일 경우의 수 = $\frac{n!}{(n-x)!} \times$ 사건 A가 일어날 확률

03 다음에 주어진 두 수 A, B의 크기를 비교하시오.

보기	A	288의 약수의 개수	B	17

① A 〉 B   ② A 〈 B   ③ A = B   ④ 알 수 없다.

| 정답 | ①

A :
- $288 = 2^5 \times 3^2$
- 288의 약수의 개수 $= (5 + 1) \times (2 + 1) = 18$

〈길라잡이〉
- 약수
  - 0이 아닌 정수를 나눠떨어지게 하는 자연수이다.
- 정수를 나머지가 0이 될 때까지 소수로 나눌 수 있다면 이 정수는 $a^p \times b^q$로 나타낼 수 있다.
  → 단 a, b는 나눌 수 있는 가장 작은 소수
- $a^p \times b^q$로 나타낼 수 있는 정수의 약수의 개수 $= (p + 1) \times (q + 1)$

04 다음에 주어진 두 수 A, B의 크기를 비교하시오.

보기	A	$\sqrt[3]{\dfrac{2\sqrt{3}}{\sqrt{7}}}$	B	$\sqrt[6]{2}$

① A 〉 B   ② A 〈 B   ③ A = B   ④ 알 수 없다.

| 정답 | ②

$A : \sqrt[3]{\dfrac{2\sqrt{3}}{\sqrt{7}}} = \sqrt[3]{\dfrac{\sqrt{12}}{\sqrt{7}}} = \sqrt[3]{\sqrt{\dfrac{12}{7}}} = \sqrt[6]{\dfrac{12}{7}}$

- $A \text{ VS } B = \sqrt[6]{\dfrac{12}{7}} \text{ VS } \sqrt[6]{2}$

- $\dfrac{12}{7} \text{ VS } 2$

- $\dfrac{12}{7} < 2$

- $\sqrt[6]{\dfrac{12}{7}} < \sqrt[6]{2}$

〈길라잡이 1〉

- 제곱근 : 어떤 수 X를 제곱하여 a가 될 때, X를 a의 제곱근이라고 한다.

  ex) 4의 양의 제곱근 = 2

- $\sqrt[a]{\sqrt[b]{X}} = \sqrt[a \times b]{X} = \sqrt[ab]{X}$

- $a\sqrt{X} = \sqrt{a^2 \times X}$

- 제곱근의 곱셈과 나눗셈

  $- a > 0, b > 0$일 때, $\sqrt{a} \times \sqrt{b} = \sqrt{a \times b}$

  $- a > 0, b > 0$일 때, $\dfrac{\sqrt{b}}{\sqrt{a}} = \sqrt{\dfrac{b}{a}}$

〈길라잡이 2〉

- $\dfrac{m}{\sqrt{n}} = \dfrac{m \times \sqrt{n}}{\sqrt{n} \times \sqrt{n}} = \dfrac{m\sqrt{n}}{n}$

- $\dfrac{l}{\sqrt{n} + \sqrt{m}} = \dfrac{l(\sqrt{n} - \sqrt{m})}{(\sqrt{n} + \sqrt{m}) \times (\sqrt{n} - \sqrt{m})} = \dfrac{l(\sqrt{n} - \sqrt{m})}{n - m}$

01   다음에 주어진 두 수 A, B의 크기를 비교하시오.

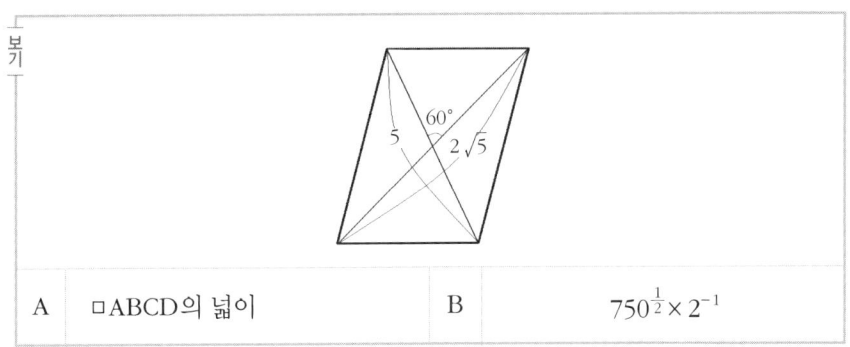

A	□ABCD의 넓이	B	$750^{\frac{1}{2}} \times 2^{-1}$

① A > B   ② A < B   ③ A = B   ④ 알 수 없다.

02   다음에 주어진 두 각 A, B의 크기를 비교하시오.

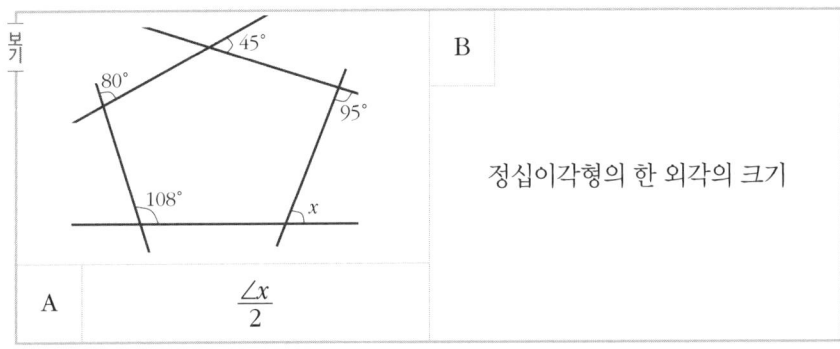

A	$\dfrac{\angle x}{2}$	B	정십이각형의 한 외각의 크기

① A 〉 B   ② A 〈 B   ③ A = B   ④ 알 수 없다.

03 다음에 두어진 두 수 A, B의 크기를 비교하시오.

보기		
A	닮은 두 삼각기둥의 닮음비가 3:5이고, 작은 삼각기둥의 부피가 54cm³일 때, 큰 삼각기둥의 부피	B : 닮은 두 오각형의 닮음비가 3:5이고, 작은 오각형의 넓이가 90cm²일 때, 큰 오각형의 넓이

① A > B   ② A < B   ③ A = B   ④ 알 수 없다.

04 다음에 주어진 두 수 A, B의 크기를 비교하시오.

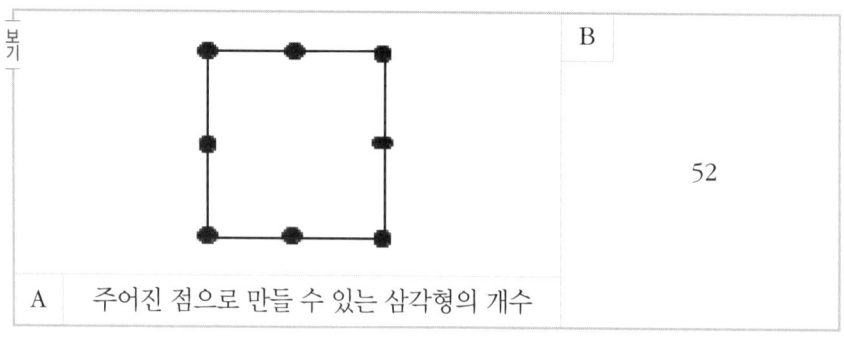

보기		B
		52
A	주어진 점으로 만들 수 있는 삼각형의 개수	

① A > B   ② A < B   ③ A = B   ④ 알 수 없다.

05 다음에 두어진 두 수 A, B의 크기를 비교하시오.

보기	A	144의 약수의 개수	B	두 개의 주사위를 동시에 던져 그 눈의 합이 3의 배수가 되는 경우의 수

① A 〉 B   ② A 〈 B   ③ A = B   ④ 알 수 없다.

06 다음에 주어진 두 수 A, B의 크기를 비교하시오.

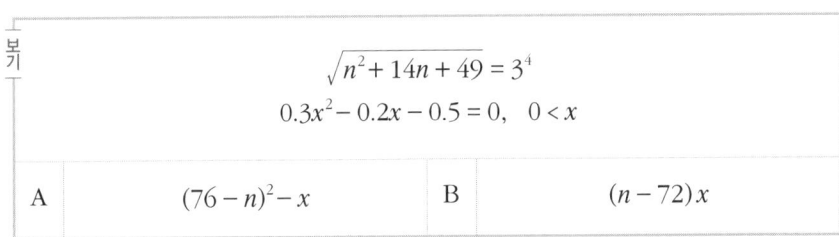

보기	$\sqrt{n^2 + 14n + 49} = 3^4$ $0.3x^2 - 0.2x - 0.5 = 0, \quad 0 < x$		
A	$(76 - n)^2 - x$	B	$(n - 72)x$

① A > B   ② A < B   ③ A = B   ④ 알 수 없다.

2장
자료의 이해와 해석

　　현대 정보 사회에서는 다양한 데이터를 하나의 정보형태로 구조화하는 능력이 무엇보다도 중요시되고 있다. 기업이 거대할수록 처리해야할 정보의 양은 많아지고 그 속에서 일하는 직원들은 적은 시간에 많은 양의 정보를 빠르게 처리할 수 있어야 한다. SSAT에서 '자료의 이해와 해석'이 갖는 의의가 바로 여기에 있다. '자료의 이해와 해석' 능력에는 수치, 도표, 또는 그림과 같이 다양한 형태의 자료를 정리할 수 있는 기초통계능력, 수처리 능력, 수학적 추리력 등이 포함된다. 그렇기 때문에 이 영역에서는 수치자료의 정리와 이해, 처리와 응용계산, 분석과 정보추출 등의 능력을 측정하는 문제들이 출제되고 있다.

　　이러한 이유로 '자료의 이해와 해석'에 관련된 능력은 5급 공채 및 특채, 입법고시, 견습 6급 직원 선발 시험, 공사·공단 채용 시험에서 다른 능력과 더불어 하나의 능력을 측정하는 주요 영역으로 포함되어 있으며, 기업적성검사에서는 근래에 들어서 그 비중이 점점 높아지는 추세이다.

　　'자료의 이해와 해석' 영역은 종래의 과목별 지식평가와 달리 공부를 해야 하는 특정 과목이나 해당 학문분야가 따로 없다. 따라서 기존의 시험처럼 효과적 수험방법을 과목별로 일목요연하게 제시하기 힘들다. 이러한 이유로 대부분의 수험생들은 '자료의 이해와 해석' 영역을 학습하는데 있어서 문제만 많이 풀어보면 높은 점수를 얻을 수 있을 것이라 생각한다. 그러나 자료를 읽는 데 필요한 통계적인 개념과 기본적인 규칙들을 이해하지 않은 상태에서 문제만 풀어보는 것은 학습의 효율성이란 측면에서 그리 바람직하지 못하다. 왜냐하면 이 영역에서 출제되는 문제는 자료의 이해와 해석을 위한 기본적인 원리들로부터 유추과정을 통하여 해결할 수 있는 것이 대부분이기 때문이다. 예를 들어 자료의 종류와 표현 방법 및 특징에 대한 정확한 이해가 선행된다면 어떠한 문제가 변형되어 출제되더라도 이를 효율적으로 해결할 수 있다.

자료의 이해와 해석 영역의 문제를 효율적으로 해결하기 위해서는,

첫째, 수치, 표, 그래프 그리고 통계치에 대한 이해와 분석능력이 필요하다. 이를 위해서 통계학적인 지식 자체에 대한 세부적인 학습은 필요하지 않지만, 기본적인 통계학적 개념을 갖추고 수치, 도표, 통계자료 등에 관심을 기울이고 익숙해지려는 노력이 필요하다.

둘째, 주어진 조건대로 비율이나 백분율의 산출 등 자료를 직접 계산하고 조작하여 문제를 해결하는 데 필요한 값을 얻어낼 수 있는 훈련을 하여야 한다. 이를 위해서는 반복적인 계산을 통해 계산 능력만을 기르기 보다는 자료 내에서 각 부분간의 관계를 파악하고 이에 맞는 규칙을 도출하는 능력을 길러야 한다.

나아가 자료가 의미하는 바를 정확하게 기술하거나 또는 다른 형태로 기술하는 훈련, 자료가 가진 전체적인 경향을 읽어내는 훈련, 그리고 주어진 자료와 조건을 바탕으로 추정할 수 있는 상황을 예측해 보고 이 예측의 타당성을 평가하는 훈련 등을 하는 것이 좋다.

실수자료의 이해와 해석

　실수 자료는 가장 흔하게 볼 수 있는 자료유형으로서 실수의 형태로 제시되며 그 숫자는 인구, 연봉, 생산량과 같이 측정 대상의 절대적 크기를 나타낸다.

　실수 자료의 경우에는

- 각 실수 수치의 절대적 크기 비교, 더하기와 빼기와 같은 비교적 간단한 사칙연산, 그리고 특정 기간에서의 전반적인 흐름과 같은 추세파악을 물어 본다.

- 각 항목에 대한 실수 수치와 함께 전체값을 제시한 경우에는 각 항목이 전체에서 차지하는 상대적 크기(즉, 비율)를 물어 본다.

- 실수로 주어진 변수나 각 항목들을 가공해서 비율, 증가율 등과 같은 새로운 정보를 물어 본다.

Q. 다음은 2007년 우리나라 도매시장의 소 종류별·등급별 경락가격을 나타낸 자료이다. 물음에
   답하시오.[1~2]

〈그림〉 2007년 도매시장의 소 종류별/등급별 경락가격

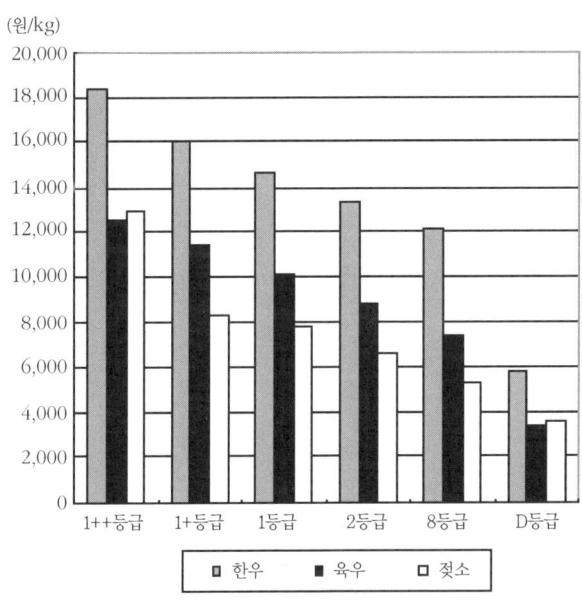

예제 1 한우와 육우 간에 kg당 가격격차가 가장 작은 등급은 몇 등급인가?

① 1++등급 　　　② 1등급 　　　③ 2등급, 　　　④ D등급

| 정답 | 　④

한우와 육우 간에 경락가격의 격차가 가장 작은 등급과 가장 큰 등급을 파악하는 문제로 한우와 육우의
경락가격의 크기를 나타내는 막대그래프의 차이가 가장 적은 것을 찾으면 된다. 한우와 육우 간에 kg당
가격격차가 가장 낮은(= 두 막대그래프의 차이가 가장 작은) 등급은 D등급이다.

예제 2 kg당 한우 1+등급의 가격은 한우 3등급 가격보다 몇 % 더 높은가?

① 31% 　　　② 33% 　　　③ 35% 　　　④ 37%

| 정답 | 　②

kg당 한우 1+등급의 가격은 16,000원이고 3등급의 가격은 12,000원이다. 따라서 kg당 한우 1+등급의

가격은 3등급보다 33%$\left(\left(\dfrac{16,000원}{12,000원} - 1\right) \times 100\right)$ 더 높다.

Q. 다음은 1993년부터 2002년까지의 전국의 교통안전시설 설치현황에 관한 자료이다. 아래의 물음에 답하시오.[3~4]

〈표〉 전국의 연도별 교통안전시설 설치현황

(단위 : 천 개)

연도	안전표지					신호등 표지		
	주의	규제	지시	보조	소계	차신호등	보행등	소계
1993	100	110	80	57	347	88	35	123
1994	126	120	90	82	418	73	40	113
1995	140	140	100	85	465	82	45	127
1996	160	160	110	100	530	95	50	145
1997	175	190	130	135	630	110	48	158
1998	190	200	140	130	660	115	55	170
1999	205	220	150	140	715	160	70	230
2000	230	230	165	135	760	195	80	275
2001	240	240	175	145	800	245	87	332
2002	245	250	165	150	810	270	95	365

예제 3 안전표지 중 1993년 대비 2002년 증가율이 가장 높은 표지는?

① 주의표지   ② 규제표지   ③ 지시표지   ④ 보조표지

| 정답 | ④

1993년 대비 2002년 주의표지의 증가율 $= \left(\dfrac{245\,(천개) - 100\,(천개)}{100\,(천개)} \right) \times 100 = 145\%$

1993년 대비 2002년 규제표지의 증가율 $= \left(\dfrac{250\,(천개) - 110\,(천개)}{110\,(천개)} \right) \times 100 = 127\%$

1993년 대비 2002년 지시표지의 증가율 $= \left(\dfrac{165\,(천개) - 80\,(천개)}{80\,(천개)} \right) \times 100 = 106\%$

1993년 대비 2002년 보조표지의 증가율 $= \left(\dfrac{150\,(천개) - 57\,(천개)}{57\,(천개)} \right) \times 100 = 163\%$

다음 중 위의 자료를 분석한 내용으로 옳은 것을 모두 고르면?

> 보기
>
> ㉠ 1993~2002년 사이에 주의표지와 규제표지의 합이 안전표시에서 차지하는 비중은 매년 60% 이상이었다.
>
> ㉡ 교통안전시설 중 1993년 대비 2002년에 증가율이 가장 높은 표지는 차신호등 표지이다.
>
> ㉢ 2002년에 보행등은 95,000개로 1994년에 비해 3배 이상 증가했다.

① ㉠   ② ㉡   ③ ㉠, ㉡   ④ ㉠, ㉡, ㉢

| 정답 | ②

㉠ 1994년을 살펴보면 주의와 규제표지의 합은 246(천개)로 안전표지 전체 418(천개)의

$$60\% = \left(\left(\frac{246(천개)}{418(천개)} \right) \times 100 \right) 미만이다.$$

㉡ 2002년 차신호등 표지는 270,000개로 1993년 88,000개에 비해 3배 이상 증가한데 반해 다른 표지는 3배 미만이다.

㉢ 2002년 보행등은 95,000개로 1994년 보행등 40,000개 × 3보다 적다.

다음 〈표〉는 A 회사의 1990년과 2000년 출신 지역 및 직급별 임직원 수에 대한 자료이다. 아래의 물음에 답하시오.[1~2]

〈표 1〉 1990년의 출신 지역 및 직급별 임직원 수

(단위 : 명)

직급＼지역	서울·경기도	강원도	충청북도	충청남도	경상북도	경상남도	전라북도	전라남도	합
이사	0	0	1	1	0	0	1	1	4
부장	0	0	1	0	0	1	1	1	4
차장	4	4	3	3	2	1	0	3	20
과장	7	0	7	4	4	5	11	6	44
대리	7	12	14	12	7	7	5	18	82
사원	19	38	41	37	11	12	4	13	175
계	37	54	67	57	24	26	22	42	329

〈표 2〉 2000년의 출신 지역 및 직급별 임직원 수

(단위 : 명)

직급＼지역	서울·경기도	강원도	충청북도	충청남도	경상북도	경상남도	전라북도	전라남도	합
이사	3	0	1	1	0	0	1	2	8
부장	0	0	2	0	0	1	1	0	4
차장	3	4	3	4	2	1	1	2	20
과장	8	1	14	7	6	7	18	14	75
대리	10	14	13	13	7	6	2	12	77
사원	12	35	38	31	8	11	2	11	148
계	36	54	71	56	23	26	25	41	332

01 출신 지역을 고려하지 않을 때, 1990년 대비 2000년에 이사 직급 인원의 증가율은 몇 %인가?

① 50%　　　② 100%　　　③ 150%　　　④ 200%

| 정답 |　②

출신 지역을 고려하지 않을 때라고 하였으므로 각 표의 가로축 마직막에 있는 합계를 가지고 판단하면 된다. 2000년 이사직급의 인원은 8명이고 1990년 이사 직급의 인원은 4명이다. 따라서 1990년 대비 2000년 이사 직급 인원의 증가율은 $\left(\dfrac{8명 - 4명}{4명}\right) \times 100 = 100\%$가 된다.

02 1990년에 비해 2000년에 대리의 수가 늘어난 출신 지역은 모두 몇 곳인가?

① 2곳　　　② 3곳　　　③ 4곳　　　④ 5곳

| 정답 |　②

1990년에 비해 2000년에 대리의 수가 늘어닌 출신 지역은 서울·경기도와 강원도, 그리고 충청남도로 총 3곳이다.

03 다음 〈그림〉은 2006년 우리나라의 품목별 수출입액 현황을 나타낸 것이다. 이에 대한 설명으로 옳은 것을 모두 고르면?

〈그림〉 2006년 우리나라 품목별 수출입액 현황

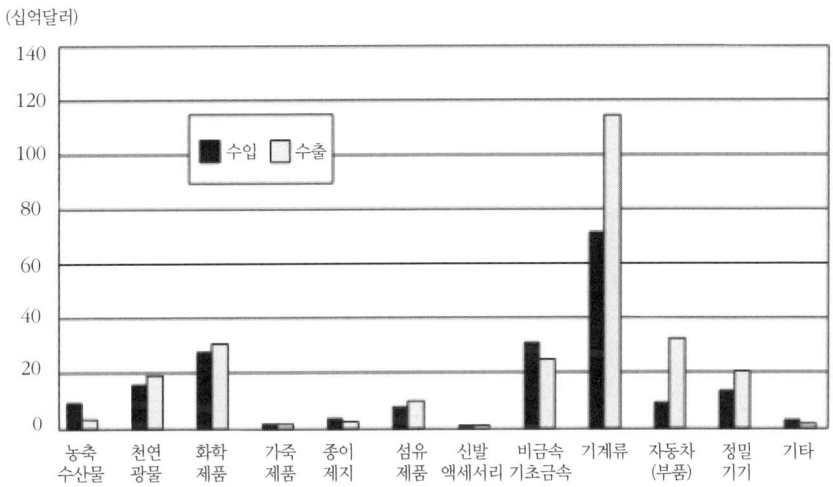

(십억달러)

> <보기>
> ㉠ 2006년 우리나라의 상품수지는 흑자를 달성하였다.
> ㉡ 2006년 우리나라의 수출입액 현황을 보면, 특정 품목에 수출입액이 집중되어 있지 않고 고르게 분포하고 있음을 알 수 있다.
> ㉢ 전체 수출입액에서 차지하는 비중이 가장 큰 품목은 상품수지 흑자폭도 가장 컸다.
> ㉣ 기계류의 수출액이 품목 전체 수출액에서 차지하는 비중은 50% 이상이다.

① ㉠, ㉡   ② ㉠, ㉢   ③ ㉠, ㉢, ㉣   ④ ㉡, ㉢, ㉣

| 정답 | ③

㉠ 전체적으로 보면 수출 막대그래프의 높이가 수입 막대그래프의 높이보다 높다는 것을 확인할 수 있으므로 2006년 우리나라의 상품수지는 흑자이다.

㉡ 수출입액이 집중되지 않고 고르게 분포되기 위해서는 막대그래프의 높이가 품목별로 어느 정도 일정해야 한다. 하지만 기계류의 수입과 수출이 다른 품목에 비해 월등히 많음을 알 수 있다. 따라서 수출입액이 고르게 분포한다고 말할 수 없다.

㉢ 전체 수출입액은 품목별 수출입 막대그래프의 합이며, 그 비중이 가장 큰 것은 수출입 막대그래프가 가장 높은 것을 찾으면 된다. 따라서 전체 수출입액에서 차지하는 비중이 가장 큰 품목은 기계류이다. 또한 흑자폭은 각 품목별로 수출액의 막대그래프와 수입액의 막대그래프의 차이이므로 흑자폭이 가장 큰 것은 수출액의 막대와 수입액의 막대의 차이가 가장 큰 기계류이다.

㉣ 조사대상 품목의 전체 수출액에서 기계류의 수출액이 차지하는 비중은 기계류의 수출 막대그래프와 나머지 품목의 수출 막대그래프를 비교해 보면 된다. 기계류의 막대그래프의 높이가 나머지 품목의 막대그래프 높이의 합보다 크면 50% 이상을 의미하고 적으면 50% 이하이다. 주어진 <그림>을 보면 기계류의 수출막대의 높이가 나머지 품목의 막대그래프의 높이보다 적다. 따라서 기계류의 수출액이 품목 전체 수출액에서 차지하는 비중은 50% 미만이다.

> <길라잡이>
> 우리나라의 품목별 수출입액 현황을 막대그래프의 형태로 제시한 실수 자료이다. 수입액과 수출액을 혼동하지 않고 무역수지 = 수출액 - 수입액이라는 것과 실수자료에서 자주 등장하는 비율계산에 대한 감각을 지니고 있어야 한다.

비율자료의 이해와 해석

비율 자료는 구성비(비중) 또는 변화율을 표현하고자 할 때 주로 이용하게 된다.

$$구성비(\%) = \frac{전체}{부분} \times 100$$

$$변화율(\%) = \frac{변화된\ 양}{초기값} \times 100 = \frac{후기값 - 초기값}{초기값} \times 100 = \left(\frac{후기값}{초기값} - 1 \right) \times 100$$

구성비(비중)란 전체에 대한 부분의 상대적인 크기를 나타내는 것으로 기준량을 100으로 보았을 때, 비교되는 부분(양)이 차지하는 비중을 나타낸다. 일반적으로 백분율이라고 하고 기호로는 %(퍼센트)로 나타낸다.

변화율이란 특정 대상(초기값)을 기준으로 특정한 시간 경과 후에 변화된 양(후기값 − 초기값)의 상대적인 크기를 나타내는 것으로 변화율과 유사한 표현에는 변동률, 증감률, 증가율, 감소율, 성장률, 신장률 등이 있다.

비율자료에서는,
- 비율 수치만 주고 실제 크기를 비교하는 물음을 통해 혼동을 주려는 문제들이 자주 출제되고 있다. 같은 변수나 항목 내에서는 비율 간의 상대적인 크기 비교가 가능하지만 다른 변수나 항목끼리는 비교가 불가능하다.
- 만약 비율 자료와 준거실수가 함께 제시되어 있다면 각 항목의 비율 수치를 통해 실제 크기를 계산하는 문제가 자주 출제된다.
- 한 시점의 비율과 다른 시점의 비율 간의 변화율(증가율)과 변화폭(증가폭)에 대한 정확한 개념의 이해를 물어보는 문제가 출제된다.

– 비율과 비율간의 차이를 물어보는 문제가 출제되는데 이러한 경우에는 퍼센트포인트 (%p) 개념을 사용해야 한다. 예를 들어 20%와 30%는 10%p 차이가 난다.

이를 정리해 보면 다음과 같다.

		준거집단이 동일한 변수 간			준거집단이 서로 다른 변수 간		
		비율 수치 비교	실수 비교		비율 수치의 비교	실수 비교	
			대소비교	실수값		대소비교	실수값
전체값의 제시 유무	×	○	○	×	○	×	×
	○	○	○	○	○	○	○

다음은 서울 및 수도권 지역의 가구를 대상으로 난방방식과 난방연료 사용현황을 나타낸 것이다. 이 자료를 분석한 내용으로 옳은 것은?

〈표 1〉 난방방식 현황

(단위 : %)

종류	서울	인천	경기남부	경기북부	전국평균
중앙난방	22.3	13.5	6.3	11.8	14.4
개별난방	64.3	78.7	26.2	60.8	58.2
지역난방	13.4	7.8	67.5	27.4	27.4

〈표 2〉 난방연료 사용현황

(단위 : %)

종류	서울	인천	경기남부	경기북부	전국평균
도시가스	84.5	91.8	33.5	66.1	69.5
LPG	0.1	0.1	0.4	3.2	1.4
등유	2.4	0.4	0.8	3.0	2.2
열병합	12.6	7.4	64.3	27.1	26.6
기타	0.4	0.3	1.0	0.6	0.3

① 경기북부지역의 경우, 도시가스를 사용하는 가구수가 등유를 사용하는 가구수의 20배 이상이다.
② 서울이나 인천지역에서 도시가스를 사용하는 가구수는 경기남부나 경기북부에서 도시가스를 사용하는 가구수보다 많다.
③ 지역난방을 사용하는 가구수는 서울이 인천의 2배 이하 이다.
④ 경기지역은 남부가 북부보다 지역난방을 사용하는 비율이 낮다.

| 정답 | ①

①

비율수치의 준거집단인 각 지역의 전체 가구수가 제시되어 있지 않은 정보
&
동일 지역에서의 실수값 대소비교

- 경기북부지역에서 도시가스를 사용하는 가구수 VS 경기북부지역에서 등유를 사용하는 가구수를 비교하는 것이다.
- 경기북부지역의 전체 가구를 100이라고 가정하면, 도시가스를 사용하는 가구수는 66.1%인 66.1가구이고 등유를 사용하는 가구수는 3.0%인 3가구이다.

②

비율수치의 준거집단인 각 지역의 전체 가구수가 제시되어 있지 않은 정보
&
서로 다른 지역 간 실수값 대소비교

- 서울지역(또는 인천지역) 가구 중에서 도시가스를 사용하는 가구수가 경기남부나 경기북부에서 도시가스를 사용하는 가구수보다 많은지를 판단해 보라는 것이다.
- 서울지역, 인천지역, 경기남부, 경기북부의 전체 가구수가 제시되어 있지 않은 정보에서 서로 다른 지역 간 실수값 대소비교는 할 수 없다.

③

비율수치의 준거집단인 각 지역의 전체 가구수가 제시되어 있지 않은 정보
&
서로 다른 지역 간 실수값 대소비교

- 서울지역 가구 중에서 지역난방을 사용하는 가구수와 인천지역 가구 중에서 지역난방을 사용하는 가구수의 크기를 판단해 보라는 것이다.
- 서울지역, 인천지역 전체 가구수가 제시되어 있지 않은 정보에서 서로 다른 지역 간 실수값 대소비교는 할 수 없다.

④

비율수치의 준거집단인 각 지역의 전체 가구수가 제시되어 있지 않은 정보
&
서로 다른 지역 간 비율값 크기비교

- 경기남부지역 가구 중에서 지역난방을 사용하는 가구 비율과 경기북부지역 가구 중에서 지역난방을 사용하는 가구 비율의 크기를 비교해 보라는 것이다.
- 경기남부지역 가구 중에서 지역난방을 사용하는 가구 비율은 67.5%로 경기북부지역 가구 중에서 지역난방을 사용하는 가구 비율 27.4%보다 높다.

〈길라잡이〉
- $A = \dfrac{C}{B}$ 형태의 비율자료이다.
- 비율자료의 준거집단이 되는 전체값(B)이 제시되어 있지 않다.
- 준거집단 즉, 기준은 각 지역별 난방방식과 난방연료이다.
  - 예를 들면, 〈표 1〉에서 서울지역 전체 가구를 100%라고 했을 때 서울지역에서 중앙난방 방식을 사용하는 가구는 22.3%(A)라는 의미

 **예제 2** 다음은 음주운전 관련 자료를 제시한 것이다. 이에 대한 설명으로 옳은 것은?

〈그림 1〉 연령대별 음주운전 교통사고 현황

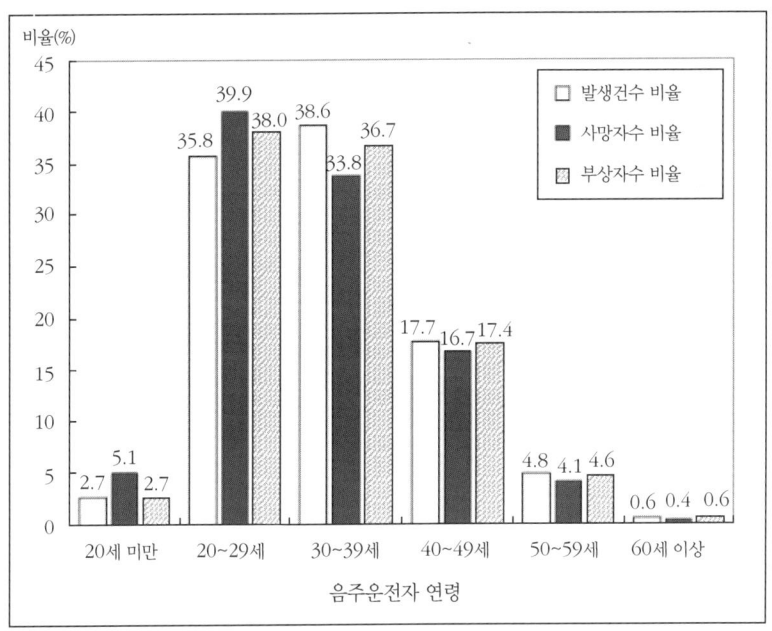

〈그림 2〉 혈중 알코올 농도별 음주운전 교통사고 현황

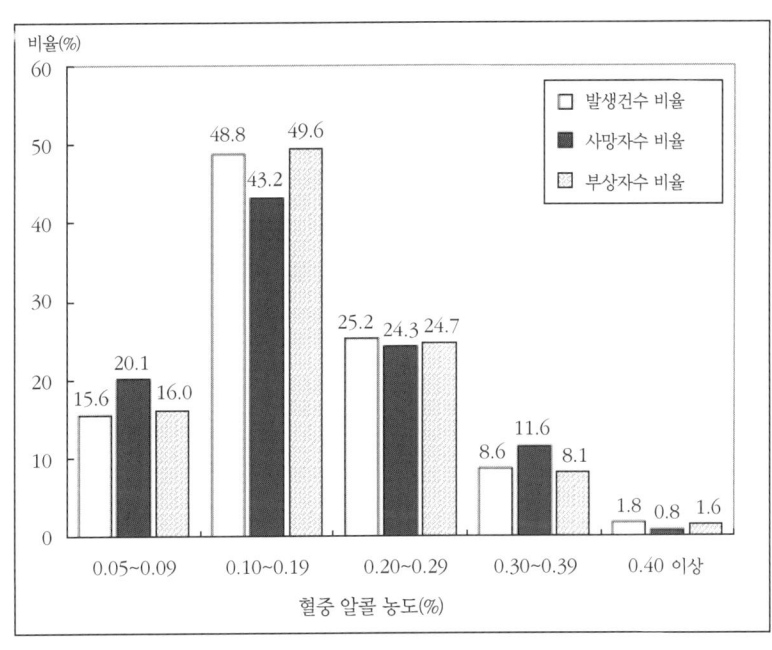

① 60세 이상의 운전자들은 음주운전을 하여도 사고를 유발할 확률이 1% 미만이다.

② 각 연령대의 음주운전 교통사고 발생건수 대비 사망자 수 비율이 가장 높은 연령대는 20세 미만이다.

③ 20대나 30대의 운전자가 혈중 알코올 농도 0.10~0.19%에서 운전할 경우에 음주운전 교통사고의 발생가능성이 가장 높다.

④ 음주운전자 중에는 혈중 알코올 농도 0.10~0.19%에서 운전을 한 경우가 가장 많다.

| 정답 | ②

① 각 연령대의 음주 운전자 중 교통사고를 일으킨 운전자의 비율은 알 수 없다.

② 20대 미만 $= \dfrac{0.051}{0.027}$, 20대 $= \dfrac{0.399}{0.356}$

30대 $= \dfrac{0.338}{0.386}$, 40대 $= \dfrac{0.167}{0.177}$

50대 $= \dfrac{0.041}{0.048}$, 60세 이상 $= \dfrac{0.004}{0.006}$

③ 연령대별로 혈중 알코올 농도에 따른 사고 현황은 알 수 없다.

④ 음주운전으로 인해 교통사고를 일으킨 사람들 중 혈중 알코올 농도별 비율은 알 수 있지만 특정 혈중 알코올 농도에서 운전운전 여부는 알 수 없다.

Q. 다음 표는 어느 지역에서 세대 간 직업이동성을 알아보기 위하여 임의로 표본추출하여 조사한
자료이다. 다음 물음에 답하라.[1~2]

〈표〉 세대 간 직업이동성 비율

(단위 : %)

자녀의직업 부모의직업	A	B	C
A	45	48	7
B	5	70	25
C	1	50	49

※ 1) 예를 들어, 〈표〉에 있는 45는 부모가 A 직업을 가진 사람 중에서 자녀도 A 직업을 가
진 사람의 비율을 나타냄.
2) 전체 부모 세대의 직업은 A가 10%, B가 40%, C가 50%임.
3) 조사한 부모 당 자녀수는 한 명임.
4) 직업은 편의상 A, B, C 로 구분하였다.

01 자녀의 직업이 C일 확률은 얼마인가?

① 7%   ② 27%   ③ 35.2   ④ 37.5%

| 정답 | ③

$$\frac{7}{100} \times 0.1 + \frac{25}{100} \times 0.4 + \frac{49}{100} \times 0.5 = 35.2\%$$

02 부모와 자녀의 직업이 모두 A일 확률은 얼마인가?

① 4.5%   ② 5.1%   ③ 45%   ④ 51%

| 정답 | ①

$$0.1 \times \frac{45}{100} = 4.5\%$$

지수자료의 이해와 해석

지수 자료는 비율 자료의 특징을 그대로 반영하여 상대적 크기를 표현하는데 주로 이용된다.

$$지수 = \frac{변화량}{기준량} \times 100$$

지수자료는 비율자료의 특징을 그대로 반영하기 때문에 비율과 마찬가지로 준거실수가 제시되어야만, 각 지수가 나타내고 있는 실제 크기를 알 수 있다. 지수는 특정 시점을 기준으로 할 수도 있고, 특정 항목을 기준으로 할 수도 있다.

지수자료가 특정 시점을 기준으로 작성되어진 경우에는 주어진 자료에 '(2011 = 100)' 또는 '(전년 = 100)'과 같은 표현이 주어지거나 주어진 자료상에서 2011년에 '100'이라는 수치가 표현된다. 이러한 예에는 경기지수, 물가지수 등이 있다. 만약 지수자료가 특정 시점을 기준으로 작성되어진 경우에는 동일한 항목끼리의 연도별 비교는 가능하지만 준거실수가 다른 항목끼리는 직접적으로 실수 비교를 할 수 없다는 점에 주의해야 한다.

지수자료가 특정 항목이나 변수를 기준으로 작성되어진 경우에는 주어진 자료에 '(서울 = 100)' 또는 '(흡연자 = 100)'과 같은 표현이 주어진다. 만약 지수자료가 특정 항목이나 변수를 기준으로 작성된 경우에는 동일 연도에서 서로 다른 변수나 항목 간 실수 비교는 가능하지만 동일한 항목이나 변수라 할지라도 서로 다른 시점 간에는 직접적으로 실수 비교를 할 수 없다는 점에 주의해야 한다.

지수자료와 비율자료의 차이점은 비율이 100(%)을 기준으로, 차지하는 비중이나 변화된 양의 비율(즉, 변화율)을 측정하지만, 지수 자료는 100 이외의 다른 기준을 사용할 수 있으며, 여러 속성들을 종합하여 '종합지수'의 형태로도 사용할 수 있다는 것이다. 또한 비율의 변화는 퍼센트포인트(%p)개념을 사용하는 반면 지수의 변화는 포인트(p) 개념을 사용한다.

지수자료에서는,

– 지수와 지수의 상대적 크기 비교에 관한 문제
– 지수와 준거실수를 주고 해당 지수의 실제 크기를 계산하는 문제
– 준거실수를 통해 해당 지수 간의 실제 크기를 비교하는 문제가 주로 출제된다.

Q 다음은 1999년부터 2003년까지 소비자물가지수를 나타낸 것이다. 다음 물음에 답하라.[1~2]

〈표〉 1999년~2003년 소비자물가지수

	1999년	2000년	2001년	2002년	2003년
곡류	95.8	100	100.9	98.8	101.9
육류	92.3	100	108.8	123.1	132.1
낙농품	101.7	100	103.4	103.4	103.9
어패류	99.4	100	105.5	109.8	112.4
채소 · 해초	93.6	100	101.7	108.4	129.7
과실	116.7	100	113.4	130.1	124.1
유지 · 조미료	107.5	100	106.8	105.8	111.5
빵 · 과자	100.0	100	105.3	106.8	107.6
차 · 음료	104.3	100	100.6	100.9	103.0
주류	98.4	100	98.4	99.5	104.2
외식	99.2	100	101.7	105.1	109.0

예제 1 2000년에서 2003년 중에서 낙농품의 가격이 가장 높은 연도는?

① 2000년도　　　② 2001년도　　　③ 2002년도　　　④ 2003년도

| 정답 |　④

2000년부터 2003년까지의 기간 중 식료품 중 낙농품의 가격이 가장 높은 연도를 찾으라는 것이다. 동일 품목의 가격을 각 연도별로 비교하는 것이므로 지수가 가장 높은 연도를 찾으면 된다. 2003년에 낙농품의 가격 지수는 2000년 대비 3.9% 상승한 103.9로 다른 연도에 비해 가장 높다.

> 〈길라잡이〉
> 주어진 〈표〉는 2000년도 해당 품목의 가격을 기준으로 작성된 지수자료이다. 따라서 동일 품목에 대해서 각 연도별 비교는 가능하지만 각 연도별로 서로 다른 품목에 대해서는 비교가 불가능하다.

예제 2 1999년 대비 2003년 과실의 물가 상승률은 몇 %인가?

① 5.5%　　　② 6.3%　　　③ 7.4%　　　④ 24.1%

| 정답 |　②

1999년 과실의 물가는 2000년 과실의 물가를 100으로 했을 때 116.7이고 2003년 과실의 물가는 2000년 과실의 물가를 100으로 했을 때 124.1이다. 따라서 1999년 대비 2003년 과실의 물가 상승률은

$$\left(\frac{\frac{124.1}{100}}{\frac{116.7}{100}} - 1 \right) \times 100 = \left(\frac{124.1}{116.7} - 1 \right) \times 100 = 6.3\% \text{가 된다.}$$

Q 다음은 한국사회의 주요 사회기관에 대한 신뢰도를 완전 신뢰를 100으로, 완전불신을 −100으로 하여 측정한 지수를 보여주고 있다. 다음 물음에 답하라.[3~4]

〈그림〉 1996년 및 2003년의 기관별 신뢰도 지수

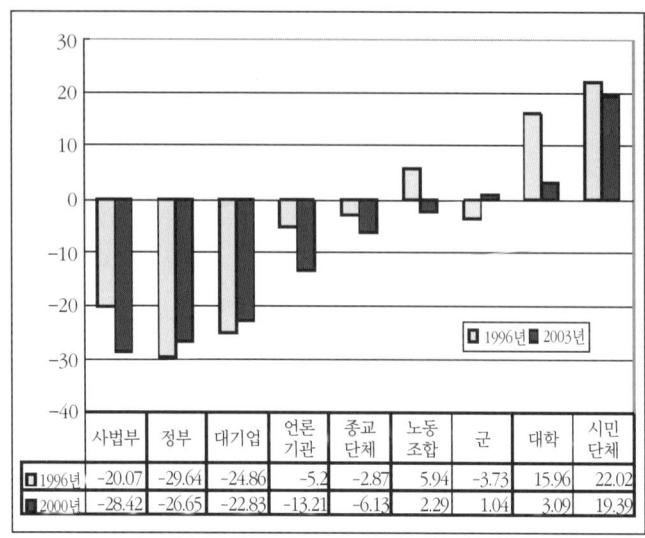

	사법부	정부	대기업	언론기관	종교단체	노동조합	군	대학	시민단체
1996년	−20.07	−29.64	−24.86	−5.2	−2.87	5.94	−3.73	15.96	22.02
2000년	−28.42	−26.65	−22.83	−13.21	−6.13	2.29	1.04	3.09	19.39

예제 3 1996년 조사와 2003년 조사를 비교할 때 신뢰도의 하락폭이 가장 큰 기관은?

① 사법부   ② 정부   ③ 노동조합   ④ 대학

| 정답 | ④
1996년 대비 2003년에 신뢰도의 하락폭이 가장 큰 기관은 신뢰도가 10이상 하락한 대학이다.

예제 4 1996년 조사와 2003년 조사를 비교할 때 신뢰도의 상승폭이 가장 큰 기관은?

① 군   ② 대학   ③ 시민단체   ④ 노동조합

| 정답 | ①
1996년 대비 2003년에 신뢰도가 상승한 기관은 군, 정부, 대기업인데 이 중에서 상승폭이 가장 큰 기관은 1996년 대비 2003년에 신뢰도가 5정도 상승한 군이다.

01 소비자물가지수는 도시가계의 총소비지출에 대한 각 소비품목의 지출비율을 반영한 가중치를 고려하여 기준연도 대비 물가수준을 계산한 지수자료이다. 이에 대한 설명으로 옳은 것을 모두 고르면?

〈표〉 소비자물가지수

(기준연도 : 2000년 = 100)

구 분	품목 수 (개)	가중치	2002년 8월				2003년 8월			
			지수	상승률(%)			지수	상승률(%)		
				전월비	전년동월비	전년동기비 (1~8월)		전월비	전년동월비	전년동기비 (1~8월)
총지수	516	1000.0	107.4	0.7	2.4	2.5	110.6	0.5	3.0	3.6
상품	357	450.3	106.9	1.1	1.9	2.3	109.0	0.9	2.0	3.2
농축수산물	71	107.4	115.2	4.6	3.2	6.3	117.6	3.3	2.1	4.0
공업제품	286	342.9	104.3	0.1	1.5	0.9	106.3	0.2	1.9	3.1
서비스	159	549.7	107.8	0.2	2.8	2.8	112.0	0.1	3.9	3.7
집 세	2	131.4	110.9	0.3	5.7	5.8	114.5	0.2	3.2	3.9
공공서비스	45	150.9	105.5	0.0	-1.9	-1.2	109.1	-0.3	3.4	2.5
개인서비스	112	267.4	107.5	0.2	3.9	3.5	112.4	0.2	4.6	4.4

<보기>

㉠ 조사대상 부문 중, 2003년 8월 현재 물가가 기준년도에 비해 가장 적게 오른 부문은 공업제품이다.

㉡ 조사대상 부문 중, 기준연도에 비해 2003년 8월 현재 물가가 가장 많이 오른 부문은 농축수산물이다.

㉢ 상품의 물가 6% 오르고 서비스의 물가가 8% 올랐을 때 소비자물가 상승률은 7%보다 낮다.

① ㉠   ② ㉡   ③ ㉠, ㉡   ④ ㉠, ㉡, ㉢

| 정답 | ③

㉠ 각 부문별로 2000년 물가를 100으로 했을 때 가장 적게 오른 부문은 100에서 106.3으로 6.3% 증가한 공업제품이다.

㉡ 각 부문별로 2000년 물가를 100으로 했을 때 가장 많이 오른 부문은 100에서 117.6으로 17.6% 증가한 농축수산물이다.

㉢ 서비스의 가중치(549.7)가 상품의 가중치(450.3)보다 크므로 가중평균한 소비자물가상승률은 7%보다 높다.

Q. 다음은 선진국 모노레일 운행을 나타낸 자료이다. 물음에 답하시오.[1~2]

항목 \ 종류	A 모노레일	B 모노레일	C 모노레일	D 모노레일
영업거리	16.9km	8.4km	13.3km	16.2km
정거장수	9역	8역	7역	6역
편성	6량	4량	4량	4량
1편성 정원	584인	478인	494인	420인

$$※ \ 표정속도 = \frac{구간 \ 거리(km)}{정차 \ 시간을 \ 포함한 \ 구간 \ 소요 \ 시간(h)}$$

※ 편성 : 모노레일 하나를 이루는 객차량의 개수

01 B 모노레일 하나에 승차시킬 수 있는 최대 인원과 D모노레일 하나에 승차시킬 수 있는 최대 인원의 차이는 몇 명인가?

① 228명　　　② 230명　　　③ 232명　　　④ 234명

02 역간 평균 거리가 가장 긴 모노레일의 역간 평균 거리는 몇 km인가?

① 2.4km　　　② 2.5km　　　③ 2.6km　　　④ 2.7km

Q. 연구원 K는 학생들의 연습횟수가 수행평가의 결과에 미치는 영향을 알아보기 위하여 A ~ D 학급 전원을 대상으로 연구하였다. 다음 표는 〈작성요령〉에 따라 연구 결과를 학급별로 작성한 것이다. 다음 물음에 답하라.[3~4]

작성요령

(가)~(바)에는 조건에 해당하는 인원수를 기입한다. 예를 들어, 연습횟수가 1회인 학생 중, 수행평가를 통과한 학생수는 (가)에, 실패한 학생수는 (라)에 기입한다.

		연습횟수		
		1회	2회	3회
수행평가	통과	(가)	(나)	(다)
	실패	(라)	(마)	(바)

〈표〉 학급별 수행평가 결과

(단위 : 명)

학급	(가)	(나)	(다)	(라)	(마)	(바)	총 인원
A반	6	6	6	3	9	10	40
B반	8	7	10	2	6	8	41
C반	7	8	9	6	5	3	38
D반	3	6	7	6	8	10	40

03 전체 수행평가 통과율이 가장 높은 학급은?

① A반 　　　　② B반 　　　　③ C반 　　　　④ D반

04 연습횟수가 2회인 학생 중 수행평가 통과율이 가장 낮은 학급은?

① A반 　　　　② B반 　　　　③ C반 　　　　④ D반

Q. 다음 그림은 각 산업의 부가가치율, 연구개발투자율 및 연구개발투자규모를 나타낸 것이다. 다음 물음에 답하라.[5~6]

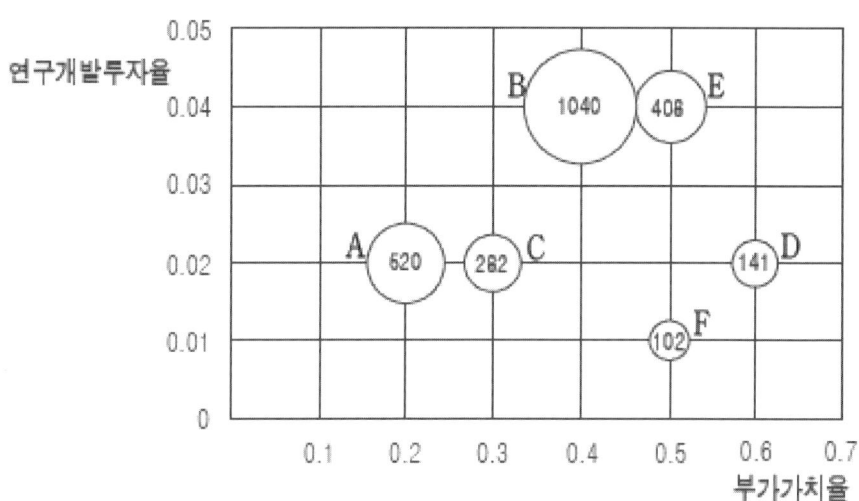

〈그림〉 산업별 연구개발투자규모

※ 부가가치율 = $\dfrac{\text{부가가치}}{\text{매출액}}$

※ 연구개발투자율 = $\dfrac{\text{연구개발투자규모}}{\text{매출액}}$

※ 원의 크기와 숫자는 연구개발투자규모를 나타내며 숫자 단위는 1억 원이다.

05 A산업과 B산업의 매출액의 합은 얼마인가?

　① 10억 4천만원　　② 20억 8천만원　　③ 31억 2천만원　　④ 52억

06 C~E산업 중 부가가치가 가장 적은 산업은 무엇인가?

　① C산업　　　　② D산업　　　　③ E산업　　　　④ F산업

Q. 다음은 각국의 물가수준을 비교한 자료이다. 다음 물음에 답하라.[7~8]

〈표〉 연도별 각국의 물가수준 비교

(해당연도 한국물가수준=100)

국가 \ 연도	2003	2004	2005	2006	2007
한국	100	100	100	100	100
일본	217	174	145	129	128
프랑스	169	149	127	127	143
터키	88	78	84	77	106
캐나다	138	124	126	114	131
멕시코	96	81	84	76	77
미국	142	118	116	106	107
체코	86	76	69	72	91
독일	168	149	128	128	139
헝가리	86	85	72	75	91
영국	171	145	127	132	141

07 2007년에 한국보다 물가수준이 높은 국가의 몇 개국인가?

① 5개국   ② 6개국   ③ 7개국   ④ 8개국

08 만약 2003 ~ 2007년 동안 한국이 매년 3%씩의 물가상승률을 기록하였다면, 2003년 대비 2007년에 한국보다 더 높은 물가상승률을 보인 국가는 몇 개국인가?

① 2개국   ② 3개국   ③ 4개국   ④ 5개국

3장
응용계산

이 유형에서는 기본적인 수학식 보다는 주어진 상황을 이해하고 이에 따른 간단한 계산식을 도출하는 것이 문제 해결의 관건이라 할 수 있다.

출제되는 문제들을 살펴보면, 외양적으로는 다양한 값을 구하기 위한 서로 다른 상황을 바탕으로 하기 때문에 서로 다른 문제로 보일 수 있지만 핵심은 주어진 상황을 통해 문제에서 요구하는 답을 도출하기 위한 적절한 계산식을 구성하고 이를 수학 지식과 연관시킬 수 있느냐이다. 상황을 통해 계산식을 구성할 수 있는지 여부와 적절한 수학 지식을 착안할 수 있느냐가 응용계산 문제 해결의 관건인 것이다.

그렇다고 상황만큼 다양한 계산식과 그에 따른 방대한 수학 지식을 공부할 필요는 없다. 대소비교 문제와 마찬가지로 응용계산 역시 중학교 기본교과과정 수준의 문제들이 주로 출제되고 있다. 그 응용 상황이라는 것도 중학교 교과서에 등장하는 문제들과 매우 유사하다. 거리와 시간을 주고 속도를 구하도록 하거나, 서로 다른 농도의 소금물을 섞었을 때 섞인 소금물의 농도를 구하도록 하는 문제의 예가 바로 그것이다. 예제를 통해 이를 확인해 보자.

예제 1 S사의 영업사원은 매달 제품 1개를 판매할 때마다 제품 판매액의 10%를 수당으로 받는다. 그런데 이번 달에는 제품이 20% 할인되어 판매되었다. 기본급이 150만원이고 할인 전 제품의 가격이 1개당 20만원이라고 할 때 이번 달에는 최소 몇 개를 판매해야 수당을 포함한 월급이 550만원이 되는가?

① 200개   ② 250개   ③ 300개   ④ 350개

| 정답 | ②
- 이번달 제품 1개 당 가격 = 200,000원 − (200,000 × 0.2) = 160,000원
- 제품 1개 판매시 영업사원의 수당 = 160,000 × 0.1 = 16,000원
- 수당과 기본급을 합한 월급이 550만원이 되기 위한 판매량(x)
  : 5,500,000원 = 1,500,000원 + 16,000원 × x, x = 250개

예제 2 A는 시속 3km로 한 바퀴가 200m인 운동장 걷고 있다. A가 걷기 시작한지 7분후 A가 걷기 시작했던 지점에서 A가 걷는 방향으로 시속 4.2km 속도로 B가 걷기 시작했다면 A와 B가 처음 만나는 것은 B가 걷기 시작한 후 몇 분 뒤인가?

① 2분 30초   ② 5분   ③ 7분 30초   ④ 10분

| 정답 | ③
- A와 B가 처음 만나는 시간을 x분 후라고 하자.
- 한 바퀴에 200m인 운동장을 A가 돌기 시작한 지 7분 후 B가 도는 것이므로 'B의 속도 × x = A와 B의 거리 + A의 속도 × x' 이다.
- A의 속도는 3km/h이므로 A의 분당 속도 = $\frac{3,000m}{60분}$ = 50m/분
- B의 속도 4.2km/h이므로 B의 분당 속도 = $\frac{4,200m}{60분}$ = 70m/분
- 7분 동안 A의 이동거리 = 50m/분 × 7분 = 350m
- 1바퀴는 200m이므로 B가 걷기 시작했을 때 B와 A의 거리 = 350m − 200m = 150m
- 70m/분 × x = 150m + 50m/분 × x
- 20m/분 × x = 150m, x = 7.5분 = 7분 30초

〈길라잡이〉
- 속도 = $\frac{거리}{시간}$, 시간 = $\frac{거리}{속도}$

01 A에서 B를 같은 길로 왕복하는 데 7시간이 걸렸다. 갈 때는 80km/h, 올 때는 60km/h 로 이동했다면 총 이동한 거리는 얼마인가?

① 240km ② 360km ③ 480km ④ 560km

| 정답 | ③

■ A에서 B로 가는데 걸린 시간을 a라 하고, B지점에서 A지점으로 이동할 때 걸린 시간을 b라 하면 $a + b = 7$시간, $a = 7$시간 $- b$ ⋯ 식 ❶

■ 같은 길로 왕복하였으므로 A에서 B로 이동한 거리와 B에서 A로 이동한 거리는 같다.

■ 80km/h $\times a - 60$km/h $\times b = 0$ ⋯ 식 ❷

■ 식 ❶과 ❷를 연립하여 풀면 80km/h$(7$시간$- b) - 60$km/h $\times b = 0$, $b = 4$시간
따라서 $a = 3$시간

■ 총 이동거리 $= 80$km/h $\times a + 60$km/h $\times b = 240$km $+ 240$km $= 480$km

〈길라잡이 1〉
– 거리 = 시간 × 속력
– 연립(일차)방정식의 대입법
　미지수가 2개인 일차방정식 두 개 중 하나를 다른 방정식에 대입해서 연립방정식을 푸는 방법
　ex) $3x + 2y = 7$ ⋯ 식 ❶
　　　$x + 2y = 5$ ⋯ 식 ❷
→ ❷를 $x = 5 - 2$로 변환한 후 ❶에 대입하면
　$3(5 - 2y) + 2y = 7 → 4y = 8$, $y = 2$
→ $y = 2$를 식 ❷에 대입하면 $x = 1$

〈길라잡이 2〉
※ 연립(일차)방정식 : 미지수가 2개인 두 개의 일차방정식을 동시에 만족시키는 해를 구하는 두 개의 방정식을 묶어서 연립일차방정식 또는 연립방정식이라 한다.
– 미지수가 2개인 연립일차방정식의 해를 구하는 방법에는 가감법, 대입법이 있다.
– 연립(일차)방정식의 가감법
　미지수가 2개인 일차방정식 두 개를 더하거나 빼어서 연립방정식을 푸는 방법
　ex) $3x + 2y = 7$ ⋯ 식 ❶
　　　$x + 2y = 5$ ⋯ 식 ❷
→ 등식의 성질을 이용하여 ❶ – ❷를 하면
　$(3x + 2y) - (x + 2y) = 7 - 5 → 2x = 2$, $x = 1$
→ $x = 1$를 식 ❷에 대입하면 $y = 2$

02   A 혼자서 작업을 하면 총 8일이 소요되고, B 혼자서 작업을 하게 되면 20일이 소요되는 작업이 있다. 처음 3일간은 A와 B가 함께 작업을 하고 4일째부터는 B가 혼자 작업을 하여 모든 작업이 끝났다. 이 작업을 모두 끝마치는데 소요된 기간은 최소 며칠이겠는가?

① 13일   ② 14일   ③ 15일   ④ 16일

| 정답 | ①

전체 작업의 양을 1이라 하면

- A가 3일간 한 작업의 양 $= \frac{1}{3} \times 3$일
- B가 3일간 한 작업의 양 $= \frac{1}{20} \times 3$일
- B가 4일째부터 일을 끝마칠 때까지 걸린 기간을 x라 하면 B가 x일 동안 한 작업의 양
  $= \frac{1}{20} \times x$
- 전체 작업의 양 $= \left(\frac{1}{8} + \frac{1}{20} \right) \times 3$일 $+ \frac{1}{20} \times x = 1$, $x = 9.5$일
- 전체 작업을 마치는 데 걸린 기간 $= 3$일 $+ 9.5$일 $= 12.5$일 $= 13$일

03   22. 소금물의 농도가 12%이고 포함된 소금이 18g인 소금물과 소금물의 농도가 14%이고 포함된 소금이 49g인 소금물을 섞어서 만든 소금물의 양은 얼마인가?

① 350g   ② 400g   ③ 450g   ④ 500g

| 정답 | ④

- 소금물의 농도 12%, 소금의 양이 18g인 소금물의 양 $= \frac{18g}{12\%} \times 100 = 150g$
- 소금물의 농도 14%, 소금의 양이 49g인 소금물의 양 $= \frac{49g}{14\%} \times 100 = 350g$
- 150g + 350g = 500g

〈길라잡이〉
- 소금물의 농도(%) $= \frac{\text{소금의 양}}{\text{소금물의 양}} \times 100$, 소금물의 양 $= \frac{\text{소금의 양}}{\text{소금물의 농도}} \times 100$

04 약속시간은 앞으로 3시간 20분 후이다. 지금이 2시 55분이라면 약속시간에 시침과 분침
이 이루는 각도는 몇°인가?

① 90°   ② 92.5°   ③ 95°   ④ 97.5°

┃ 정답 ┃ ④
■ 현재 시간은 2시 55분이며 약속시간은 3시간 20분 후인 6시 15분
■ 6시 15분일 때 시침과 분침이 이루는 각도 = 6시 15분일 때 시침이 6시 정각의 시침과 이루는 각도 +
　6시 15분일 때 분침이 6시 정각의 시침과 이루는 각도
■ 6시 15분일 때 시침이 6시 정각의 시침과 이루는 각도 = 15분 × 0.5° = 7.5°
■ 6시 15분일 때 분침이 6시 정각의 시침과 이루는 각도 = 15분 × 6° = 90°
■ 6시 15분일 때 시침과 분침이 이루는 각도 = 7.5° + 90° = 97.5°

〈길라잡이〉
－ 시침의 분당 이동 각도 = $\dfrac{360°}{12시간 \times 60분}$ = 0.5°

－ 분침의 분당 이동 각도 = $\dfrac{360°}{60분}$ = 6°

01 A에서 B를 거쳐 C로 가는데 5시간이 걸렸다. A에서 B까지 3km/h, B에서 C까지 4km/h로 이동하였고, A에서 C까지의 거리는 A에서 B까지 이동하는 거리에 3배였다. 이때 C의 평균시속은 얼마인가?

① 4.5km/h   ② 4.2km/h   ③ 3.6km/h   ④ 3km/h

02 A, B, C는 제품 Ⓜ을 생산하기 위해 필요한 부품을 생산하고 있다. 하루에 A의 생산량은 100개, B의 생산량은 50개, C의 생산량은 40개이며 세 명의 불량률은 동일하다. Ⓜ제품에 필요한 부품은 1444개이며 세 명이 불량품을 제외하고 정확히 8일 동안 생산한 부품이 1444개라고 할 때 불량률은 얼마인가?

① 3%   ② 4%   ③ 5%   ④ 6%

03 동전을 세 번 던져서 세 번 앞면이 나오면 10,000원, 두 번은 앞면 한번은 뒷면이 나오면 5,000원을 벌고, 한번은 앞면이 나오고 두 번은 뒷면이 나오면 2,000원, 세 번 모두 뒷면이 나오면 5,000원을 잃는 게임이 있다. 이게임을 한번 할 때 예상할 수 있는 각 경우의 기댓값의 합은 얼마인가?

① 1,750원   ② 2,750원   ③ 3500원   ④ 4000원

04 농도 15%의 식염수 2.4kg에 농도 8%의 식염수를 넣어 농도가 12%인 식염수를 만들었다. 농도 8%의 식염수에 들어있던 소금은 몇g 인가?

① 122g   ② 144g   ③ 172g   ④ 204g

05 S24. S반도체사는 올해 자사가 생산한 A반도체를 작년대비 20% 하락된 가격에 판매할 예정이다. 올해 A제품의 생산량 및 판매량은 작년 대비 2.5배이며, 매출액 대비 수익은 작년 매출액의 60%가 될 것이다. 작년 A제품의 매출액 대비 20%가 수익이었다고 한다면 S반도체 회사는 작년 대비 올해의 A제품의 개당 원가는 최소 몇% 절감되어야 하는가?

① 15%   ② 20%   ③ 25%   ④ 30%

06 지금 현재 시간은 오후 4시이고 부서 회의는 지금부터 정확이 2시간 45분 후에 끝이 난다. 회의가 끝난 후 바로 미리 정해놓은 식당으로 이동해 식사를 할 예정인데 회의 장소로부터 식당까지 이동하는데 걸리는 시간이 30분이다. 회의가 끝나고 식당에 도착했을 때 시침과 분침이 이루는 각도는 몇 도인가?

① 120°   ② 127.5°   ③ 130°   ④ 132.5°

추리능력

 **추리**능력 총론

    SSAT의 추리능력 영역에서는 크게 3가지 유형의 문제들로 추리 능력을 평가하고 있다. 나열된 숫자나 문자의 규칙을 찾는 문제, 도형을 변화시킨 이후의 도형을 찾는 문제 그리고 주어진 조건을 가지고 경우의 수를 따져보는 언어추리 문제들이 바로 추리 능력에서 전형적으로 출제되는 유형들이다. 기출된 문제들을 유형에 따라 분류하면 다음과 같다.

수 추리	수열	나열된 숫자의 변화 규칙을 파악하여 괄호 안에 들어갈 숫자를 추리하는 문제.
	문자 수열	규칙성을 파악한다는 점에서 수열 문제와 같지만 문자를 이용한다는 점에서 수열문제와 다르다.
도형 추리	평면 도형의 변화	보기에 주어진 도형의 변화과정을 살펴 규칙성을 발견한 후 이를 통해 다른 도형의 변화를 추리하는 문제.
	펀칭 / 전개도 / 블록	• 펀칭 : 접힌 종이에 구멍을 뚫고 이를 펼쳤을 때 나오는 구멍의 위치를 예측하는 문제 • 전개도 : 주어진 전개도와 같은 입체도형이 만들어지는 전개도를 찾는 문제 • 블록 : 주어진 블록의 개수를 확인하는 문제
언어 추리	자리배정하기	상황과 조건을 고려하여 대상들의 순서나 자리를 추리하는 문제.
	대응관계 파악하기	상황과 조건을 고려하여 문제를 해결한다는 면에서 자리배정하기와 같다고 볼 수 있으나 주어진 대상들이 서로 짝이 되는 경우를 추리한다는 면에서 자리배정하기와 구분된다.

    수 추리와 도형 추리는 관련된 수적 또는 공간적 규칙성을 찾는 것이 문제해결의 관건이다. 반면 언어추리의 경우에는 주어진 조건을 바탕으로 논리적 추론을 할 수 있느냐가 핵심이다. 추리능력 영역에서 형태별 난이도와 문항에 따른 비중이 가장 높은 분야는 언어추리 부분이다. 수 추리와 도형 추리에서 30~50% 가량 출제되고, 나머지는 모두 언어추리 문제이다. 그 만큼 추리능력 영역에서 언어추리가 차지하는 비중은 크다. 더욱이 해가 갈수록 비중이 점점 늘고 있는 추세이다.

1장

수 추리

나열된 숫자 또는 문자의 변화 속에 숨어 있는 수적 변화의 규칙성을 추리하는 문제가 출제된다. 따라서 숫자나 문자가 어떤 규칙성을 띠고 배열되어 있는지 파악하는 것이 문제해결의 관건이다. 나열된 숫자 또는 문자의 형태는 단순하게 일렬로 배치되기도 하지만 도형 안에 배치되기도 한다. 출제형태는 다르나 주어진 배열에 따른 규칙성을 파악한다는 점에서 문제를 해결하는 방식은 동일하다. 그러므로 이 장에서는 주어진 숫자와 문자 사이의 규칙성을 잘 파악하는 것이 중요하다.

1절

수열

　빈 칸에 배열된 숫자를 보고 다음 공란에 들어갈 적절한 숫자나 문자를 고르는 문제이다. 기본적으로 중학교 수학과정에서 배운 등차수열(각 항이 그 앞의 항에 일정한 수를 더한 것으로 이루어진 수열) 및 등비수열(각 항이 그 앞의 항과 일정한 비를 가지는 수열)을 바탕으로 한 문제가 출제되나, 최근에는 피보나치수열(어떤 수열의 항이, 앞의 두 항의 합과 같은 수열) 같은 특징 있는 형태의 문제도 출제되고 있다. 따라서 수열에 대해 이해하고, 빈출되는 형태의 문제들을 익혀두는 것이 중요하다.

　지금까지 기출된 문제를 살펴보면, 수열에 이용되는 숫자는 유리수의 범위를 벗어나지 않는다. 나아가 적용되는 수적 변화는 정수 및 자연수의 사칙연산 또는 제곱 정도였다. 따라서 정수 및 자연수의 사칙연산 또는 제곱 내에서 나열된 수의 변화를 추리하면 된다. 문제에 적용되는 수적 변화의 규칙을 확인하기 위해서는 나열된 숫자를 단계별로 살펴볼 필요가 있다. 사칙연산 내에서 첫 번째 항에서 두 번째 항으로 가는데 있을 수 있는 변화를 따져보고, 두 번째 항에서 세 번째 항으로 가는데 있을 수 있는 변화를 따져본다. 이러한 방식으로 각 항들의 변화를 따져가다 보면 공통적으로 적용되는 변화의 양상을 파악할 수 있다. 이러한 방식으로 변화 규칙을 확인한 이후, 나머지 항에 이 규칙을 적용했을 때에도 변화 규칙이 모순 없이 적용된다면 이 규칙이 문제에서 구하고자 하는 수적 변화의 규칙이 되는 것이다.

예제 1 다음( )에 들어갈 적절한 숫자를 보기에서 고르시오.

보기
−1, 1, 4, 9, 16, 27, ( )

① 32　　　　　② 40　　　　　③ 49　　　　　④ 64

| 정답 | ②

- −1 → 1의 경우 [(− 1 + 2)], [(− 1 ÷ − 1)], [(− 1)²] 세 가지
- 1 → 4의 경우 [(1 + 3), (1 × 4)] 두 가지
- −1 → 1 → 4에서 수 변화의 규칙성을 찾는 다면 첫 번째 항 +2 → 두 번째 항 +3과 같이 수가 증가하면서 더해지는 모습을 볼 수 있다. 나머지 항의 관계에서도 이러한 변화가 보이는지 추가적으로 확인하면 다음과 같은 결과를 얻을 수 있다.
- −1 $\xrightarrow{+2}$ 1 $\xrightarrow{+3}$ 4 $\xrightarrow{+5}$ 9 $\xrightarrow{+7}$ 16 $\xrightarrow{+11}$ 27
- 더해지는 수(+ 2 → + 3 → + 5 → + 7 → + 11)는 가장 작은 소수부터 한 단계씩 큰 소수로 변화하고 있다. 따라서 27에 더해지는 수는 11 다음으로 큰 13이다. 따라서
- 27 $\xrightarrow{+13}$ (40)

> 〈길라잡이〉
> – 소수 : 1보다 큰 자연수 중에서 1과 그 자신의 수 이외에는 양의 약수를 가지지 않는 수
> – 비소수(합성수) : 1보다 큰 자연수 중에서 소수가 아닌 수
> – 1은 소수도 아니고 합성수도 아니다.

예제 2 다음의 ? 에 들어갈 적절한 숫자를 보기에서 고르시오

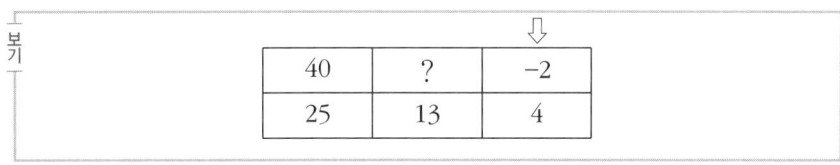

40	?	−2
25	13	4

① 55　　　　　② 58　　　　　③ 60　　　　　④ 64

| 정답 | ②

※ 수적 변화의 규칙은 일반적으로 유리수의 사칙연산 또는 유리수의 제곱!
※ 이처럼 칸으로 된 수 추리 문제는 화살표가 가리키는 칸에서부터 시계방향으로 규칙성 파악!

- −2 → 4의 경우 [(− 2 + 6)],[(− 2)²] 두 가지 경우를 생각할 수 있다.
- 4 → 13의 경우 [(4 + 9)] 뿐이다.
- −2 → 4 → 13에서 수 변화의 규칙성을 찾는다면 첫 번째 항 +6 → 두 번째 항 +9가 되는 것을 볼 수 있다. 나머지 역시 이러한 방법으로 파악해보면 각 단계에서 다음과 같이 3의 배수가 더해지는 모습을 볼 수 있다.
- −2 $\xrightarrow{+6}$ 4 $\xrightarrow{+9}$ 13 $\xrightarrow{+12}$ 25 $\xrightarrow{+15}$ 40
- 더해지는 수(+ 6 → + 9 → + 12 → + 15)는 6부터 한 항이 증가할 때마다 앞에 더해진 수보다 3이 큰 수임을 알 수 있다. 15다음에 3이 큰 수는 18이다. 따라서
- 40 $\xrightarrow{+18}$ (58)

01 다음(　)에 들어갈 적절한 숫자를 보기에서 고르시오.

> 보기
>
> $-4, \ -2, \ 1, \ 2, \ 5, \ \dfrac{5}{2}, \ (\quad)$

① $\dfrac{1}{2}$　　　　② 5　　　　③ $\dfrac{11}{2}$　　　　④ 8

| 정답 |　③

■ $-4 \to -2$의 경우 $[(-4+2), (-4 \div 2)]$두 가지 경우를 생각할 수 있다.

■ $-2 \to 1$의 경우 $(-2+3)$뿐이다.

■ $-4 \to -2 \to 1$에서 수 변화의 규칙성을 찾는다면 첫 번째 항$+2 \to$ 두 번째 항$+3$이 되는 것을 볼 수 있다. 그러나 세 번째 항을 보면 이러한 규칙성이 적용되지 않는다. 따라서 규칙성이 파악될 때까지 다음 항들의 경우를 살펴본다.

■ $1 \to 2$의 경우 $(1+1)$, (1×2)의 두 가지 경우가 있을 수 있다.

■ $2 \to 5$의 경우 $(2+3)$뿐이다.

■ $5 \to \dfrac{5}{2}$의 경우 $(5 \div 2)$뿐이다.

■ $-4 \to -2 \to 1 \to 2 \to 5 \to \dfrac{5}{2}$에서 $\div 2 \to +3 \to \times 2 \to +3 \to \div 2$으로 수적 변화가 이루어짐을 볼 수 있다. 즉, 2와 3이 번갈아 변하면서 2의 경우 앞항에 $\div 2$와 $\times 2$가 번갈아 적용되고, 3의 경우 앞항에 $+3$이 적용되고 있음을 볼 수 있다. 따라서

■ $-4 \xrightarrow{\div 2} -2 \xrightarrow{+3} 1 \xrightarrow{\times 2} 2 \xrightarrow{+3} 5 \xrightarrow{\div 2} \dfrac{5}{2}$이므로

■ $\dfrac{5}{2} \xrightarrow{+3} \dfrac{11}{2}$

02 다음(　)에 들어갈 적절한 숫자를 보기에서 고르시오.

> 보기
>
> $\dfrac{3}{2}, \ \dfrac{8}{5}, \ \dfrac{21}{13}, \ \dfrac{55}{34}, \ (\quad), \ \dfrac{377}{233}$

① $\dfrac{144}{89}$　　　　② $\dfrac{123}{79}$　　　　③ $\dfrac{126}{67}$　　　　④ $\dfrac{113}{51}$

| 정답 |　①

■ $\dfrac{3}{2} \to \dfrac{8}{5}$의 경우 분자$(3+5=8)$, 분모$(2+3=5)$뿐이다.

- $\dfrac{8}{5} \rightarrow \dfrac{21}{13}$의 경우 분자(8 + 13 = 21), 분모(5 + 8 = 13) 뿐이다.

- $\dfrac{3}{2} \rightarrow \dfrac{8}{5} \rightarrow \dfrac{21}{13}$을 통해 두 번째 항의 분모(5)는 첫 번째 항의 분자(3)와 분모(2)의 합(5)이며 두 번째 항의 분자(8)는 첫 번째 항의 분자(3)와 두 번째 항의 분모(5)의 합(8)임을 알 수 있다. 세 번째 항의 분모(13)는 두 번째 항의 분자(8)와 분모(5)의 합이며, 세 번째 항의 분자는 두 번째 항의 분자(8)와 세 번째 항의 분모(13)의 합임을 알 수 있다. 나머지 수 역시 이러한 규칙성을 통해 확인하면 다음과 같다.

- $\dfrac{3}{2} \xrightarrow{\frac{3+5}{2+3}} \dfrac{8}{5} \xrightarrow{\frac{8+13}{8+5}} \dfrac{21}{13} \xrightarrow{\frac{21+34}{21+13}} \dfrac{55}{34}$ 따라서

- $\dfrac{55}{34} \xrightarrow{\frac{55+89}{55+34}} \dfrac{144}{89}$ 가 될 것이다. 같은 규칙성으로 $\dfrac{377}{233}$ 을 확인하면

- $\dfrac{144}{89} \xrightarrow{\frac{144+233}{144+89}} \dfrac{377}{233}$ 따라서 ( )에 들어가는 숫자는 $\dfrac{144}{89}$ 이다.

03 다음의 ? 에 들어갈 적절한 숫자를 보기에서 고르시오

보기

⇩

?	3	2
−6	?	4
−1	4	1

① −36   ② −18   ③ −13   ④ −11

| 정답 | ③

- $3 \rightarrow 2 : (3 - 1)$

- $2 \rightarrow 4 : (2 + 2)$ 또는 (2×2)

- $4 \rightarrow 1 : (4 - 3)$ 또는 $(4 \div 4)$

- $3 \rightarrow 2 \rightarrow 4 \rightarrow 1$: 이상에서 수적 변화의 규칙성을 찾는다면 첫 번째 항 −1 = 두 번째 항, 두 번째 항 +2 = 세 번째 항, 세 번째 항 −3 = 네 번째 항과 같이 각 항의 순서와 같은 숫자가 홀수 항에서는 마이너스 되고, 짝수 항에서는 곱해지는 것을 확인할 수 있다. 이 같은 모습은 다음 항에서도 확인 된다.

- $3 \xrightarrow{-1} 2 \xrightarrow{\times 2} 4 \xrightarrow{-3} 1 \xrightarrow{\times 4} 4 \xrightarrow{-5} -1 \xrightarrow{\times 6} -6$

- ( )는 여덟 번째 항으로 −6인 일곱 번째 항(홀수 항) 다음 항이 된다. 따라서

- $-6 \xrightarrow{-7} (-13)$

04 다음의 ? 에 들어갈 적당한 숫자를 보기에서 고르시오.

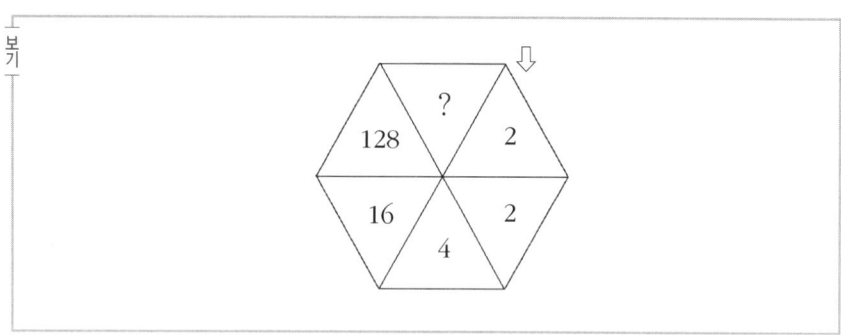

① 256　　　　② 1,024　　　　③ 1,280　　　　④ 2,048

| 정답 |　④

■ $2 → 2$: $(2 \times 1), (2 \div 1)$

■ $2 → 4$: $(2 + 2)$ 또는 (2×2)

■ $4 → 16$: $(4 + 12)$ 또는 (4×4)

■ $16 → 128$: $(16 + 112)$ 또는 (16×8)

■ $2 → 2 → 4 → 16 → 128$: 이상에서 수적 변화의 규칙성을 찾는다면 첫 번째 항 × 1 = 두 번째 항, 두 번째 항 × 2 = 세 번째 항, 세 번째 항 × 4 = 네 번째 항, 네 번째 항 × 8 = 다섯 번째 항에서 각 항에 곱해지는 수가 2의 제곱수라는 것이다. 즉, $1 = 2^0, 2 = 2^1, 4 = 2^2, 8 = 2^3$과 같이 $2^{(각항의 순서 - 1)}$이 각 항에 곱해지는 것을 확인할 수 있다.

■ $2 \xrightarrow{\times 2^0} 2 \xrightarrow{\times 2^1} 4 \xrightarrow{\times 2^2} 16 \xrightarrow{\times 2^3} 128$ 이므로 $128 \xrightarrow{\times 2^4} (2,048)$

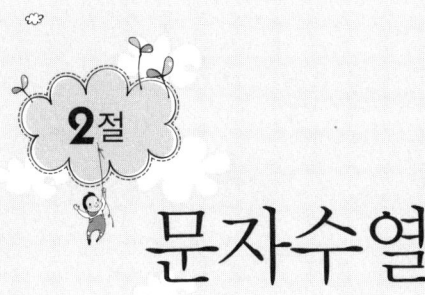

문자수열

배열되어 있는 문자를 보고 문자가 변화하는 규칙성을 알아내어 공란에 들어갈 문자를 추리하는 문제이다. 기본적으로 영어 알파벳과 한글 자·모음이 사용되며, 숫자를 이용한 수 추리와 마찬가지로 문자열이 변화하는 규칙성을 찾는 것이 문제해결의 관건이다. 무엇보다 알파벳과 한글 자·모음의 순서를 정확히 알고 있어야 한다는 사실이 중요하다. 예를 들어 배열되어 있는 문자가 A, D, J라면 알파벳 문자(A, B, C, D, E, F, G, H, J)는 첫 번째 항 A에서 두 번째 항 D까지 3칸 이동한 것으로 보며, 두 번째 항 D에서 세 번째 항 J까지는 6칸 이동한 것으로 본다. 한글 자·모음의 경우에도 이와 마찬가지로 수적 변화를 파악한다. 이렇게 단계별로 파악된 수적 변화를 바탕으로 하여 규칙이 될 수 있는 변화들을 추론하면 된다. 이를 위해 기본적으로 영어의 알파벳 순서와 한글 자·모음 순서를 반드시 익혀두어야 한다. 한글 자·모음의 순서는 다음과 같다.

한글 자·모음 순서

모음 : ㅏ, ㅑ, ㅓ, ㅕ, ㅗ, ㅛ, ㅜ, ㅠ, ㅡ, ㅣ

자음 : ㄱ, ㄴ, ㄷ, ㄹ, ㅁ, ㅂ, ㅅ, ㅇ, ㅈ, ㅊ, ㅋ, ㅌ, ㅍ, ㅎ

예제 1 공통된 규칙을 찾아 '?'에 알맞은 답을 찾으시오.

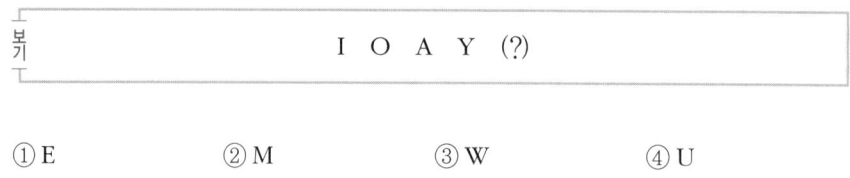

① E   ② M   ③ W   ④ U

| 정답 | ④

- 알파벳 순서는 다음과 같다.

  A B C D E F G H I J K L M N O P Q R S T U V W X Y Z

- I → O : 우측으로 6칸 이동, 좌측으로 20칸 이동
- O → A : 좌측으로 14칸 이동, 우측으로 12칸 이동
- A → Y : 좌측으로 2칸 이동, 우측으로 24칸 이동
- 좌측으로 20칸 이동 → 좌측으로 14칸 이동 → 좌측으로 2칸 이동의 경우 앞에 이동한 칸에서 6칸 줄어든 칸으로 이동하고, 그 다음에는 그 두 배인 12칸이 줄어든 칸으로 이동하게 된다. 그러나 그 다음에 24칸이 줄어든 칸으로 이동해야 하는 데 2칸에서 24칸이 줄어든 칸은 추리가 불가능하다. 따라서 우측 6칸 이동 → 우측 12칸 이동 → 우측 24칸 이동과 같이 앞에 이동한 칸의 배수가 되는 만큼 우측으로 이동하는 것이 규칙성이 될 수 있다.
- 우측 24칸 이동 → 우측 48칸 이동이 Y에서 다음 알파벳으로 이동하는 칸의 수가 될 것이다. 알파벳은 26개로 이루어져 있으므로 우측으로 48칸 이동 = 좌측으로 4칸 이동
- Y <u>좌측으로 4칸 이동</u>→ U

예제 2 다음의 ? 에 들어갈 적절한 문자를 보기에서 고르시오.

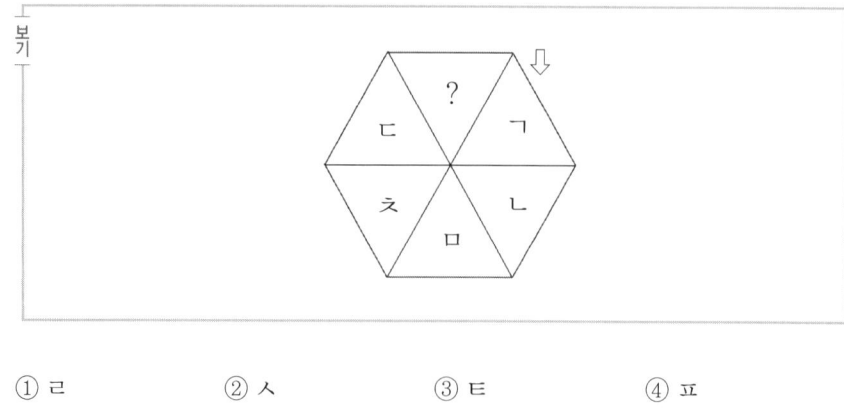

① ㄹ   ② ㅅ   ③ ㅌ   ④ ㅍ

| 정답 | ③

■ 주어진 문자열은 자음만 있다. 따라서 자음만을 고려하여 ㄷ 다음에 올 문자를 추리하면 된다. 문제해결을 위해 고려되는 자음의 순서는 다음과 같다.

ㄱ	ㄴ	ㄷ	ㄹ	ㅁ	ㅂ	ㅅ	ㅇ	ㅈ	ㅊ	ㅋ	ㅌ	ㅍ	ㅎ

이를 바탕으로 각 항 간의 수적 변화를 판단한다.

■ ㄱ → ㄴ : 우측으로 1칸 이동, 좌측으로 13칸 이동
■ ㄴ → ㅁ : 우측으로 3칸 이동, 좌측으로 11칸 이동
■ ㅁ → ㅊ : 우측으로 5칸 이동, 좌측으로 9칸 이동
■ 이 경우 우측으로 1칸 → 우측으로 3칸 → 우측으로 5칸 이동과 같이 (각 항의 순서 × 2 − 1)칸 만큼 우측으로 이동하는 규칙성을 파악할 수 있다. 또는 좌측으로 13칸 → 좌측으로 11칸 → 좌측으로 9칸 이동과 같이 (14 − (각항의 순서 × 2 −1))칸 만큼 좌측으로 이동하는 규칙을 파악할 수 도 있다. 어차피 두 수적 변화의 규칙성으로 파악되는 ?에 들어갈 문자는 같다. 따라서

■ ㄱ $\xrightarrow{\text{우측으로 1칸}}$ ㄴ $\xrightarrow{\text{우측으로 3칸}}$ ㅁ $\xrightarrow{\text{우측으로 5칸}}$ ㅊ $\xrightarrow{\text{우측으로 7칸}}$ ㄷ 이므로

■ ㄷ $\xrightarrow{\text{우측으로 9칸}}$ ㅌ

01 다음의 ? 에 들어갈 적절한 문자를 고르시오.

> 보기
>
> H K E N (?)

① A   ② B   ③ K   ④ Q

| 정답 | ②

■ 알파벳 순서는 다음과 같다.

A B C D E F G H I J K L M N O P Q R S T U V W X Y Z

■ H → K : 우측으로 3칸 이동

■ K → E : 좌측으로 6칸 이동

■ E → N : 우측으로 9칸 이동

■ 우측 3칸 이동 → 좌측 6칸 이동 → 우측 9칸 이동과 같이 앞에 이동한 칸의 배수가 되는 만큼 좌측과 우측을 번갈아 가며 이동하는 것이 규칙성이 될 수 있다.

■ 따라서 ?에 오는 자음은 N → 좌측 12칸 이동이 N 다음 알파벳이 될 것이다.

■ N $\xrightarrow{\text{좌측으로 12칸 이동}}$ B

■ $H \xrightarrow{+3} K \xrightarrow{-6} E \xrightarrow{+9} N \xrightarrow{-12} B$

02 다음의 ? 에 들어갈 적절한 문자를 고르시오.

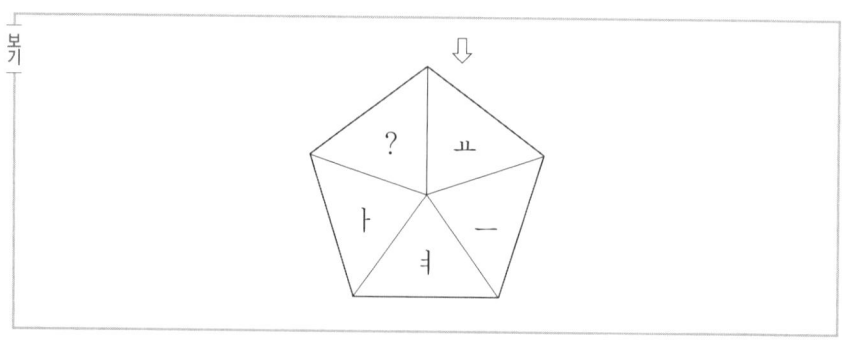

① ㅡ   ② ㅣ   ③ ㅠ   ④ ㅜ

| 정답 | ②

■ 주어진 문자열은 모음만 있다. 따라서 모음만을 고려하여 'ㅏ' 다음에 올 문자를 추리하면 된다. 문제 해결을 위해 고려되는 모음의 순서는 다음과 같다.

ㅏ	ㅑ	ㅓ	ㅕ	ㅗ	ㅛ	ㅜ	ㅠ	ㅡ	ㅣ

이를 바탕으로 각 항 간의 수적 변화를 판단한다.

■ ㅛ → ㅡ : 우측으로 3칸 이동
■ ㅡ → ㅕ : 우측으로 5칸 이동
■ ㅕ → ㅏ : 우측으로 7칸 이동
■ 이 경우 우측으로 3칸 → 우측으로 5칸 → 우측으로 7칸 이동과 같이 (각 항의 순서 × 2 – 1)칸 만큼 우측으로 이동하는 규칙성을 파악할 수 있다. 따라서 'ㅏ' 다음에 오는 모음은 'ㅏ'에서 우측으로 9칸 이동했을 때 나타나는 모음이 될 것이다.

■ ㅏ ─── 우측으로 9칸 ───→ ㅣ

03 다음의 ? 에 들어갈 자음을 보기에서 고르시오

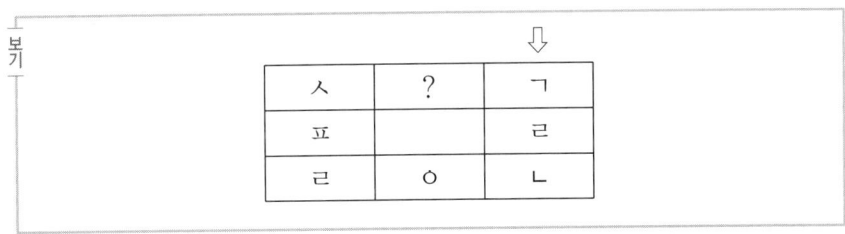

① ㄹ   ② ㅁ   ③ ㅍ   ④ ㅎ

| 정답 | ②

■ 주어진 문자열은 자음만 있다. 따라서 자음만을 고려하여 'ㅂ' 다음에 올 문자를 추리하면 된다. 문제 해결을 위해 고려되는 자음의 순서는 다음과 같다.

ㄱ	ㄴ	ㄷ	ㄹ	ㅁ	ㅂ	ㅅ	ㅇ	ㅈ	ㅊ	ㅋ	ㅌ	ㅍ	ㅎ

이를 바탕으로 각 항 간의 수적 변화를 판단한다.

■ ㄱ → ㄹ : 우측으로 3칸 이동
■ ㄹ → ㄴ : 좌측으로 2칸 이동
■ ㄴ → ㅇ : 우측으로 6칸 이동
■ ㅇ → ㄹ : 좌측으로 4칸 이동
■ 이 경우 우측으로 3칸 → 우측으로 2칸 → 우측으로 6칸 → 좌측으로 4칸 이동과 같이 우측을 3의 배

수, 좌측으로 2의 배수 만큼 이동이 번갈아 적용되고 있음을 볼 수 있다. 이러한 변화가 나머지 항들에도 적용되는지 확인하면 다음 같은 결과를 얻을 수 있다.

■ ㄱ ──우측 3칸──→ ㄹ ──좌측 2칸──→ ㄴ ──우측 6칸──→ ㅇ ──좌측 4칸──→ ㄹ ──우측 9칸──→ ㅍ ──좌측 6칸──→ ㅅ

■ 따라서 'ㅅ' 다음에 오는 자음은 우측으로 12칸 이동하였을 때 나오는 모음이 된다.

■ ㅅ ──우측 12칸──→ ㅁ

04 다음의 ? 에 들어갈 문자를 보기에서 고르시오.

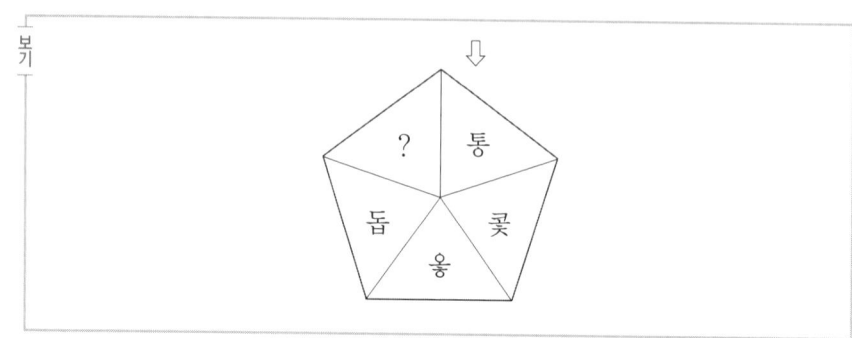

① 졸   ② 속   ③ 촞   ④ 홋

| 정답 | ③

■ 주어진 문자열에서 변화하는 것은 자음만 있다. 따라서 자음만을 고려하여 'ㅂ' 다음에 올 문자를 추리하면 된다. 문제해결을 위해 고려되는 자음의 순서는 다음과 같다.

ㄱ	ㄴ	ㄷ	ㄹ	ㅁ	ㅂ	ㅅ	ㅇ	ㅈ	ㅊ	ㅋ	ㅌ	ㅍ	ㅎ

이를 바탕으로 각 항 간의 수적 변화를 판단한다.

■ ㅌ → ㅋ : 좌측으로 1칸 이동, ㅇ → ㅊ 우측으로 2칸 이동
■ ㅋ → ㅇ : 좌측으로 3칸 이동, ㅊ → ㅎ 우측으로 4칸 이동
■ ㅇ → ㄷ : 좌측으로 5칸 이동, ㅎ → ㅂ 우측으로 6칸 이동
■ 이 경우 ㅌ → ㅋ → ㅇ → ㄷ의 경우에는 좌측으로 1칸 → 좌측으로 3칸 → 좌측으로 5칸 이동과 같이 좌측으로 점차 커지는 홀수 만큼 이동하고 있음을 볼 수 있다. 그리고 받침이 되는 자음의 경우에는 ㅇ → ㅊ → ㅎ → ㅂ과 같이 2의 배수 만큼 이동하는 규칙성을 발견할 수 있다. 따라서 '돕' 다음에 오는 자음의 경우 'ㄷ'은 좌측으로 7칸 이동, ㅂ은 우측으로 8칸 이동한 글자가 있게 된다.

■ ㄷ ──좌측 7칸──→ ㅊ, ㅂ ──우측 8칸──→ ㅎ

01 다음의 ? 에 들어갈 적절한 숫자를 고르시오.

> 보기
>
> -5 4 -1 3 2 5 (?)

① -5   ② 4   ③ 7   ④ 8

02 다음의 ? 에 들어갈 적절한 숫자를 고르시오.

> 보기
>
> $1 \quad \dfrac{3}{4} \quad 1 \quad \dfrac{27}{16} \quad (?) \quad \dfrac{27}{4} \quad \dfrac{729}{49} \quad \dfrac{2187}{64} \quad \cdots$

① 2   ② $\dfrac{81}{25}$ ③ $\dfrac{100}{81}$ ④ $\dfrac{117}{75}$

03 다음의 ? 에 들어갈 적절한 문자를 고르시오.

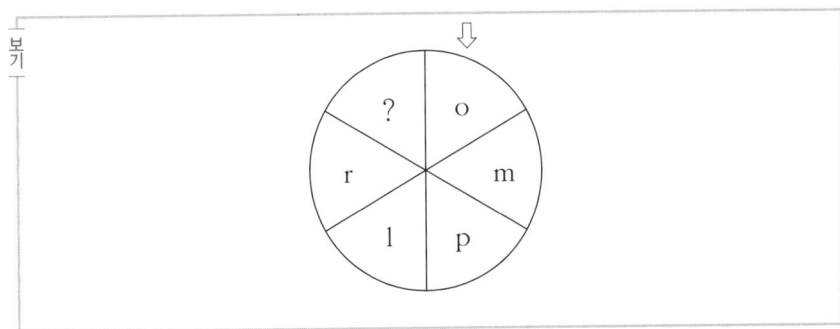

① l   ② k   ③ j   ④ i

04 다음의 ? 에 들어갈 적절한 문자를 고르시오.

보기

$$ㅏ, ㅑ, ㅓ, ㅕ, ?$$

① ㅒ   ② ㅖ   ③ ㅖ   ④ ㅘ

05 다음의 ? 에 들어갈 적절한 문자를 고르시오.

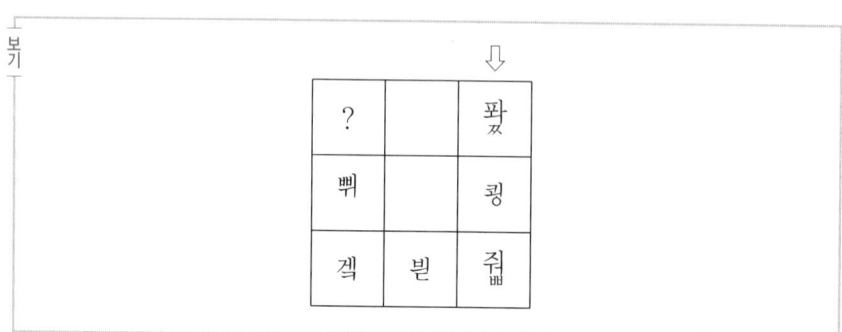

① 쳤   ② 춌   ③ 콨   ④ 촛

06 다음의 ? 에 들어갈 적절한 문자를 고르시오.

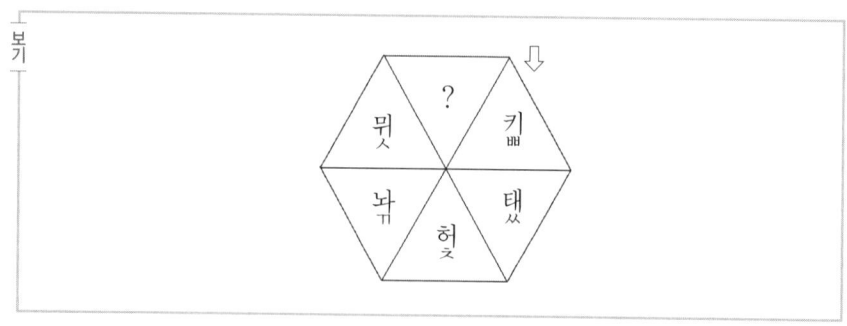

① 웩   ② 섹   ③ 역   ④ 쉣

2장
도형 추리

    2차원의 평면에 그림으로 제시된 평면도형이나 3차원의 입체도형의 특성을 이해하고 특정 조건 하에서 제시된 도형의 변형된 모습을 추리하는 문제들이 주로 출제되고 있으며, 쌓여진 블록의 개수 등을 추리하는 문제와 전개도를 응용한 문제도 종종 출제되고 있다. 따라서 도형에 대한 공감각적 이해능력과 공감각적 추리능력이 문제해결의 관건이다. 공감각적 능력은 사람마다 다르기도 하거니와 단 시간에 향상시킬 수 있는 것도 아니다. 그렇지만 SSAT에서 도형추리를 통해 측정하고자 하는 것은 지원자 중 누가 가장 뛰어난 공감각적 능력을 가졌는가를 선별하기 위한 것이 아니라, 지원자가 업무를 수행하는 데 필요한 기본적인 공감각적능력을 지니고 있는지를 파악하기 위한 것이다. 이러한 능력을 측정하기 위해 SSAT에서 출제되는 문제들은 그 형태가 정형화 되어 있다. 따라서 시험에 빈출되는 문제유형을 이해하고 유형에 따른 문제해결 방법을 살펴본다면 소기의 성과를 달성할 수 있을 것이다.

평면도형의 변환

보기로 주어진 도형의 변화된 모양을 통해 변화의 규칙성을 추리하고, 알아낸 규칙성을 해결 과제로 주어진 도형에 적용하여 변화된 도형의 모습을 추리하는 문제이다. 보기로 주어진 도형을 통해 도형변화의 규칙성을 파악할 수 있어야 문제해결이 가능하다. 즉, 도형의 공간적 형태 변화를 추리해 내는 것이 핵심이라 할 수 있다.

한편 이러한 형태의 문제를 사전에 접해보지 않았다면 문제해결에 많은 시간이 소비될 수 있다. 또한 이러한 유형의 문제에 약한 지원자가 있을 수 있다. 그렇다고 해서 걱정할 필요는 전혀 없다. 왜냐하면 파악해야 하는 도형변화의 규칙성이 복잡하지 않고 단순하여 비슷한 문제를 몇 번 다루어 보면 누구나 적응할 수 있기 때문이다.

예제 1 다음 보기의 ? 에 들어갈 적절한 도형을 고르시오.

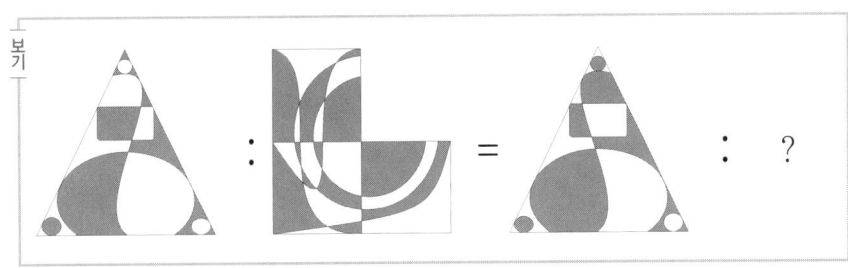

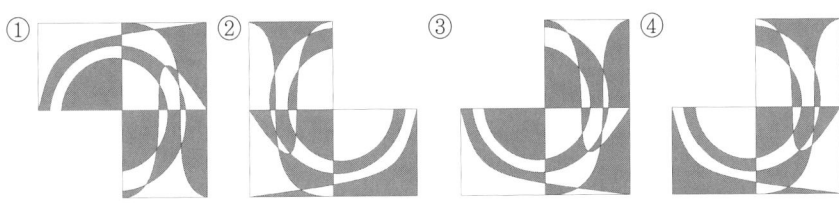

| 정답 | ④

도형 변화의 규칙성을 파악하기 위해 주어진 도형의 변화 전 과 변화 후 를 비교해 보면 우선 색 반전이 이루어졌음을 알 수 있다. 삼각형의 머리 부분을 보면 변화 후에 원 내부가 칠해져 있음을 통해 이를 확인 할 수 있다. 또한 좌우대칭이 이루어졌음을 알 수 있다. 그림 내부의 중심을 가로지르는 곡선 을 보면 좌우가 서로 바뀌었음을 알 수 있다. 따라서 이러한 도형의 변화 즉, 색반전과 좌우대칭을 규칙 으로 하고, 이를 문제로 주어진 도형 에 적용하였을 때 변화 후 도형은 색반전과 좌우대칭을 한 도 형이여야 한다. ①과 ③은 색반전이 되지 않았다. ②는 색반전이 되었으나 좌우대칭이 되지 않았다.

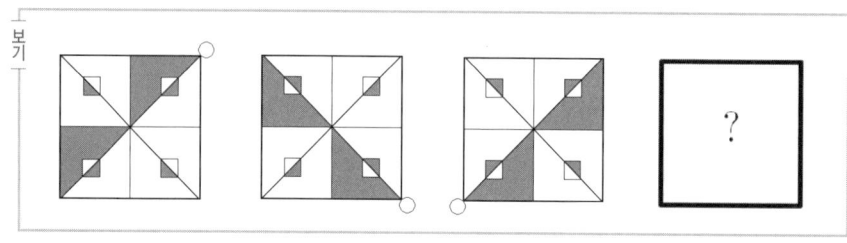

예제 2 다음 보기의 ? 에 들어갈 적당한 도형을 고르시오.

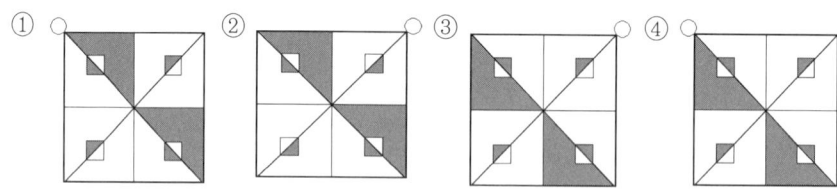

| 정답 | ①

보기의 도형의 변화를 통해 다음에 올 도형을 추리하는 문제이다. 주어진 사각형의 꼭지점에 붙은 작은 원은 도형이 변화함에 따라 시계방향으로 다음 꼭지점으로 이동하고 있다. 그리고 안쪽에 색칠된 부분은 반 시계방향으로 이동하면서 사선의 위와 아래의 색을 번갈아 바꾼다. 나아가 제일 작은 네모의 경우 사선의 위 또는 아래가 색칠됨에 따라 그 반대 방향의 삼각형을 색칠하고 있음을 볼 수 있다.

01   다음 보기의 ? 에 들어갈 적당한 도형을 고르시오.

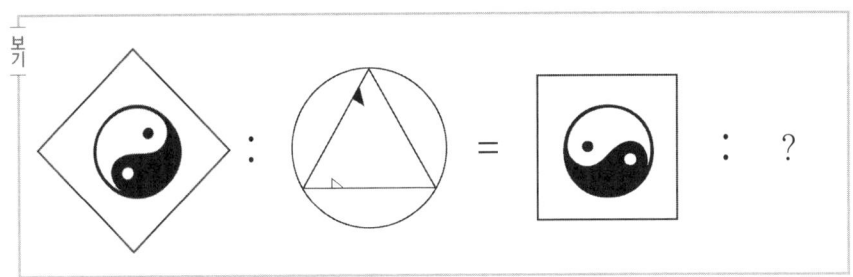

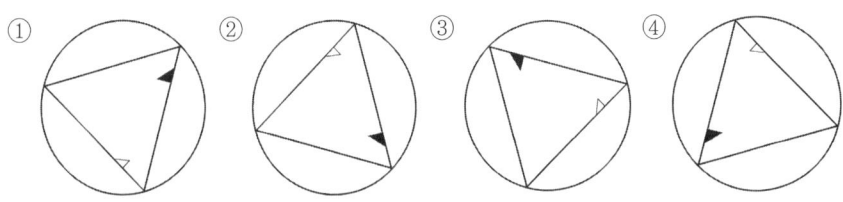

| 정답 | ③

주어진 도형의 변화를 살펴보면 우선 시계방향으로 45° 회전했다는 것을 알 수 있다. 또 도형안의 모양을 보면 좌우 대칭한 모습을 확인할 수 있다. 따라서 시계방향 45° 회전과 좌우대칭을 규칙으로 하여 주어진 문제의 도형을 변형한 도형을 찾으면 된다. ①은 시계방향으로 45° 회전만 한 도형이다. ②은 시계방향으로 90° 이상 회전한 도형이다. ④은 제시된 도형과 같은 도형이다.

02 다음의 규칙을 통해 ?에 들어갈 적절한 도형을 고르시오.

보기

⊙ 좌우대칭 　　　　　　 도형 중앙을 중심으로 좌우를 대칭적으로 바꾼다.

☾ 색반전 　　　　　　 색이 칠해진 부분은 색을 없애고, 칠해지지 않은 부분은 색을 칠한다.

♋ 상하대칭 　　　　　　 도형 중앙을 중심으로 위 아래를 대칭적으로 바꾼다.

♲ 시계방향으로 90° 회전 　 도형을 시계방향으로 90° 회전시킨다.

◀ 반시계방향으로 90° 회전 　 도형을 반시계방향으로 90° 회전시킨다.

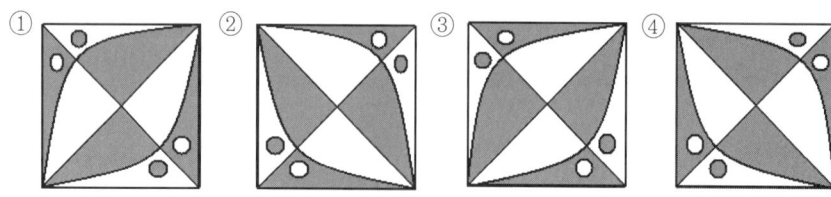

| 정답 | ④

♲는 시계방향 90° 회전, ☾ 는 색반전, ⊙는 좌우 대칭이다. 문제에서는 ♲, ☾, ⊙를 거친 도형을 보여주면서 변형 전 도형을 추리하도록 하고 있다. 따라서 주어진 도형을 역으로 ⊙ → ☾ → ♲를 하면 변형 전 도형을 찾을 수 있다. ①은 ⊙(좌우 대칭)만 한 도형이다. ②는 ☾ (색반전)만 한 도형이다. ③은 ⊙ → ☾ 한 도형이다. ④는 문제로 주어진 도형과 같지만 주어진 도형을 ⊙ → ☾ → ♲하면 처음 도형과 같은 도형이 됨을 알 수 있다.

Q 다음의 기호들이 아래와 같은 규칙으로 도형을 변화시킨다고 할 때 다음 물음에 답하시오. (단, 각 기호는 한 가지 규칙을 가진다.) [3~4]

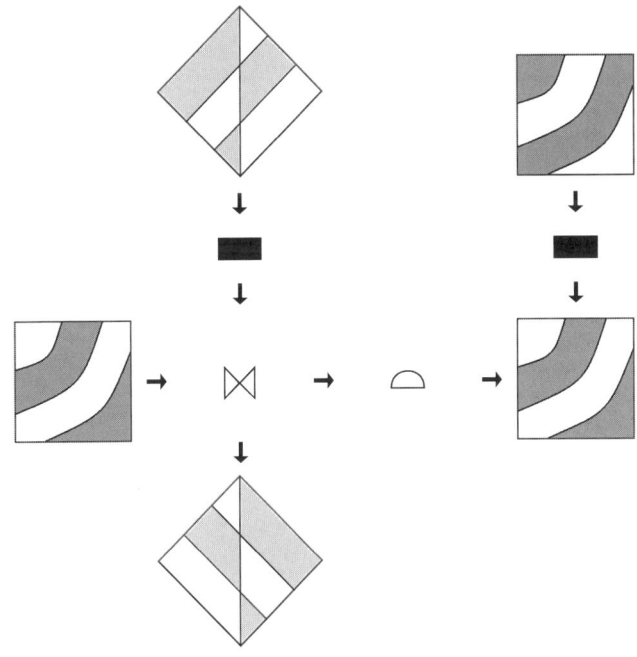

03   다음 ? 안에 들어갈 적당한 도형을 고르시오.

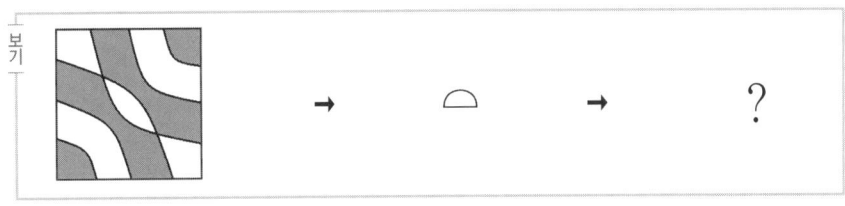

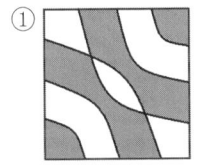   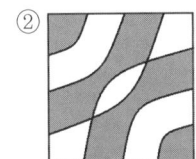   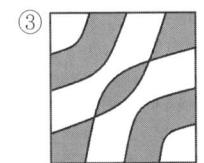   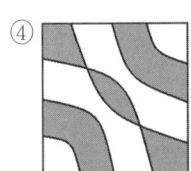

| 정답 | ②

↗ → ■ → ↗를 통해 ■의 규칙은 색반전임을 알 수 있다.

◇ → ■ → ⋈ → ◇ 에서 ■은 색반전이므로 ⋈은 상하대칭임을 알 수 있다.

↗ → ⋈ → ⌒ → ↗ 에서 ⋈은 상하대칭이므로 ⌒은 시계방향 90° 회전임을 알 수 있다. ⌒은 시계방향 90° 회전이므로 주어진 도형을 규칙에 따라 시계방향으로 돌렸을 때 보이는 도형은 ②번 도형이다.

04 다음 ? 안에 들어갈 적당한 도형을 고르시오.

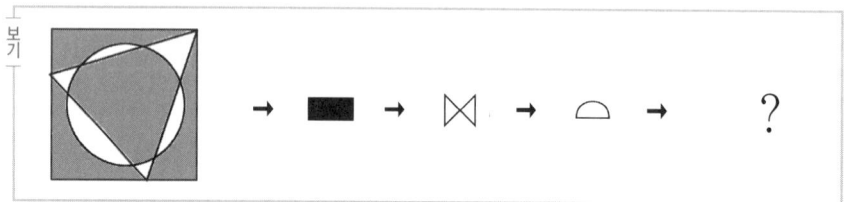

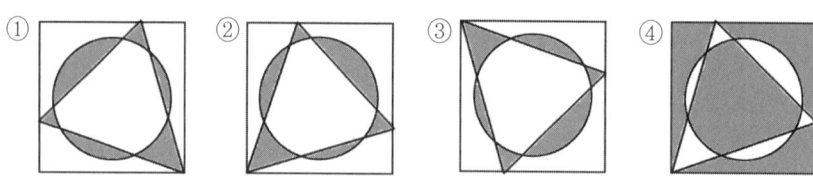

| 정답 | ②

■은 색반전, ⋈는 상하대칭, ⌒ 시계방향 90° 회전을 의미한다. 따라서 주어진 규칙에 따라 변형된 도형은 색반전과 함께 상하대칭 후 시계방향으로 90° 회전한 도형이 된다. 색반전한 도형은 ①, ②, ③번 도형이다. 이 가운데 ①번 도형은 상하대칭만 된 도형이다. ③은 상하대칭 후 180° 회전된 도형이다.

펀칭 · 전개도 및 블록

　도형추리에서 도형변환 다음으로 빈출되는 문제들이며, 도형의 변화를 추리하는 문제보다 까다롭다. 문제 유형을 살펴보면 다음과 같다.

－접은 종이에 구멍을 뚫은 후 펼쳤을 때 보이는 종이의 구멍의 위치를 추리하는 문제
－주어진 입체도형의 전개도와 같은 전개도를 추리하는 문제
－쌓여진 블록의 개수 또는 쌓여진 블록의 겉면을 칠했을 때 n면 이하로 칠해지는 블록
　의 개수를 추리하는 문제

　구멍을 뚫은 위치를 찾는 펀칭문제의 경우 도형변환보다는 한 단계 높은 공간지각능력이 요구된다. 펀칭을 뚫어 놓은 종이를 펼쳤을 때 펀칭의 위치와 더불어 그 개수까지 판단해야 하기 때문이다. 나아가 전개도와 블록의 경우에는 보다 입체적인 공간지각 능력이 요구된다. 입체도형을 응용하여 출제된 문제들이기 때문이다. 그렇다고 난이도가 아주 높아 시간이 많이 걸리는 문제들이 출제되는 것은 아니다. 초등학교 교과과정에서 볼 수 있는 단순한 형태의 문제들이 출제되고 있다. 즉, 도형변환 문제의 연장선상에서 펀칭 · 전개도 · 블록과 같은 문제들을 통해 기본적인 공간지각능력을 측정하는데 초점이 맞추어져 있다고 할 수 있다. 이제 다음에 소개되는 문제들을 통해 기출문제의 유형을 파악하고 유형별 특징을 알아보도록 하자.

예제 1 다음과 같이 점선을 기준으로 종이를 접은 후 펀치로 구멍을 뚫고 다시 펼쳤을 때의 그림으로 옳은 것은?

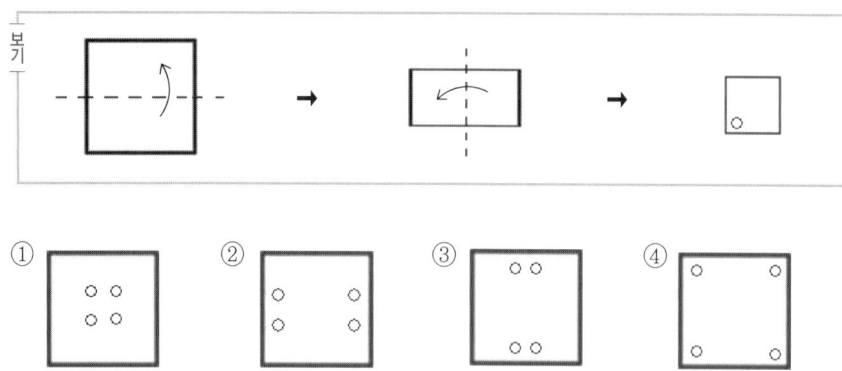

| 정답 | ②

접힌 종이를 접은 순서와 반대로 펴가면서 각 단계마다 뚫린 구멍의 위치를 표시하면 된다. [□] 을 한 번 펼치면 [□□]과 같은 모양이 되고 여기에 구멍의 위치를 표시한다. 그리고 [□□] 을 한 번 펼치면 [□□]과 같은 모양이 되고 여기에도 역시 구멍의 위치를 표시하면 된다. 이와 같은 방법으로 구멍의 위치를 표시하면 ③과 같은 모습임을 확인할 수 있다.

예제 2 다음은 정사면체의 전개도이다. 조립하였을 때 다음의 전개도를 통해 만들어지는 입체와 같은 전개도를 고르시오.

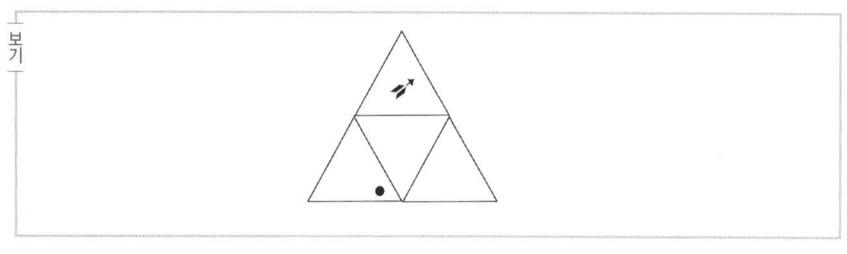

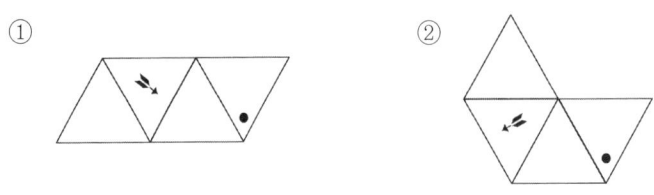

| 정답 | ①

주어진 전개도를 조립하였을 때 화살의 모양 및 점의 위치가 같은 전개도를 찾아야 한다. 선택지의 전개도를 조립해 보아야만 주어진 전개도를 통해 만들어지는 입체도형과 같은지 알 수 있다. ②의 경우에는 조립하였을 때 정사면체가 만들어지지 않는다. ③과 ④는 정사면체가 만들어지기는 하지만 화살표와 점의 위치가 주어진 전개도를 통해 만들어지는 입체도형과 다르다.

01 다음과 같이 점선을 기준으로 종이를 접은 후 펀치로 구멍을 뚫고 다시 펼쳤을 때의 그림으로 옳은 것은?

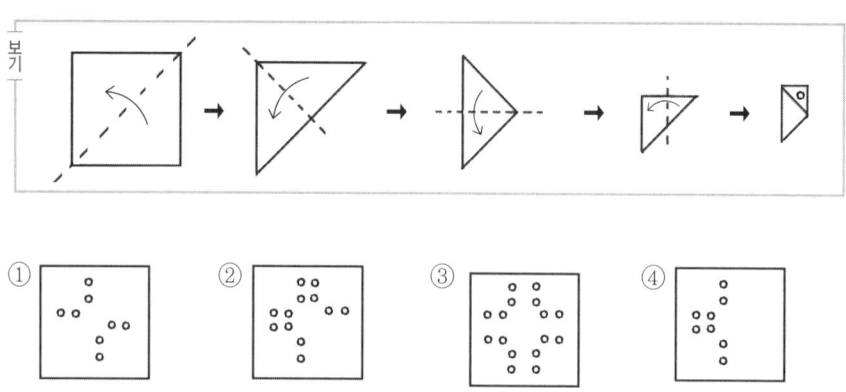

| 정답 | ③

접힌 종이를 접힌 순서와 반대로 펴가면서 각 단계마다 뚫린 구멍의 위치를 표시하면 된다. 을 한 번 펼치면 과 같은 모양이 되고 여기에 구멍의 위치를 표시한다. 그리고 을 한 번 펼치면 과 같은 모양이 되고 여기에도 역시 구멍의 위치를 표시하면 된다. 이와 같은 방법으로 구멍의 위치를 표시하면 에서는 ③과 같은 모습임을 확인할 수 있다.

02 다음과 같이 점선을 기준으로 종이를 접은 후 펀치로 구멍을 뚫고 다시 펼쳤을 때의 그림으로 옳은 것은?

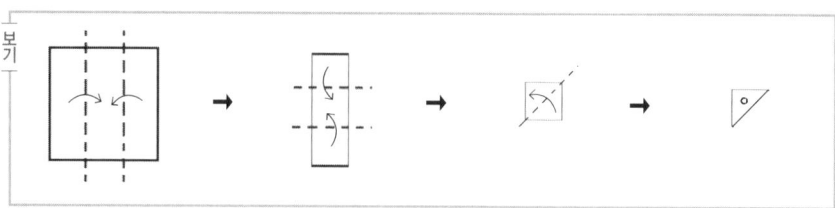

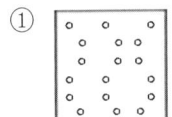 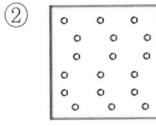 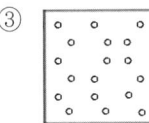 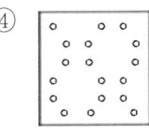

| 정답 | ④

접힌 종이를 접힌 순서와 반대로 펴가면서 각 단계마다 뚫린 구멍의 위치를 표시하면 된다.

을 한 번 펼치면 과 같은 모양이 되고 여기에 구멍의 위치를 표시한다. 그리고 을 한 번

펼치면 과 같은 모양이 되고 여기에도 역시 구멍의 위치를 표시하면 된다. 이와 같은 방법으로 구

멍의 위치를 표시하면 에서는 ④와 같은 모습으로 구멍이 뚫려있음을 확인할 수 있다.

03   다음은 정사면체의 전개도이다. 조립하였을 때 다음의 전개도를 통해 만들어지는 입체와
같은 전개도를 고르시오.

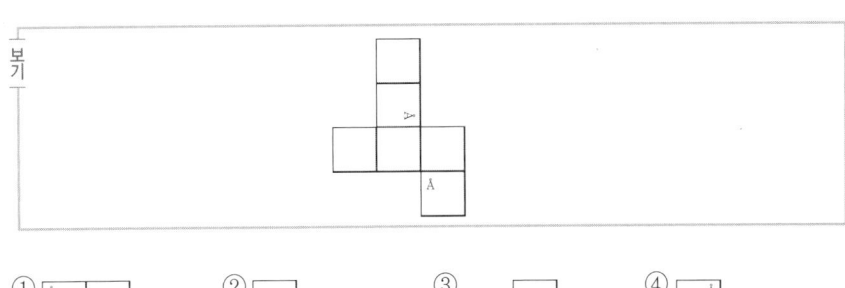

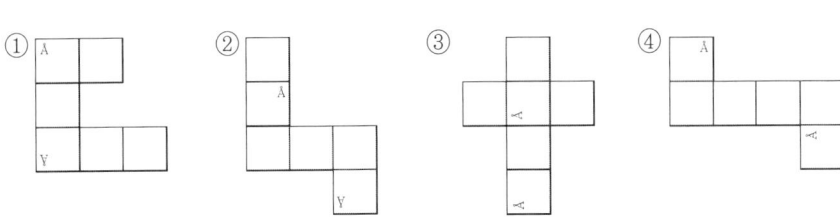

| 정답 | ④

주어진 전개도를 조립하였을 때 나오는 정육면체에서 Å의 위치 및 모양이 같은 전개도를 주어진 선택지
에서 찾아야 한다. 따라서 선택지의 전개도를 조립해 보아야만 일치 여부를 판단할 수 있다. 각 선택지를
살펴보면 ①은 전개도를 조립하였을 때 정육면체가 만들어지지 않는다. ②와 ③은 정육면체가 만들어지
지만 Å의 위치 및 모양이 보기에 주어진 전개도와 다르다.

04 다음은 정육면체를 쌓아올린 것이다. 이 입체에 바닥면을 포함하여 페인트를 칠했을 때 페인트가 3면 이하로 칠해지는 블록의 개수는 모두 몇 개인가?

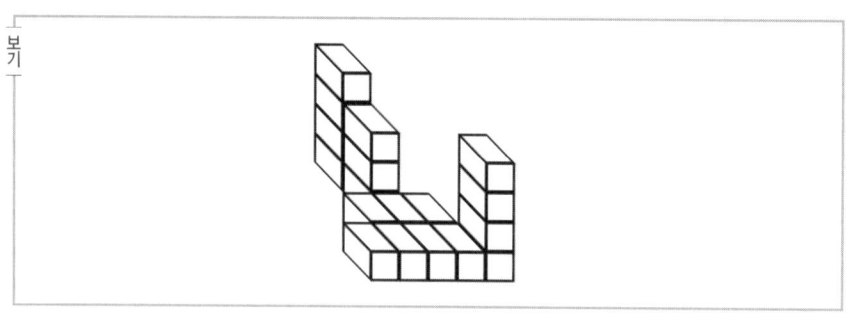

① 1개 　　　　② 5개 　　　　③ 8개 　　　　④ 12개

| 정답 | ③

바닥면을 포함하여 3면 이하로 칠해지는 블록은 3면, 2면, 1면이 칠해지는 블록의 개수의 합이다. 제일 앞쪽에 보이는 8개의 블록 중에서 바닥면을 포함하여 3면이 칠해지는 블록의 개수는 3개이다. 그 다음 줄의 3개의 블록 중에서는 가운데 1개, 그 다음 3개 중에는 아래쪽 2개, 그리고 제일 뒤쪽에 있는 4개 중에서는 가운데 2개가 3면이 칠해진다는 것을 시각적으로 확인할 수 있다. 따라서 주어진 블록가운데 바닥면을 포함하여 3면 이하로 칠해지는 블록은 3 + 1 + 2 + 2 = 8, 총 8개이다.

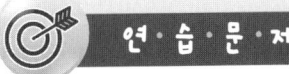

Q 다음의 기호들이 아래와 같은 규칙으로 도형을 변화시킨다고 할 때 다음 물음에 답하시오. (단, 각 기호는 한 가지 규칙을 가진다.)

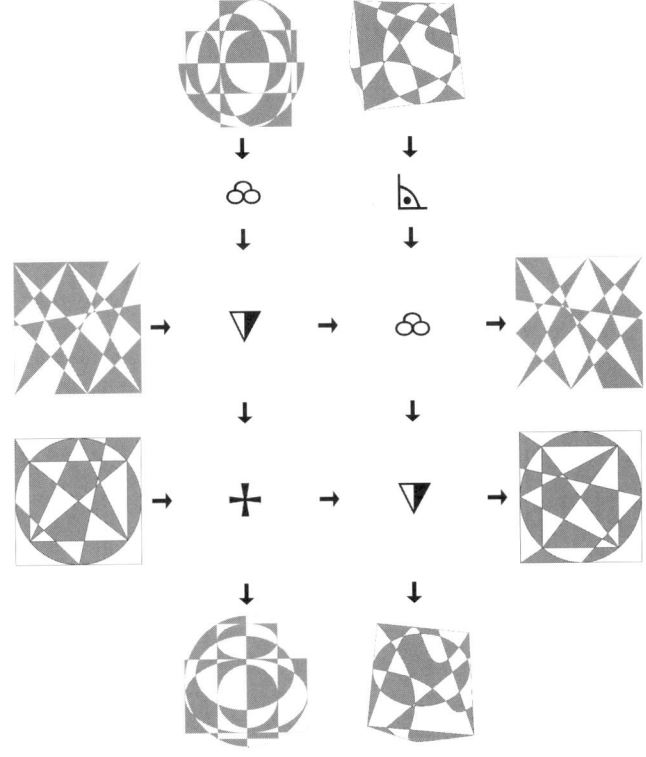

01   다음 ? 안에 들어갈 적당한 도형을 고르시오.

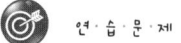

① ② ③ ④

02 다음 ? 안에 들어갈 적당한 도형을 고르시오.

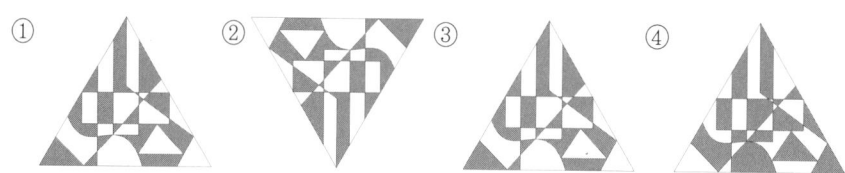

① ② ③ ④

Q 다음과 같은 규칙에 의해 변형된 도형을 찾으시오.

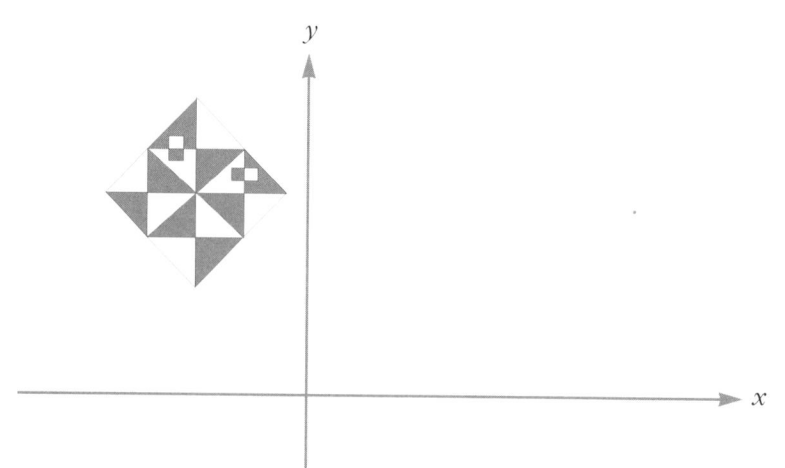

03 y축 대칭한 후 원점 대칭한 것을 고르시오.

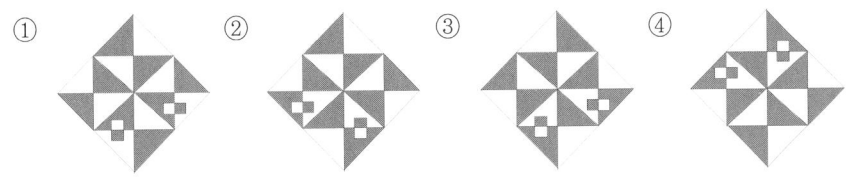

04 다음과 같이 화살표 방향으로 종이를 접은 후 펀치로 구멍을 뚫고 다시 펼쳤을 때의 그림으로 옳은 것은?

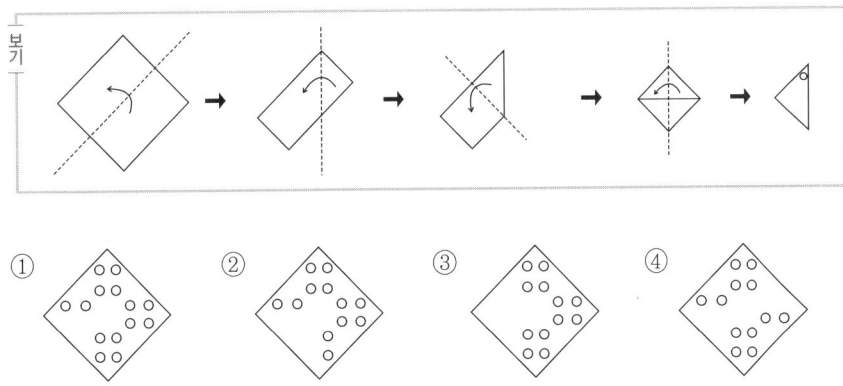

05 다음은 정팔면체의 전개도이다. 조립하였을 때 다음의 전개도를 통해 만들어지는 정팔면체와 같은 입체가 만들어지는 전개도를 고르시오.

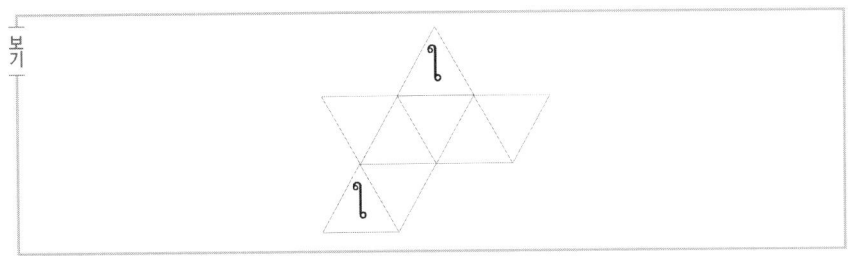

①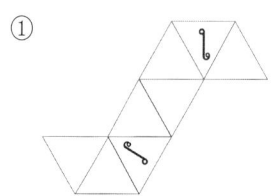

②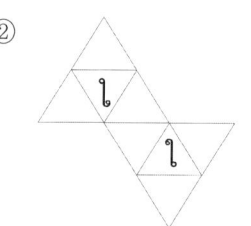

③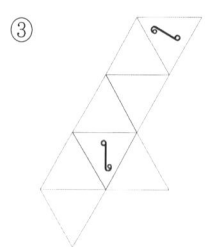

④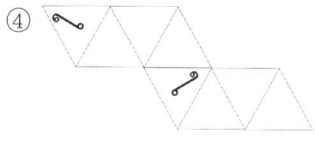

06 다음은 정육면체를 쌓아올린 것이다. 이 입체에 바닥면을 포함하여 페인트를 칠했을 때 페인트가 2면 이하로 칠해지는 블록의 개수는 모두 몇 개인가?

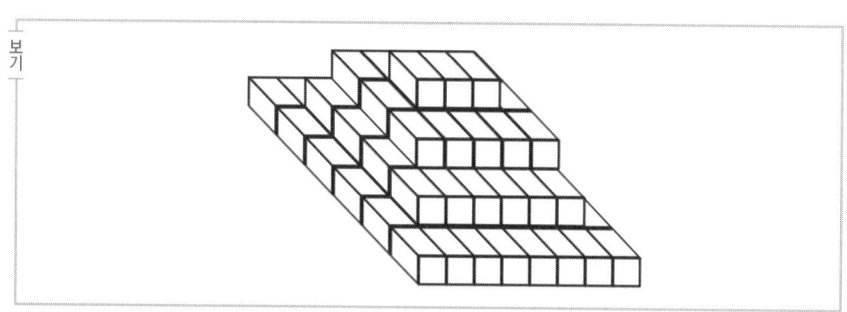

① 75개   ② 65개   ③ 58개   ④ 55개

3장
언어추리

언어로 표현된 논리적 조건들을 바탕으로 대상들의 순서 및 자리 또는 가능한 조합을 추리하는 문제이다. 따라서 문제해결을 위해서는 일정한 조건을 활용하여 확인되지 않은 사실을 확정하거나 가능한 결과를 추리할 수 있어야 한다. 이러한 문제들은 전통적으로 논리학과 수학의 영역에서 개발되어 다루어지고 있는 논리퀴즈 영역에 속하는 것들이다.

논리퀴즈의 유형은 크게 5가지로 구별할 수 있다.
 – 순서 정하기
   크기, 무게, 빠르기 등 비교가능한 대안들의 순서를 정하는 문제.
 – 이행성 판별하기
   조건을 기호화하여 해결하는 문제. 수학의 명제 파트에서 배운 역, 이, 대우 명제와 논리 합, 논리 곱 등을 활용하여 해결하는 문제.
 – 참·거짓 판별하기
   일반적으로 누군가 참을 말한다는 가정(혹은 거짓을 말한다는 가정)을 하면 그것이 모순에 빠진다는 것을 보임으로써 그 가정을 제외시켜 나가는 방식으로 해결하는 문제.
 – 대응관계 파악하기
   일명 짝짓기 문제라고 한다. 어떤 대상에 어떤 속성을 대응시키는 것이 옳은가를 묻는 문제이다. 이 문제 역시 처음 단계에서 확정된 것들을 정리하고 그것을 표의 형태로 제대로 정확하게 그리는 것이 문제해결의 관건이라 할 수 있다.

이 중에서 자리배정하기와 대응관계 파악하기 문제들이 주로 출제되고 있으며, 조합 가능한 경우의 수나 확률을 추리해야하는 문제도 종종 출제된다. 기호 논리를 응용한 문제나 참·거짓을 판별하는 문제들은 상대적으로 출제 빈도가 매우 낮다고 할 수 있다.

언어추리에서 출제되는 문제를 제대로 풀기 위해서는 문제에서 요구하는 바를 신속히 반영하는 도식화 작업이 필요하다. 도식화란 문제에서 주어진 조건을 알기 쉽게 도표와 그림으로 형상화하는 작업이다. SSAT에서는 이 작업을 얼마나 능숙하고 빠르게 할 수 있느냐에 따라 언어추리능력에 대한 점수가 확정된다해도 과언이 아니다. 따라서 이러한 논리퀴즈 문제를 처음 접하는 수험생은 이 장에서 소개하고 있는 각 문제들을 통해 기출유형을 파악하고 유형에 따른 문제해결 방안을 모색하는데 주안점을 둘 필요가 있다.

1절 자리배정하기

    자리배정하기는 주어진 상황과 제시되는 조건들을 고려하여 상황 속에 등장하는 대상들의 순서나 자리를 추리하는 문제이다. 따라서 문제해결을 위해 상황과 조건을 바탕으로 필요한 정보들을 도출하기 위한 경우의 수를 따져보아야 한다. 더구나 문제에서 추리해야 하는 것은 정보들의 단순한 조합이 아니라 정보 사이의 유기적인 관련성을 바탕으로 하는 논리적 결과이기 때문에 정보들의 정확한 분석은 올바른 추리를 위한 기본이라 할 수 있다.

Q S자동차의 영업사원 A, B, C, D, E, F, G의 영업실적에 대한 정보가 아래 조건과 같다고 할 때 다음 물음에 답하시오.

(가) E의 영업실적은 C의 3배이고, D의 영업실적과 F의 영업실적은 같다.
(나) B의 영업실적은 C와 E의 영업실적의 합과 같다.
(다) G의 영업실적은 B, F, E의 영업실적을 합한 것과 같다.
(라) D의 영업실적은 B, E의 영업실적을 합한 것과 같다.

예제 1 A의 영업실적이 E의 2배라면 다음 중 영업실적의 대소비교로 옳은 것은?

① G>F=D>A=B>E>C
② G>A=D=F>E>B>C
③ G>F=D>A>B>E>C
④ G>F=C>B>A>E>C

| 정답 | ③

주어진 조건을 순서대로 정리해보면,
(가) E=3C, D=F
(나) B=C+E
(다) G=B+E+F
(라) D=B+E
이에 따라 영업실적에 대한 대소비교를 하기 위해서는 위의 조건들을 하나의 기준으로 맞추어야 한다.
(가)에서 E=3C이므로 , B=C+E=4C가 된다.
(가)에서 D=F이고, (라)에 의해 D=B+E이므로 D=F=B+E이고 E는 3C, B는 4C이므로 D=F=7C가 된다.
(다)에서 G=B+E+F인데 B는 4C, E는 3C, F는 7C이므로 G=14C이다.
문제에서 A=2E이므로 6C가 된다. 이를 순서대로 하면 G>D=F>A>B>E>C가 된다.

Q S산업은 사무실을 이전하면서 다섯 개의 부서 A, B, C, D, E를 5층 건물의 서로 다른 층에 배치하기로 하였다. 아래와 같이 조건이 주어졌을 때 다음 물음에 답하시오.

(가) A는 B와 E 사이에 위치해야 한다.
(나) C는 A와 D 사이에 위치해야 한다.
(다) 1층에는 B또는 E가 위치해야 한다.
(라) D는 맨 위층에 위치할 수 없다.

맨 위층에 배치 될 수 있는 부서는 어느 부서인가?

① A ② B ③ C ④ D

정답 ②

(다)에 의해 1층은 B아니면 E이므로 가능한 경우는 B가 1층인 경우와 E가 1층인 경우이다.

1) B가 1층인 경우

(가)에 의해 B–A–E의 순서이어야 한다. 그러므로 A는 5층에 올 수 없다.

(라)에 의해 D도 5층에 올 수 없으며 (나)에 의해 C는 A와 D사이에 위치해야 한다.

그러므로 가능한 조합은 아래와 같다.

1층	2층	3층	4층	5층
B	A	C	D	E
B	D	C	A	E

2) E가 1층인 경우, 위의 조건에 의해 가능한 경우는 아래와 같다.

1층	2층	3층	4층	5층
E	D	C	A	B
E	A	C	D	B

따라서 맨 위층에 배치될 수 있는 부서는 B 또는 E 이다.

Q S반도체는 새로운 공장부지 선정을 위해 A, B, C, D, E, F, G 7개 장소의 입지 환경 평가를 실시하였다. 그 결과가 아래와 같을 때 다음 물음에 답하시오.

(가) C의 점수는 E, F, G가 받은 점수의 합보다 높다.

(나) E와 F의 점수의 합은 G가 받은 점수와 같다.

(다) F의 점수는 A와 D의 점수의 합보다 높다.

(라) B는 A보다 낮은 점수를 받았다.

(마) A와 D가 받은 점수는 같다.

01 다음 설명 중 옳은 것은?

① F의 점수는 E보다 높다.　　　② E의 점수는 B보다 낮다.

③ C의 점수가 가장 높다.　　　④ B의 점수가 가장 낮다.

| 정답 |　③

조건을 정리하면,

(가) C > E+F+G

(나) E+F=G

(다) F > A+D

(라) B < A

(마) A = D

이를 통해 가장 많은 점수를 받은 순서대로 나열하면 C > G > F > A = D > B가 된다. 이때 E의 점수를 알 수 없으므로 B의 점수가 가장 낮다고 할 수 없다.

02 G가 받은 점수의 $\frac{1}{2}$에서 B의 점수를 빼면 F의 점수와 같을 때 점수가 높은 순으로 배열한 것은?

① G−C−E−F−A−D−B　　　② C−G−F−E−A(=D)−B

③ C–G–E–F–A(=D)–B   ④ C–G–A(=D)–F–E–B

| 정답 | ③

G의 점수를 반으로 나눈 점수에서 B가 받은 점수를 뺀 것이 F와 같다고 했으므로 이를 정리하면 아래와 같다.

$G = E + F$, 따라서 $\dfrac{G}{2} - B = \dfrac{E+F}{2} - B = F$. $E = F + 2B$

이 경우 E의 점수가 F보다 $2B$정도 더 크다. 그리고 $G = E + F$이므로 E는 G와 F사이에 위치한다.

Q S그룹은 신입사원들에게 멘토역할을 할 직장선배 한 명씩을 배정하기로 하였다. 원탁테이블에 신입사원을 시계방향으로 가, 나, 다, 라, 마 순서로 둥글게 앉게 하고 그 사이에 멘토 A, B, C, D, E를 앉도록 하였다. 그리고 아래와 같이 조건이 주어졌을 때 다음 물음에 답하시오.

(가) B는 나 또는 라의 옆에 앉을 수 없다.

(나) E는 다 옆에 앉을 수 없다.

(다) C가 다 옆에 앉으면 D는 가 옆에 앉을 수 없다.

03   A가 가의 옆에 앉는다면 다음 중 옳은 것은 무엇인가?

① 다 옆에는 C가 앉을 수 없다.   ② 나와 다 사이에는 C가 앉아야 한다.

③ 다와 라 사이에는 D가 앉아야 한다.   ④ 라와 마 사이에는 E가 앉아야 한다.

| 정답 | ④

A가 가의 옆에 앉는다고 할 때 A는 가의 오른쪽 또는 왼쪽으로 앉는 2가지 경우를 고려해 볼 수 있다.

1) A가 가의 오른쪽에 앉을 때 조건에 부합하는 자리배치는 아래와 같다.

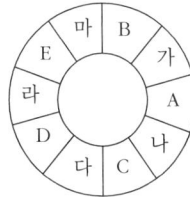 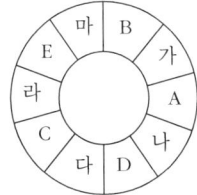

2) A가 가의 왼쪽에 앉을 때 B는 나 또는 라의 옆에 앉을 수 없으므로 조건에 부합하지 않게 된다. 따라서 고려해 볼 수 있는 경우는 A가 가의 오른쪽에 앉는 경우 밖에 없다.

따라서 라와 마 사이에는 E가 앉아야 한다.

04 다음 중 가능한 자리배치가 아닌 것은?

① E를 라 옆에 앉힌다.　　　　② A를 다 옆에 앉힌다.

③ C를 나 옆에 앉힌다.　　　　④ D를 가 옆에 앉힌다.

| 정답 |　④

D가 가 옆에 앉는다면 조건(나)에 따라 E는 마와 라 사이에 앉게 되고, A와 C는 다 옆에 앉는 2가지 경우
가 있을 수 있다.

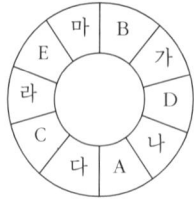 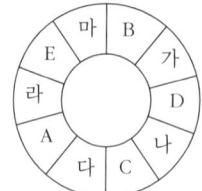

그러나 이 경우는 조건(다)에 의해 가능한 자리배치가 될 수 없다.

2절

대응관계 파악하기

대응관계 파악하기는 주어진 상황과 제시되는 조건들을 고려하여 문제를 해결한다는 면에서 자리배정하기와 유사하다. 다만 문제해결을 위해 주어진 대상들이 서로 짝이 되는 경우를 추리해야 한다는 면에서 차이가 있을 뿐이다. 그래서 일명 짝짓기 문제라고도 한다.

대응관계 파악하기에서도 추리를 위해 필요한 정보들을 정확히 분석하는 것이 문제해결의 관건이 된다. 따라서 문제에서 주어진 조건들을 알기 쉽게 표현해 내는 정확한 도식화 작업이 필요한 유형이다.

Q S기업 마케팅 부서에서는 출장에서 예상되는 조사비, 식사비, 교통비, 숙식비, 활동비, 잡비 등 총 6개 항목에 대한 보고서를 제출하였다. 그러나 보고서가 아래와 같은 조건에 따라 다시 작성되어야 한다면 다음 물음에 답하시오.

(가) 어떤 항목도 증액이나 감액 없이 그대로 보고되어서는 안 된다.

(나) 활동비와 조사비는 동시에 감액하거나 동시에 증액해야 한다.

(다) 식사비와 숙식비, 두 비용 모두를 감액할 수는 없다.

(라) 교통비와 잡비, 두 비용 모두를 증액할 수는 없다.

(마) 증액은 최대 2개가 가능하다.

예제 1 증액 가능한 것으로 짝지어진 것 중에 옳은 것은?

① 교통비를 증액하면, 활동비를 증액할 수 있다.

② 잡비를 증액하면 숙식비를 증액할 수 없다.

③ 식사비를 감액하면 교통비를 반드시 감액해야 한다.

④ 어떤 경우에도 조사비는 증액할 수 없다.

| 정답 | ④

① 활동비를 증액하면 (나)의 조건에 따라 조사비도 증액해야 한다. 따라서 교통비를 증액하면 활동비를 증액할 수 있다고 한다면 조사비도 증액해야 한다. 이 경우 교통비, 활동비, 조사비가 모두 증액되므로 증액은 최대 2개가 가능하다는 (마)에 어긋난다. 그러므로 옳은 진술이 아니다.

② (다)에 따르면 식사비와 숙식비 중 하나 이상은 반드시 증액되어야 한다. 그런데 (마)에 따라 증액은 최대 2개가 가능하므로 잡비를 증액한다고 하면 식사비와 숙식비 둘 중 반드시 하나만 증액되어야 한다. 따라서 잡비를 증액하면 식사비가 증액되거나 숙식비가 증액되어야 한다. 그러므로 잡비를 증액한다면 숙식비를 증액할 수 없다는 진술은 옳지 않다.

③ 식사비를 감액하면 (다)에 따라 숙식비는 반드시 증액되어야 한다. 그리고 활동비와 조사비는 동시에 증액이나 감액되므로 이 둘 중 하나만 증액되더라도 증액이 세 개 이상이 되어 (마)에 어긋난다. 따라서 식사비가 감액되었다면 교통비와 잡비 중 하나가 증액하는 경우와 교통비와 잡비가 모두 감액하는 경우만 가능하다. 즉 식사비가 감액되었어도 교통비가 증액하는 경우가 가능하므로 식사비를 감액하면 교통비를 반드시 감액해야 한다는 진술은 옳지 않다.

④ 조사비를 증액하면 (나)에 따라 활동비도 증가해야 한다. 그런데 (다)에 따르면 식사비와 숙식비 중 하나 이상은 반드시 증액되어야 한다. 즉, 조사비와 활동비가 증가하고 식사비나 숙식비 중 하나가 증액하게 되므로 3개 이상이 증액하게 된다. 따라서 조사비를 증액하면 반드시 (마)에 어긋나게 되므로 조사비는 증액할 수 없다.

Q A, B, C, D, E, F의 여섯 기업이 있다. 이들 기업은 서로 M&A를 체결 하려고 한다. 이때 아래와 같은 조건에 따른다고 할 때 다음 물음에 답하시오.

(가) B기업과 F기업은 상호 간에 M&A를 체결할 수 없다.
(나) D기업과 E기업은 상호 간에 M&A를 체결할 수 없다.
(다) E기업과 F기업은 상호 간에 M&A를 체결할 수 없다.

예제 2 다음 중 옳은 것은?

① A, B, E는 상호간에 M&A를 체결할 수 없다.
② B, D, F는 상호간에 M&A를 체결할 수 있다.
③ C, D, F는 상호간에 M&A를 체결할 수 없다.
④ A, B, D는 상호간에 M&A를 체결할 수 있다.

| 정답 | ④
① A, B, E가 상호간에 M&A를 체결한다고 해도 (가)(나)(다)의 조건에 어긋나지 않는다. 따라서 옳지 않은 진술이다.
② B, D, F가 상호간에 M&A를 체결한다면 (가)의 조건에 어긋난다. 따라서 D, B, F는 상호간에 M&A를 체결할 수 없다.
③ C, D, F가 상호간에 M&A를 체결한다고 해도 (가)(나)(다)의 조건에 어긋나지 않는다. 따라서 옳지 않은 진술이다.
④ A, B, D가 상호간에 M&A를 체결한다고 해도 (가)(나)(다)의 조건에 어긋나지 않는다. 따라서 A, B, D는 상호간에 M&A를 체결할 수 있다.

Q S개발에서는 연구소에서 신상품 개발에 성공한 7명 중 4명에 대해 휴가를 보내려고 한다. 이들 중 a, b, c는 팀장이고 d, e, f, g는 일반연구원이며, 아래와 같은 조건에 따라 휴가를 떠난다고 할 때 다음 물음에 답하시오.[1~2]

(가) d와 f는 동시에 휴가를 갈 수 없다.
(나) a와 e는 동시에 휴가를 갈 수 없다.
(다) 휴가는 팀장 2명, 연구원 2명 등 총 4명이 동시에 가야 한다.

01 휴가를 동시에 갈 수 있는 짝으로 옳은 것은?

① a, b, d, e   ② a, c, d, f   ③ b, d, e, g   ④ b, c, f, g

| 정답 | ④
①은 a와 e가 동시에 휴가를 갈 수 없다는 조건 (나)에 위배된다.
②는 d와 f는 동시에 휴가를 갈 수 없다는 조건 (가)에 위배된다.
③은 팀장인 b와 연구원인 d, e, g가 함께 휴가를 가는 것이므로, 휴가는 팀장 2명, 연구원 2명이 가야 한다는 조건 (다)에 위배된다. 따라서 ④만 조건에 어긋나지 않는다.

02 다음 설명 중 옳은 것은?

① b가 휴가를 간다면 g는 반드시 휴가를 가게 된다.
② d가 휴가를 가지 않는다면 f는 반드시 휴가를 가게 된다.
③ f가 휴가를 간다면 a는 반드시 휴가를 가게 된다.
④ g가 휴가를 가지 않는다면 e는 반드시 휴가를 가게 된다.

| 정답 | ④
조건 (가)(나)(다)에 어긋나지 않는 휴가인원의 조합을 모두 살펴보면 다음과 같다.
• a, b가 휴가를 간다면, d, g나 f, g 휴가를 간다.
• a, c가 휴가를 간다면, d, g나 f, g 휴가를 간다.
• b, c가 휴가를 간다면, d, e 또는 d, g 또는 e, f 또는 e, g 또는 f, g가 휴가를 간다.
만약 g가 휴가를 가지 않는다면 b, c, d, e 또는는 b, c, e, f가 휴가를 가게 되고, 이 외의 경우는 모두 성립하지 않는다. 그런데 이 두 경우 모두 e가 포함되어 있다. 따라서 g가 휴가를 가지 않는다면 e는 반드시 휴가를 가게 된다.

Q A, B, C, D, E, F, G, H 8명이 3대의 택시를 나눠서 타려고 한다. 한 택시에 4명 이상 탈 수 없고 아래와 같은 조건에 따라 탑승한다고 할 때 다음 물음에 답하시오.[3~4]

(가) A, E는 같은 차에 타야한다.
(나) C와 H는 같은 차에 탈 수 없다.
(다) F가 탄 차는 세 명 이상 탈 수 없다.

03   한 차에 탑승할 수 있는 사람들로 짝지어진 것은?

① B, C, H   ② B, D, F   ③ A, C, F   ④ A, B, E

| 정답 | ④
①은 C와 H가 함께 탑승한 경우이므로 (나)에 위배된다.
②와 ③은 F를 포함하여 세 명씩 탑승한 경우이므로 (다)에 위배된다.
따라서 ④만 조건에 어긋나지 않는다.

04   A, B가 한 차에 탈 때 다른 차에 반드시 함께 탑승하게 되는 두 사람으로 옳은 것은?

① C, D   ② F, H   ③ C, F   ④ D, G

| 정답 | ④
A, B가 한 차에 탄다면 (가)에 따라 A, E는 함께 탑승하므로 A, B, E가 한 차에 타게 된다. 그리고 나머지 두 차에 다섯 명이 나눠서 타야 한다. 그런데 (다)에 따라 F가 탄 차는 두 명만 타야 하므로 C, D, G, H 중 한 명이 F와 함께 타고 나머지 세 명은 다른 차에 타야 한다. 그런데 (나)에 따라 C와 H는 같은 차에 탈 수 없으므로 F가 C와 함께 타거나 F가 H와 함께 타는 경우만 가능하다. 즉 다음과 같은 두 경우만 가능하다.

택시 1	택시 2	택시 3
A, B, E	F, C	D, G, H
A, B, E	F, H	C, D, G

결국 어느 경우이든지 D와 G는 반드시 한 차에 타게 된다.

Q S전자는 각 부서 A, B, C, D, E, F, G, H의 대표를 뽑아 토너먼트 방식으로 배드민턴 경기를 하였다. 다음은 8강 대진표를 보고 (가)와 (나)가 4강에 진출할 부서를 예상한 것이다. (가)와 (나)가 예상한 4강 진출 부서를 바탕으로 물음에 답하시오.[1~2]

(가) : A, D, E, F가 4강에 진출한다.
(나) : A, B, E, G가 4강에 진출한다.

01   다음 중 8강에서 서로 경기를 하는 부서로 가능하지 않은 것은?
  ① A와 C   ② B와 F   ③ C와 E   ④ D와 H

02   8강 경기 결과 C, E, F, G가 4강에 진출 한다면 8강에서 같이 경기를 했던 부서로 옳은 것은?

  ① A와 B   ② B와 E   ③ C와 F   ④ E와 H

Q 한 사무실의 A, B, C, D, E, F, G 중 여섯 사람이 당직을 선다. 아래와 같은 조건에 따라 월요일부터 토요일까지 당직을 정한다고 할 때 다음 물음에 답하시오.[3~4]

(가) A는 신입사원과 당직을 설 수 없다.
(나) A, B, C, D를 제외한 나머지는 신입사원이며 신입사원만 당직을 설 수는 없다.
(다) 당직을 서는 각 직원들의 당직횟수는 동일하며 당직은 2인 1조로 선다.
(라) 한 사람이 연이어 당직을 서거나 같은 사람과 두 번 당직을 설 수는 없다.

03   다음 중 같이 당직을 설 수 있는 경우로 옳은 것은?
  ① 월요일에 B와 E가 서고, 화요일에 C와 E가 선다.
  ② 화요일에 A와 B가 서고, 수요일에 A와 C가 선다.

③ 수요일에 A와 F가 서고, 목요일에 B와 G가 선다.
④ 목요일에 D와 F가 서고, 토요일에 C와 F가 선다.

04 C와 E가 같이 당직을 설 수 없고, D와 E가 당직을 선다면 다음 중 반드시 옳은 것은?

① A와 C가 같이 당직을 서야 한다. ② A와 B는 같이 당직을 설 수 없다.
③ B와 E가 같이 당직을 서야 한다. ④ C와 G는 같이 당직을 설 수 없다.

Q 갑은 자동차 매장을 오픈하면서 자동차 회사 S, H, K, T, M, A, F가 생산하고 있는 자동차 각 1대씩을 매장에 전시할 계획이다. 아래의 주어진 조건을 만족시켜야 할 때 다음의 각 물음에 답하시오.[5~6]

(가) 매장 쇼윈도에는 1대만 전시할 수 있다.
(나) 쇼윈도에 전시되지 않은 6대는 매장 안쪽 전시장에 일렬로 전시해야 한다.
(다) T사의 자동차는 보는 사람 기준으로 항상 M사의 자동차 오른쪽에 전시해야 한다.
(라) 쇼윈도에는 M사와 K사의 자동차는 전시할 수 없다.

05 H사의 자동차가 쇼윈도에 전시될 확률은?

① $\frac{1}{7}$ ② $\frac{1}{6}$ ③ $\frac{1}{5}$ ④ $\frac{1}{4}$

06 K사 자동차와 F사의 자동차가 붙도록 전시되는 경우는 몇 가지인가?

① 72   ② 96   ③ 144   ④ 알 수 없음

직무상식능력

직무상식능력 총설

직무상식능력 시험은 SSAT 시험 중에서 가장 높은 변별력을 지닌 부분이다. 다른 추리나 언어는 상대적으로 단기간의 학습을 통해 소기의 목적을 달성할 수 있지만 직무상식 부분은 단기간 학습으로 그 효과를 보기가 매우 어렵다. 그 이유는 범위가 매우 광범위하고, 그 내용적 깊이도 점점 대학 전공 수준에까지 이르고 있기 때문이다.

다음 데이터 들은 최근 5년간 SSAT의 직무상식 부분을 유형별·내용별로 구분한 자료이다. 아래 〈표〉에서 알 수 있듯이 경제·경영, 과학·공학 등의 전공 기초 지식을 묻는 내용이 절반을 넘고 있다. 따라서 이 부분을 정복하지 않으면 직무상식 영역에서 소기의 성과를 거둘 수 없다.

경제 · 경영	과학 · 공학	복합문제	일반상식
25%	25%	10%	40%

일반 상식의 경우에는, 아래 〈표〉의 분포처럼 IT 용어, 어휘, 심리, 영화, 음악, 스포츠, 환경, 역사, 정치, 사회 그리고 과학 일반 등 매우 광범위한 범위에서 출제되고 있다. 따라서 준비하기가 매우 부담이 되는 부분이라 하겠다.

문화 ·스포츠	IT	어휘 (한글, 한자)	심리 ·의학	환경 ·지구	역사	사회 ·정치	일반 및 기타
5%	20%	5%	5%	5%	5%	5%	50%

그러므로 일반상식 부분에서 소기의 성과를 거두려면 평소에 신문과 잡지를 많이 읽어, 시사적인 이슈를 그때그때 정리해 놓는 것이 필요하다. 큰 이슈들은 반드시 그 해의 일반 상식에서 출제될 가능성이 높기 때문이다. 특히 최근에 큰 이슈였던 북한의 연평도 도발 사건이나 예산안 처리를 둘러싼 국회의 파행적인 운영은 관심을 갖고 정리해 두어야 할 것이다.

SSAT 직무상식 영역 문제 중에는 복합문제라는 새로운 유형이 있다. 최근 들어 점점 비중이 높아지고 있는 유형이다. 복합문제의 경우에는 문제와 관련 있는 서로 다른 내용으로 논의를 확대하여 상식능력을 다각도로 점검하는 문제이기 때문에 평소 통합적으로 사고하는 연습을 하는 것이 필요하다.

한편, 기출문제를 잘 활용하는 것도 좋은 준비 방법이다. 직무상식의 경우 기출문제가 최대 20% 정도 반영되고 있는데, 기출문제에 대한 대비를 철저히 하여 기본적으로 20%의 문제를 확보하고 들어가는 것이 유리하다.

최근 3년간 출제된 SSAT 직무상식 문제들을 보면, 지난 몇 년 간의 기출문제보다 지문의 길이는 길어지고 사고력을 요하는 복합 문제의 비중이 점점 늘고 있다. 따라서 최근 기출 문제를 중심으로 출제경향에 맞는 학습이 요구된다.

위에서 살펴본 대로 직무상식영역은 공부할 분야가 대단히 광범위하다. 하지만 몇 가지 유형으로 묶어 정리해 보면, 출제 범위와 경향을 파악할 수 있다. 직무상식영역의 문제 유형은 크게 경제 · 경영, 과학 · 공학 그리고 일반상식으로 대별할 수 있다.

경제 · 경영	경제	미시와 거시 경제의 중요 이론과 실물 경제의 흐름 등 제반 경제 현상을 정확히 이해하고 있는가를 평가한다.
	경영	마케팅, 경영기법, 경영 사례 등을 묻는 문제가 주로 출제되고 있다.
과학 · 공학	과학	물리, 화학, 생물, 지구과학 등의 기초 과학 지식을 주로 묻고 있다.
	공학	대학 교양 수준의 공학 및 일반과학 분야의 기본 개념을 이해하고 있는가를 평가한다.
일반상식	일반교양	인문 · 사회과학 그리고 문학 · 예술 등의 분야로서 대학을 졸업한 교양인이라면 반드시 알아두어야 할 기본적인 내용을 검증하는 문제들이 출제되고 있다.
	시사상식	정치, 경제, 역사, 문화, 언어, 심리, 사회, 음악, 미술, 스포츠, 국제정치 등 분야가 다양하게 출제되고 있고, 최근에는 복합문제의 비중이 늘고 있다.

1장

경제 · 경영

    주로 경제 및 경영과 관련된 지식을 묻는 문제가 주를 이루고 있다. 경제의 경우는 주가, 소득, 환율, 이자, 국제경제, 등 미시와 거시 경제의 주요 소재가 빠짐없이 출제되고 있고 경영의 경우는 마케팅, 경영기법, 경영 사례 등이 빈번히 출제되고 있다. 실제 경제신문 등의 내용을 통해 실물경제의 정확한 이해를 묻기도 한다. 경영보다는 경제 분야가 출제 비중이 더 높은 경향을 보이고 있다. 인문 사회계열의 경우 그 비중이 50% 정도를 차지하고 있다. 따라서 심도 있는 대비를 해야 하는 분야이다.

    최근 3년간 기출되고 있는 문제들을 보면, 인문 · 상경계열과 이공계열 사이에 문제의 비중 차이는 있긴 하다. 인문 · 상경계열이 조금 난도 높은 문제로 2-3문제 더 출제되고 있다. 하지만 그 차이는 미미한 편이다. 이를 뒤집어서 말하면 계열 구분 없이 공히 높은 비중으로 출제되고 있다는 사실이다.

    문제의 내용적 측면에서도 실물경제의 이해나 단순 경영 이론을 물어보는 것도 있지만 대부분은 미시경제학과 거시경제학의 주요 이론들이 문제로 출제되고 있다. 그렇기 때문에 경제학 전반에 걸친 이론의 정리와 신문 · 잡지에 실리는 실물경제를 이해하는 노력을 병행해야 한다. 그렇지 않다면 이 부분에서 소기의 성과를 거둘 수 없다.

    실제 문제를 보면 미시경제학에서 주로 다루어지는 그래프와 수치를 이용한 계산문제가 상당수 출제되고 있다. 이는 최소한 경제학 개론서의 학습을 요한다. 그렇다고 해서 두꺼운 경제학 책을 보라는 의미가 아니라 기출문제에서 빈출되는 부분과 출제가 예상되는 부분은 따로 정리할 필요성이 있다는 점이다. 확실한 준비가 필요한 부분이다.

경제

　경제 부분에서 출제되고 있는 경향을 보면, 이론 경제와 실물 경제가 골고루 출제되고 있는 가운데, 이론 경제의 문제가 상대적으로 조금 더 많다. 이론 경제는 고등학교 경제 교과서 수준의 문제뿐만 아니라 대학의 경제학 개론 수준의 문제도 섞여 출제되고 있다. 그 범위는 미시경제학과 거시경제학 그리고 국제경제학을 모두 아우른다. 그래프를 해석하는 문제와 계산 문제도 종종 출제된다. 실물 경제의 경우에는 평소 신문과 뉴스의 경제 코너에 자주 등장하는 물가, 부동산, 환율, 주가 등의 소재에서 주로 출제되고 있다.

예제 1 식당에서 일하면 한 시간 당 3천원을 벌 수 있는 갑돌이는 관람료가 5천원인 두 시간짜리 포켓몬스터 극장판을 보았다. 그렇다면 갑돌이의 만화영화 관람에 대한 기회비용은 얼마인가?

① 3천원   ② 5천원   ③ 6천원   ④ 1만원

| 정답 | ③

기회비용은 경제학에서 가장 기본이 되는 개념 중 하나이다. 기회비용이란 어떤 것을 선택함으로써 포기해야 했던 다른 선택으로부터 얻을 수 있는 이득이다. 즉 다양한 용도가 있는 재화(財貨)가 어떤 한 가지 목적을 위해 사용되었을 때 다른 목적을 위해 사용되었더라면 얻었을 가치를 포기하게 된다. 이 포기된 가치가 기회비용이다. 그러므로 영화관람에 대한 기회비용은 6천원이 된다. (시간 당 3천원을 벌 수 있는데, 2시간 관람을 하였으므로 기회비용은 6천원)

예제 2 다음에서 설명하는 이론은?

> 보기
>
> 19세기 아일랜드의 기아를 연구한 학자의 이름을 딴 경제학 이론이다. 가령 빵과 같은 기초식품에 속한 재화의 가격이 상승하면 극빈층은 그 재화의 소비를 늘리고 더 비싼 재화의 소비를 줄인다는 것이다. 따라서 가격에 비해 기초식품의 수요탄력성은 양수가 된다. 실제로 기초식품의 가격은 상승하더라도 상대적으로 아주 낮은 편이다.

① 베블런 효과   ② 기펜 효과   ③ 듀젠베리 효과   ④ 피구 효과

| 정답 | ②

문제의 설명은 아일랜드의 경제학자 기펜의 이름을 딴 기펜효과에 대한 것이다.

베블런 효과 : 미국의 사회학자 토스타인 베블런의 이름을 딴 것이다. 과시적 소비가 사회적으로 분배 역할을 한다는 이론이다. 사치품에 대한 수요는 가격에 비해 비탄력적이다. 따라서 사치품의 탄력성은 양수(陽數)일 수 있다.

듀젠베리 효과 : 미국의 경제학자 듀젠베리의 이름을 딴 것이며, 모방효과고도 불리운다. 소득이 증가하면 다양한 사회계층에서 다양한 소비행태가 확산된다. 그러나 불평등은 사라지지 않는다. 따라서 소비가 확산되기는 하지만 소비의 차별성은 여전히 존재한다.

피구효과 : 실질임금이 떨어지면 재화와 서비스에 대한 수요가 감소하고, 그 결과로 수요에 공급이 초과되므로 가격이 떨어진다. 그러면 가계가 보유한 통화의 가치가 재평가 되어 수요가 다시 증가하게 된다는 이론이다.

01 다음은 A국과 B국의 컴퓨터와 의류에 대한 1인당 노동 생산성을 나타낸 것이다. 옳은 내용을 고르면?

	A국	B국
컴퓨터	100	140
의류	200	560

① A국은 컴퓨터를 B국에 수출해야 한다.

② 두 나라가 무역을 할 경우에는 B국에게만 이득이 생긴다.

③ 의류 1을 생산하기 위해서 B국은 컴퓨터를 4만큼 포기해야 한다.

④ 두 상품에 대한 절대우위를 갖고 있는 나라는 A국이다.

| 정답 | ①

비교우위를 계산하는 가장 기본적인 문제이다.

① 컴퓨터를 생산하기 위해서 A국은 의류 2(200/100)를 포기해야 하고, B국은 컴퓨터 4(560/140)를 포기해야 한다. 즉 기회비용이 적은 A국이 컴퓨터에 대한 비교우위를 갖게 된다. 따라서 A국은 B국에 컴퓨터를 수출해야 한다.

② 양국의 상대가격 비를 따져보면 A국은 컴퓨터를, B국은 의류 특화해 무역을 하면 양국에게 이익이 된다. 따라서 B국에게만 이득이 생긴다는 진술은 틀렸다.

③ 의류를 생산하기 위해서 B국이 포기해야 하는 이득은 1/4(140/560)이다.

④ 두 상품의 생산성은 B국이 A국에 비해 모두 유리하다. 따라서 두 상품에 대한 절대우위는 B국이 갖고 있다.

02 　다음 지문과 〈가정〉을 읽고 물음에 답하시오.

> 은행에 예금을 하면(이를 본원적 예금이라고 함) 이 중 일부가 대출로 사용되고 대출된 금액의 일부는 다시 은행으로 유입된다. 이러한 예금과 출금의 과정이 반복되면서 시중의 통화량은 본원적 예금액보다 훨씬 크게 증가하게 된다. 이를 은행의 예금통화창조라고 한다.

가정
- 법정지급준비율은 50%
- 어떤 고객이 현금 현금 8,000원을 한 은행에 예금함
- 예금창조 과정에서 4번째 대출받은 고객까지는 현금유출이 전혀 없음
* 법정지급준비금 : 예금은행이 고객의 인출에 대비하여 보유하고 있는 금액

5번째 대출 받은 고객 대출금을 모두 현금유출한다면, 이때 은행전체에 의한 순예금창조액의 최대규모는 얼마나 되겠는가?

① 7500원　　　　② 8000원　　　　③ 15500원　　　　④ 16000원

| 정답 |　①

지급준비율이 50%이므로 8000원이 예금되면 4000원이 대출된다. 대출된 4000원이 예금되면 4000원의 예금통화가 생겨난다. 즉 첫 단계에서의 순예금창조액은 4000원이다. 그리고 4000원 중에서 2000원이 대출되고, 다시 대출된 돈이 예금되면 두 번째 단계의 순예금창조액은 2000원이다. 따라서 4번째 단계까지의 순예금창조액은 7500원이 된다.

순예금창조액=4000+2000+1000+500=7500

03 경제학 개념에 대념에 대한 설명이다. 알맞게 짝지은 것은?

> 보기
> A. 소득수준이 향상될 때 수요량이 감소하는 재화 – 열등재
> B. 다른 재화의 가격 상승으로 인해 수요량이 증가하는 재화 – 대체재
> C. 다른 재화의 가격 상승으로 인해 수요량이 감소하는 재화 – 보완재
> D. 가격이 떨어졌는데도 불구하고 수요량이 줄어드는 재화 – 기펜재

	A	B	C	D
①	열등재	대체재	보완재	기펜재
②	보완재	기펜재	대체재	열등재
③	열등재	대체재	기펜재	보완재
④	보완재	열등재	대체재	기펜재

| 정답 | ①
소득수준이 향상될 때 수요량이 감소하는 재화를 열등재라고 한다.
다른 재화의 가격 상승으로 인해 수요량이 증가하는 재화를 대체재라고 한다.
다른 재화의 가격 상승으로 인해 수요량이 감소하는 재화를 보완재라고 한다.
가격이 하락했는데도 불구하고 수요량이 더 줄어드는 재화를 기펜재라고 한다.

길라잡이

◆ 수요변화의 요인

수요변화의 요인		수요변화
소득 수준의 향상	정상재	증가
	열등재	감소
다른재화의 각격 상승	대체재	증가
	보완재	감소

04 다음 설명과 가장 연관이 깊은 경제학자는?

> 이 사람이 노벨경제상을 받은 주된 이유는 무엇보다도 금융시장론과 이
> 것이 소비, 투자, 생산, 고용 및 가격 등 실물경제에 미치는 영향에 대한
> 연구결과라 할 수 있다. 이중 특히 중요한 업적은 개별 가계 및 기업이 어
> 떻게 자산구성을 결정하는가를 분석한 포트폴리오 이론이다. 포트폴리오
> 이론이란 가계나 기업이 실물자산과 금융자산을 어떤 형태로 보유하며 그
> 와 동시에 부채를 얼마만큼 조절해야 할 것인가에 대한 이론이다. 포트폴
> 리오 이론을 연구하는 대부분의 학자들이 합리적 투자결정에 관한 특정규
> 칙을 제시하는 데 그친 반면 이 사람은 가계와 기업이 다른 자산을 취득하
> 고 부채를 지는 경우 어떻게 행동할 것인가 하는 문제를 이해하는 기초를
> 제공했다는 데 그 특징이 있다.

① 밀턴 프리드먼　　② 폴 사무엘슨　　③ 레스터 서로　　④ 제임스 토빈

| 정답 |　④

문제의 제시문은 경제학자 제임스 토빈에 대한 설명이다.

- 밀턴 프리드먼 : 럿거스 대학에서 학사, 시카고대학에서 석사학위를 취득하고, 2차 대전 중 일시 학업을 중단하고 재무성에서 조세연구를 담당했다. 1946년 컬럼비아대학에서 박사학위를 취득한 이후 1948년 시카고대학에서 정년퇴임 때까지 교단에 있었다. 케인즈학파에 대항하여 거시경제에서 화폐의 기능을 중시하며 자유시장경제원칙을 중시하는 시카고학파의 태두로 활약했다. 화폐경제 분야의 수많은 공적에 힘입어 1976년 노벨 경제학상을 수상했다.

- 폴 사무엘슨 : 시카고대학과 하버드대학에서 수학했으며 MIT(매사추세츠 공과대학)에서 강의와 연구를 하며 MIT가 공학뿐만 아니라 경제학에서도 세계적 명문으로 성장하는 데 지대한 공헌을 했다. 1970년 미국인 최초로 노벨 경제학상을 수상했으며, 세 명의 노벨 경제학 수상자(로런스 클라인, 조지 애컬로프, 조지프 스티글리츠)와 벤 버냉키 FRB 의장 등 세계경제에 막강한 영향력을 행사하는 제자들을 배출했다. 케네디 대통령의 경제고문을 역임한 바 있고, 연방준비은행과 재무성 등 여러 기관의 경제고문으로도 활동했다. 그의 저서 〈경제학(Economics)〉은 최초의 경제학 교과서로 인정받아 1948년 초판 이후, 현재 19판까지 발행되었고 40개국 언어로 번역되어 전 세계적으로 400만 권 이상 판매되었다

- 레스터 서로 : 존슨 대통령 시절 경제자문위원을 역임한 후 하버드 대학교 경제학교 조교수를 거쳐 1968년 이후 MIT 경제경영학부 및 슬론 경영대학원의 교수로 재직하고 있다. 그는 특히 급변하는 세계 경제 속에서 변화의 원동력을 진단하고 향후 움직임을 예측하는 능력이 뛰어난 것으로 정평이 나 있는데, 해박한 지식과 논리를 바탕으로 이론을 전개하여 지구촌 전역에서 막강한 영향력을 자랑하는 경제학자이다. 〈지식의 지배〉, 〈자본주의의 미래〉, 〈제로섬 사회〉 등의 저서가 있다.

경영

경제 분야와 더불어 매년 상당한 비중으로 출제되고 있다. 경영 분야의 출제 경향은 마케팅, 경영기법, 경영학자의 이론, 경영 사례 등이 빈번히 출제된다. 경제신문과 경제 주간지 등에 실리고 있는 기업의 최근 동향을 주의 깊게 파악해 둬야 한다. 특히 삼성의 최근 경영 동향, 최고경영자의 발표 그리고 삼성의 신제품 등 삼성그룹과 관련된 내용은 출제될 확률이 매우 높기 때문에 반드시 정리를 해 두어야 한다.

예제 1 특정 기업이 다른 기업의 경영권을 인수할 목적으로 상대 기업의 소유지분을 확보하는 제반과정을 M&A(Merger&Acquisition; 인수 및 합병)라고 한다. 기업 인수 및 합병은 장점도 있지만 문제점도 갖고 있어 각 나라는 M&A에 대한 규제 장치를 도입하고 있다. 다음 중 국가별 M&A 방어책이 아닌 것은?

① 엑손–플로리오법
② 의무공개매수제
③ 외국인 투자 사전 심사제
④ 공정공시 제도

| 정답 | ④

공정공시제도는 일종의 기업공개에 관계된 제도이다. 기업이 회사 경영과 관련된 내용을 애널리스트, 기관투자가 등 주요 정보제공 대상자뿐 아니라 일반투자자들에게도 동시에 공시해야 하는 제도를 말한다.

길아잡이

◆ 국가별 M&A 방어책

일본	회사법제현대화법	일명 신회사법으로서 M&A 위기 때 독약처방과 황금주, 차등의결권 주식 등 각종 방어책 활용이 가능
프랑스	외국인투자사전심사제	공공질서, 보건, 안보 등에 영향을 주는 외국인 투자는 프랑스 정부의 승인을 받아야 하며, 승인을 받았다하더라도 투자 철회를 명 할 수 있는 권한이 있음
미국	엑손–플로리오법	자국의 안보를 위협할 투자라고 판단 되면 대통령 명으로 조사를 실시하고, 외국인 투자를 막는 법
독일	의무공개 매수제	

다음은 무엇에 대한 설명인가?

> 보기
> 중요한 업무와 긴급한 업무가 공존할 때 긴급한 업무로 인하여 중요한 업무의 고려가 이루어 지지 않는 현상을 일컫는 말로, 계획의 그레샴의 법칙 또는 의사결정의 그레샴의 법칙이라고도 한다. 경영관리자가 정향적 업무에 대한 의사결정권과 혁신적 의사결정권을 동시에 지니고 있을 때 일상적인 정향적 업무처리를 우선시해서 전략적·혁신적 의사결정을 등한시 할 수 있다는 법칙이다.

① 킨들의 법칙(Kindle's Law)　　② 사이몬의 법칙(Simon's Law)

③ 무어의 법칙(Moor's Law)　　④ 파킨슨의 법칙(Parkinson's Law)

| 정답 |　②

문제는 사이몬의 법칙에 대한 설명이다.

무어의 법칙 : 인터넷 경제의 3원칙 가운데 하나로, 마이크로칩의 밀도가 18개월마다 2배로 늘어난다는 법칙

파킨슨의 법칙 : 관리자의 수(數)는 해야 할 일의 경중이나 유무에 구애됨이 없이 일정한 비율로 증가한다는 법칙

01 무역 형태 중에서 다음에서 설명하는 방식은 무엇인가?

> _{보기} 원래 이 용어의 어원은 '조립(組立)'을 의미하는데, 무역용어로는 완성품이 아닌 부품을 수출, 현지에서 조립하여 판매하는 방식을 말한다. 개발도상국에 자동차를 수출할 경우, 이 방식이 주로 사용되는데, 개발도상국으로는 완성품을 수입하는 것보다 이 방식을 채택하는 것이 고용의 확대나 조립기술의 습득 등 공업화에 기여하는 면이 많아 받아들이기 쉽고, 수출국으로는 완성품을 수출할 경우에 비해 관세가 싸고 현지의 값싼 노동력을 이용할 수 있는 점 등 유리한 면이 있다.

① OEM방식　　　　　　　　② 녹 다운(Knock-down) 방식
③ 위탁가공방식　　　　　　　④ 구상무역

정답 ②

문제에서 설명하고 있는 무역 형태는 녹 다운(Knock-down) 방식 이다.
- OEM방식 : 주문자상표 부착 수출방식을 말하고 국제간의 주문생산 또는 하청생산 생산력이 우수한 기업과 판매력이 우수한 기업의 협력관계로 장점은 판매 기업이 판로 책임을 맡아 수출확대의 계기가 되고, 기술 및 자금지원으로 기술축적의 계기가 된다. 수입국의 외제품에 대한 거부반응도 상쇄된다. 단점은 수출국상품이 이미지 제고 및 독자적 수출시장 개척이 불리하고 하청생산과 다름없어 수출가격을 제대로 받아내지 못한다. 그리고 해외시장의 정보가 어두워 수요 변동의 리스크가 발생하기도 한다.
- 위탁가공방식 : 위탁가공방식은 가공임을 지급하는 조건으로 외국에서 가공할 원료의 전부 또는 일부를 거래 상대방에게 수출하거나 외국에서 조달하여 이를 가공한 후 가공 물품 등을 수입하거나 외국으로 인도하는 수출입을 말한다.
- 구상무역 : 두 나라 사이에 협정을 맺어, 일정기간 서로 수출을 균등하게 하여 무역차액을 영(零)으로 만들고, 결제자금이 필요 없게 하는 무역으로, 무역을 더욱 활발히 하려는 방식이다. 이 방식에는, 첫째 개개의 거래에 대해서는 결제를 하지 않고, 일정기간 후에 대차(貸借)에 차액이 생겼을 경우에만 현금결제를 하는 방식, 둘째 당사자 쌍방이 서로 개설하여 상대방에게 교부하는 신용장으로 개개의 거래를 상계(相計)하는 백 투 백 신용장(back to back credit) 방식, 셋째 상대방의 수출대금을 유치하여 두고 이를 담보로 하여 개설한 측의 신용장의 결제에만 사용하는 것을 인정하는 에스크로 신용장(escrow credit) 방식 등이 있다.

02 다음에서 설명하고 있는 마케팅 전략 기법은 무엇인가?

> 기업이 고객의 수요를 의도적으로 줄이는 마케팅 기법으로써, 정기적으로
> 고객과 건실한 관계를 유지하고 발전시켜 나가기 위해서 마케팅활동을 억
> 제하는 것이다. 필립 코틀러가 1971년에 처음 사용한 개념이다. 고객의 수
> 요를 줄이면 제품에 대한 이미지와 브랜드 가치가 높아지고, 오히려 장기
> 적으로는 꾸준히 고객을 확보할 수 있기 때문에 많이 사용된다. 공익 목적,
> 수급조절, 이미지 향상, 규제회피, 수익제고 등의 목적에 따른 다섯 가지
> 유형이 있다. 예컨대 파리의 루이뷔통(Louis Vuitton) 본점의 마케팅을 들
> 수 있다. 여행객이 제품을 구입하면 여권번호를 컴퓨터에 입력해 같은 여
> 행객이 1년내에 다시 살 수 없도록 철저한 관리시스템을 운영하는데, 이것
> 은 구매심리를 자극하려는 목적의 마케팅이다. 이를 효과적으로 도입하기
> 위해서는 장기적인 전략차원에서 일관적으로 적용해야 한다. 그리고 사전
> 에 적절한 동의나 처우 없이 단지 돈이 없다는 이유로 차별을 할 경우 제거
> 된 고객 뿐 아니라 잠재 고객들로부터 반발을 사는 역효과를 볼 수도 있다.

① MOT   ② Demarketing   ③ STP   ④ Buzzmarketing

| 정답 | ②

문제에서 설명하고 있는 것은 Demarketing 전략 기법이다.

• MOT 마케팅 : "Moment De La Verdad"란 스페인어를 영어 'Moment of Truth'로 옮긴 것이다. 스페인의 투우에서 투우사와 소가 일대일로 대결하는 최후의 순간을 말하는데, '피하려 해도 피할 수가 없는 순간' 또는 '실패가 허용되지 않는 매우 중요한 순간'을 의미한다. 즉 결정적인 순간 또는 진실의 순간을 포착하라는 뜻이다. 마케팅에서는 일상 생활공간을 파고드는 마케팅기법으로 사용된다. 소비자들이 아침에 일어나서 신문을 보는 순간에서부터 집을 나와서는 교통수단을 통해, 식당에서나 또는 친구를 만나 차를 마시는 곳, 그 어느 곳에서나 제품의 이미지를 심어주는 것이 MOT 마케팅의 핵심전략이다. MOT 마케팅은 본래 1970~80년대 스웨덴 항공사인 스칸디나비아 항공이 세계 최초로 고안해 큰 성공을 거둔 이후 많은 다국적 기업들이 벤치마킹하고 있다.

• 버즈 마케팅 : 일명 입소문 마케팅이라 한다. 소비자들이 자발적으로 메시지를 전달하게 하여 상품에 대한 긍정적인 입소문을 내게 하는 마케팅기법이다. 꿀벌이 윙윙거리는(buzz) 것처럼 소비자들이 상품에 대해 말하는 것을 마케팅으로 삼는 것으로, 구전마케팅(word of mouth), 버즈마케팅이라고도 한다. 모양이나 기능이 뛰어나고 편리하게 사용할 수 있으며 효율성과 가격 면에서도 앞서는 상품, 사람들의 눈에 잘 띄는 상품이 주요 대상이 되는데, 예를 들면 폴크스바겐의 딱정벌레차와 비아그라 · 해리포터 시리즈 등이 대표적인 성공적인 사례이다. 매스미디어를 통한 마케팅기법에 비해 비용이 저렴하며 기존의 채널로는 도달하기 어려운 소비자에게 접근할 수 있다. 그러나 여론 형성에 주도적인 역할을

하는 사람을 찾아내 적극적으로 활용해야 하며, 공급을 제한하고, 커뮤니티를 잘 활용해야 한다. 또한 일정한 궤도에 오르면 광고와 매스미디어를 활용하고, 입소문은 부정적인 면도 갖추고 있으므로 만약의 사태에 항상 대비하는 자세가 필요하다.
• STP 마케팅 : 마케팅의 기본이 되는 전략으로 고객군을 몇 개의 군으로 분류해서 타겟을 맞춘 후 제품을 포지셔닝하는 등 세분화된 고객의 욕구를 만족시키기 위해 구체적인 분석을 행하는 마케팅 전략이다. 예컨대 드럼세탁기 전용 세제, 탈모 방지 전문 샴푸, 미백 전용 크림 등 소비자의 바람을 세분화(Segmentation), 표적화(Targeting), 포지셔닝(Positioning)하여 이를 이용해 효율적으로 표적 시장을 찾는 마케팅 전략이다. STP는 Segmentation, Targeting, Positioning의 머리글자를 나타낸다.

03 다음은 무엇에 대한 설명인가?

> 보기
> 직원의 노력의 결과 달성되는 근무성과는 그 직원의 능력, 특성 및 역할인지의 수준에 의해 영향을 받는다고 본다. 이 모형에서 사용하고 있는 주요 변수는 노력, 성과, 보상 그리고 만족의 개념들이다. 근무성과가 있으면 보상이 따르는데, 보상은 다시 내재적 보상과 왜재적 보상으로 나눌 수 있다. 내재적 보상에는 성취감 등이 있고, 왜재적 보상에는 봉급이나 승진 등이 있다. 이렇게 보상을 받은 조직구성원은 다른 조직구성원이 받는 보상과 비교하여 그것이 공정하다고 생각하면 만족하게 된다. 이러한 과정을 통해 결정된 보상에 관한 만족도는 앞으로 동기유발의 과정에서 다시 그러한 보상의 유의성에 영향을 주고, 노력의결과 거둔 실제 성과는 앞으로 노력하면 성과가 있을 것이라는 기대감에 영향을 주면서 동기유발의 과정이 전체적으로 반복된다는 것이다.

① 블룸(Vroom)의 기대이론
② 머레이(Murray)의 명시적 욕구 이론
③ 포토(Porter)와 로러(Lawler)의 업적만족이론
④ 아트킨슨(Atkinson)의 기대이론

| 정답 | ③
문제에서 설명하고 있는 조직의 동기부여이론은 포토(Porter)와 로러(Lawler)의 업적만족이론 이다.
• 블룸(Vroom)의 기대이론 : 동기유발은 유인가, 수단성, 기대에 의해 결정된다는 이론이다. 유인가란 특정 결과에 대해 한 개인이 갖는 선호의 강도를 의미하고, 수단성이란 1차 수준의 결과가 2차 수준의

결과를 가져오게 될 것이라는 개인의 믿음의 강도를 뜻한다. 기대란 특정한 결과는 특정한 노력으로 인해 나타날 수 있다는 가능성에 대한 개인의 신념으로서 이것은 보통 주관적 확률로서 표시된다.

- 머레이(Murray)의 명시적 욕구 이론 : 마슬로우의 욕구 단계설을 비판한 것으로, 욕구가 단계적으로 발현되는 것이 아니라 복수의 욕구가 동시에 영향을 미친다는 이론이다. 명시적 욕구는 모두 학습된 욕구로서 이는 성장을 통해 배우며, 각각의 욕구는 방향과 강도를 가진다. 욕구가 발로되기 위해서는 적당한 환경의 조성이 필요하다고 한다.
- 아트킨슨(Atkinson)의 기대이론 : 성공하고자 하는 적극적 동기와 실패를 회피하고자 하는 소극적 동기가 교호작용을 통해 개인의 동기를 결정한다는 이론이다. 행위의 선택은 행위의 결과를 갖고 싶은 동기의 강도, 결과의 달성 가능성, 결과의 유인가 등의 요인이 복합적으로 작용한다.

04 다음에서 설명하고 있는 용어는 무엇인가?

보기

- 문화예술, 스포츠 등에 대한 원조 및 사회적 · 인도적 입장에서 공익사업 등에 지원하는 기업들의 지원활동을 총칭하는 용어
- 베르길리우스나 호라티우스 등 문화예술가들에게 지원을 아끼지 않은 로마의 정치가의 이름에서 유래
- 1967년 미국에서 기업예술후원회가 발족하면서 이 용어를 처음 쓴 이후, 각국의 기업인들이 협의회를 설립하면서 이것은 기업인들의 각종 지원 및 후원활동을 통틀어 일컫는 발로 쓰이게 됨

① 스테이크홀더리즘(stakeholderism)　　② 베이비 모굴(baby mougal)
③ 메세나(Mecenat)　　④ 패트로니지(patronage)

| 정답 | ③

문제는 메세나(Mecenat)에 대한 설명이다. 문화예술가들에게 아낌없는 지원을 한 로마 정치가 마에케나스(Gaius Clinius Maecenas)에서 유래한 용어이다.

- 스테이크홀더리즘 : 과거 기업들이 주식회사의 원천인 주주 중시를 우선 순위로 삼았던 데서 나아가 기업을 둘러싼 모든 이해관계자를 고려한 경영. 스테이크홀더란 이해관리자란 뜻으로 원래는 내기 돈을 지키는 제3자라는 의미를 담고 있다.
- 베이비 모굴 : 새로운 아이디어와 지식, 기술, 서비스를 끊임없이 만들어 내는 21세기 새로운 영웅상, 곧 유력한 젊은 벤처사업가를 일컫는 말. 베이비 모굴의 어원은 미국 언론이 헐리우드 전성기 때 스튜디오를 통해 화려하게 데뷔한 인기 배우를 지칭한 데서 유래.
- 패트로니지 : 대상에게 패트론(patron)이 되어주는 행위로 패트론은 아버지를 의미하는 로마어 파테르(pater)에서 기원되었으며 대개 보호자, 옹호자 등의 의미로 사용됨. 특히 예술분야에 있어서 패트론은 예술가의 부유하고 영향력 있는 후원자를 의미함.

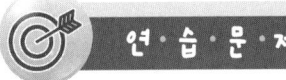

01 1990년 미시간 대학 비즈니스스쿨의 프라할라드(C.K. Prahalad) 교수와 런던 비즈니스스쿨의 게리 하멜(Gary Hamel) 교수에 의해 발표된 이론으로, 경쟁과 기술의 신속한 변화로 시장에 대한 정확한 예측이 날로 어려워지면서 종래의 기업 외부 환경에 치중하던 경영전략을 지양하고 기업의 내부로 관심을 돌려 내부에서 기업성공의 원천을 찾으려는 노력의 일환이다. 이러한 내용이 수록되어 있는 저서는?

① 〈미래를 위한 경쟁〉　　　　② 〈미래 기업〉
③ 〈지식창조 기업〉　　　　　　④ 〈사람이 경쟁력이다〉

02 인터넷을 기반으로 한 열린 사전인 위키피디아는 지식과 정보의 정확도 면에서 백과사전과 별 차이가 없을 정도이다. 현재 200개 언어로 서비스되고 연간 약 6억 8천만 명이 이 인터넷 백과사전을 이용하고 있다. 현재 1500여 명의 자원봉사자가 무보수로 편집에 도움을 주고 있으며 7만 5천여 명이 적극적으로 글을 올리고 있다. 이러한 위키피디아의 개방, 공유, 참여의 정신은 인터넷 세계를 넘어 경제 전반에 영향을 끼치게 되었고, 대중들의 참여를 유도해 새로운 경제 패러다임을 형성하고 있다. 이를 무엇이라 하는가?

① 위키노믹스(Wikinomics)　　② 판데노믹스(Pandenomics)
③ 이노비즈(Innobiz)　　　　　④ 디지털경제(digital economy)

03 두 나라의 생산가능곡선이 아래의 그림과 같이 주어진 상황에서 양국이 각각 비교우위가 있는 상품의 생산에 특화한 후 교역을 통해 후생증진을 도모한다고 하자. 이때 교역이 이루어진 후 A국의 소비가 E점에서 이루어진다면 B국에서의 쌀과 밀의 소비량은 각각 얼마인가?

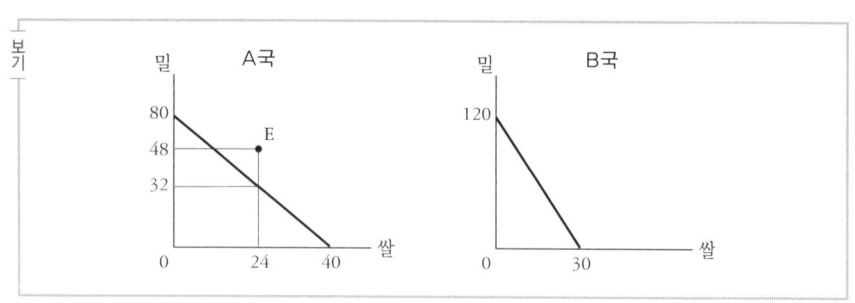

① (6, 38)   ② (16, 72)   ③ (6, 32)   ④ (16, 32)

04 우리나라와 대만의 노동자 1인당 월 생산량이 다음 표와 같을 때 두 나라가 무역을 통해 모두 이익을 얻을 수 있는 교역조건은?

국가	자동차	노트북
한국	2	10
대만	1	8

① 자동차 1대가 노트북 5대와 교환될 때
② 자동차 1대가 노트북 8대와 교환될 때
③ 자동차 1대가 노트북 6대와 교환될 때
④ 자동차 1대가 노트북 10대와 교환될 때

05 다음에서 설명하고 있는 이 제도란 무엇인가?

> 회사와 종업원의 관계에서 사용주는 종업원은 항상 회사에 출근하는 것이라고 생각했다. 특히 제조업의 경우 생산 현장 종업원이나 상점의 직원 등은 일정한 근무장소에 묶여 있을 수밖에 없었고, 앞으로도 이것은 물론 변함이 없을 것이다. 하지만 직장 내에서 근무하지 않는 판매원, 수금원, 보험모집인 등은 반드시 아침·저녁으로 직정에 들러야만 하는 것이라는 생각은 적어졌다. 따라서 최근에는 경영자들이 종래의 출퇴근 시스템이 오히려 손해가 아닌가 라고 느끼기 시작했다. 이 제도는 회사의 경영 효율화를 극대화하고, 사무실 공간의 축소를 통한 비용절감과 불필요한 이동시간 절감을 통한 개인 생산성 제고 등으로 필요한 부분에 대해서는 최대한 지원을 한다. 이 제도의 도입으로 직원 사기앙양, 개인 생산성 제고, 고객 신속 밀착 서비스 실현 등의 효과를 볼 수 있다. 90년 대 중반 한국의 일부 기업에서 이 제도를 도입하여 긍정적 효과를 거두었다. 이후 제약회사와 보험회사 등으로 확산되고 있다.

① 리프레시 휴가제   ② 재택근무제
③ 모빌오피스제   ④ 플렉스타임제

06 삼성은 지난 5월 이건희 삼성전자 회장의 복귀와 함께 5대 신수종 사업에 23조원을 투자하겠다는 계획을 발표한 바 있다. 새로운 성장동력으로 논의되고 있는 5대 신수종 사업에 해당하지 않는 사업은?

① 태양전지 사업   ② 바이오 제약 사업
③ 의료기기 사업   ④ 자동차 사업

2장
과학 · 공학

직무상식의 경우 이공계열, 인문 · 상경계열 등 계열별로 문제 구성의 차이를 보이고 있는데, 이 유형의 문제는 이공계 쪽에서 매우 큰 비중을 차지하고 있다. 특히 인턴(동계) SSAT의 경우 이런 문제가 평균 비중인 30%를 훨씬 상회하여 거의 50% 정도에 육박할 만큼 높은 비중을 차지하고 있다. 물론 인문 · 상경계열 문제에도 상당한 문제가 출제되고 있기 때문에 계열을 불문하고 기본적으로 철저한 준비가 필요한 부분이라 하겠다.

주로 물리 분야인 역학, 광학, 전자기학의 출제 비중이 높은 가운데, 화학, 생물, 지구과학 그리고 공학 등에서 골고루 출제되고 있다.

특히 물리, 화학, 생물, 지구과학 등의 공통 기초과학 영역이 큰 출제 비중을 차지하고 있는데, 대부분 고등학교 과정의 내용이 주로 출제되고 있다. 따라서 고등학교용 학습서를 갖고 정리하는 것이 도움이 된다. 출제되는 문제들이 아직까지는 어려운 문제가 아닌 기본적인 문제이기 때문에 기본 개념과 공식 정도만 정리해도 큰 효과를 볼 수 있다.

다만 과학 일반 및 공학은 대학교 전공 지식 분야에서 출제되는 문제가 간혹 있지만 그리 큰 비중을 차지하지는 않기 때문에 공통과학 영역을 집중적으로 학습하는 것이 좋은 전략이 될 수 있다.

1절 과학

　제되고 있는 문제들을 보면, 물리, 화학, 생물, 지구과학 등 고등학교 과정에서 배웠던 과학 이론들이 주를 이루고 있다. 자연 계열에서 주로 출제되고 있지만 인문 계열에서도 무시할 수 없는 비중을 차지하고 있어 대비를 소홀히 했다가는 고전할 수 있는 분야이다. 문제 난이도는 중학교 및 고등학교 1, 2학년이면 무난히 풀 수 있는 개념 위주의 문제들이 출제되고 있다. 그래도 자연 계열은 학부 과정에서 기초 과목을 복습할 수 있는 기회라도 가질 수 있지만, 인문 계열의 수험자는 따로 준비를 하지 않는 이상 이 분야의 지식이 전무한 상태로 시험을 볼 수밖에 없다. 따라서 SSAT를 대비하는 수험생이라면 기본적으로 고등학교 과정의 공통과학 과목 정도의 기본이론은 습득하고 있는 것이 유리하다 하겠다.

　출제 비중을 보면, 물리 분야가 상당한 비중을 차지하고 있는 가운데, 화학, 생물, 지구과학이 비슷한 비율로 출제되고 있다. 하지만 모두 기본 개념을 바탕으로 한 계산 문제나 이론의 적용 문제가 주를 이루고 있다.

예제 1 전류에 의해 형성된 자기장에서 단위자극이 움직일 때 필요한 일의 양은 단위자극의 경로를 통과하는 전류의 총합에 비례한다는 법칙은?

① 앙페르 법칙　　② 플레밍 법칙　　③ 렌츠의 법칙　　④ 페러데이의 법칙

| 정답 |　①
• 플레밍의 법칙 : 전자유도에 의해 생기는 유도전류의 방향을 나타내는 오른손법칙과 전류가 흐르고 있는 도선에 대해 자기장이 미치는 힘의 방향을 나타내는 왼손법칙이 있다.
• 렌츠의 법칙 :유도기전력과 유도전류는 자기장의 변화를 상쇄하려는 방향으로 발생한다는 전자기법칙이다.
• 페러데이 법칙: 전자기 유도에 의해 회로 내에 유발되는 기전력의 크기는 회로를 관통하는 자기력선속(자속)의 시간적 변화율에 비례한다는 법칙이다.

예제 2 다음 자율 신경의 작용 중 부교감 신경에 의한 현상에 해당하지 않는 것은?

① 눈의 동공을 확장시킨다.　　② 심장 박동을 억제한다.
③ 침의 분비를 촉진시킨다.　　④ 소화 운동을 촉진시킨다.

| 정답 |　①
자율신경계는 대뇌의 의지와 관계없이 자율적으로 조절되는 신경계로 최고 중추는 간뇌의 시상하부이며, 그 하위 중추로 연수가 존재한다. 뇌와 척수에서 나와 내장 기관 및 감각기에 분포하며, 정신적인 흥분에 영향을 받는다. 서로 길항적으로 작용하는 교감 신경과 부교감 신경으로 구성되며, 모두 운동 신경이다.

작용	심장박동	호흡	동공	방광	소화액분비	소화관운동
교감 신경	촉진	촉진	확장	이완	억제	억제
부교감 신경	억제	억제	수축	수축	촉진	촉진

이로부터 정리해 보면, 교감 신경은 주로 긴장 상황에서 작용하고, 부교감 신경은 긴장 상태를 원래의 상태로 돌리는 작용을 한다.
한편, 신경계는 중추 신경계와 말초 신경계로 이루어지며, 중추 신경계는 몸이 하는 모든 일을 조절하는 중심이며, 뇌와 척수가 담당한다. 말초 신경계는 감각과 운동에 관한 정보를 전달하는 역할을 하며, 운동 신경과 감각 신경이 이에 해당한다.

01　다음 설명하는 내용에 부합하는 것을 고르면?

> 보기
>
> 회로와 전기장의 상대적인 위치가 변할 경우, 그 변화를 저지하려는 방향으로 유도기전력이 발생한다. 전류가 흐르고 있는 코일에 자석의 N극을 가까이 하면 코일의 자기력선(자속)이 증가한다. 이때 코일에는 유도전류가 발생하고, 자석에 의한 자속의 증가를 방해하는 방향으로 유도전류가 흐른다. 이때 코일은 하나의 자석이 되어서 A쪽은 N극, B쪽은 S극의 역할을 한다. 따라서 유도전류는 B → G → A로 흐른다. 요컨대, 회로와 전자기장의 상대적인 위치관계 또는 전류에 대한 자극의 크기가 변화할 경우 유도전류와 유도기전력은 원래의 자기장의 변화를 상쇄하는 방향으로 발생한다는 전자기법칙이다. 이 법칙은 에너지보존의 다른 표현이기도 하다.

① 페러데이 법칙　② 렌츠의 법칙　③ 플레밍의 법칙　④ 앙페르의 법칙

| 정답 | ②

페러데이 법칙의 (−)부호가 렌츠의 법칙을 의미하며, 렌츠의 법칙은 에너지보존의 다른 표현이기도 하다.
- 페러데이 법칙: 패러데이가 발견한 법칙으로, 1831년에 발견한 전자기유도 법칙과 1833년에 발견한 전기분해 법칙이 이에 해당된다.
  - 전자기유도 법칙 : 전자기 유도에 의해 회로 내에 유발되는 기전력의 크기는 회로를 관통하는 자기력선속의 시간적 변화율에 비례한다. 기전력의 방향을 정하는 렌츠의 법칙과 함께 전자기유도가 일어나는 방식을 나타내게 된다.
  - 전기분해 법칙 : 전기화학의 가장 기본적인 법칙으로, (전기분해를 하는 동안 전극에 흐르는 전하량)과, (전기분해로 인해 생긴 화학변화의 양) 사이의 정량적인 관계를 나타내는 법칙이다.
- 플레밍의 법칙 : J.A.플레밍이 발견한 법칙으로 전자유도에 의해 생기는 유도전류의 방향을 나타내는 오른손법칙과 전류가 흐르고 있는 도선에 대해 자기장이 미치는 힘의 방향을 나타내는 왼손법칙이 있다.
- 앙페르의 법칙 : 전류에 의해 형성된 자기장에서 단위자극이 움직일 때 필요한 일의 양은 단위자극의 경로를 통과하는 전류의 총합에 비례한다는 원칙.

02 아래 그림은 북반구 중위도 지방의 동쪽 지평선 위에 보이는 별들을 나타낸 것이다. 천구의 북반구에 있으며 적위가 가장 높은 별은?

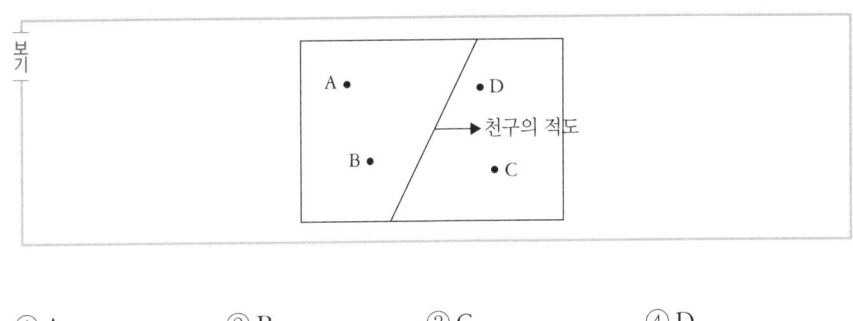

① A   ② B   ③ C   ④ D

| 정답 | ①

천구의 적도에서 멀리 있는 별일수록 적위가 높은 별이다.

천구의 적도 : 지구 적도의 연장면이 천구와 만나는 대원시간권과 수직인 면

별의 위치를 알아내는 방법에는 지평좌표계와 적도좌표계가 있다. 적위는 적도좌표계 상에서 별위 위치를 알아내는 개념이다. 적도면으로부터 시간권(천구의 북극과 남극을 지나는 대원)을 따라 측정한 각을 말한다.

적도좌표계 : 지구를 기준점으로 하는 좌표계로 천구 상에서 적경과 적위로 별의 위치를 결정하는 좌표계. 기준점은 춘분점이다.

길잡이

◆ 천구에서의 여러 가지 명칭
  ○ 지구 기준 : 천구의 북극, 남극, 적도, 춘분점, 하지점, 추분점, 동지점
  ○ 관측자 기준 : 천정, 천저, 동점, 서점, 남점, 북점, 지평선, 자오선, 수직권
  ○ 천구 : 지구를 둘러싸고 있는 반지름이 무한한 가성적인 구
  ○ 천정과 천저 : 관측자를 지나는 연직선이 천구와 만나는 점
  ○ 천구의 북극과 남극 : 지구의 자전축이 천구와 만나는 점
  ○ 지평선 : 지평면과 천구가 만나는 대원, 수직권과 수직
  ○ 수직권 : 천정과 천저를 지나는 대원
  ○ 천구와 적도 : 지구 적도의 연장면이 천구와 만나는 대원시간권과 수직
  ○ 시간권 : 천구의 북극과 남극을 지나는 대원
  ○ 자오선 : 천정을 지나는 시간권. 남점, 천정, 천구의 북극, 북점, 천저, 천구의 남극을 연결하는 대원. 모든 천체는 일주 운동을 하기 때문에 하루에 한 번씩 남쪽 자오선을 통과한다. 남쪽 자오선을 통과하는 순간을 남중이라 하고, 그때가 그 천체의 최대고도(남중고도)가 된다.
  ○ 북점, 남점 : 자오선이 지평선과 만나는 2개의 점 중에서 천구의 북극에 가까운 점이 북점, 천구의

남극에 가까운 점이 남점

◎ 일주권 : 별이 일주 운동을 하는 경로, 천구의 적도와 평행

◎ 황도 : 태양의 연주 운동 경로. 지구의 공전 궤도면을 연장하여 천구면과 만나는 대원

◎ 춘분점, 추분점 : 천구의 적도와 황도가 만나는 두 점 중에서 태양이 남에서 북으로 지나는 점이 춘분점, 북에서 남으로 지나는 점이 추분점

◆ 지평좌표계와 적도 좌표계

			지평좌표계	적도좌표계
개념			관측자를 중심으로 천구상의 좌표를 결정하는 방법	지구를 기준점으로 하는 좌표계로 천구 상에서 적경과 적위로 별의 위치를 결정하는 방법
기준면			지평면	적도면
기준점			북점	춘분점
천체위치	방위각(A)		북점에서 시계방향으로 잰각 (0~360도)	적경
	고도(h)		지평면으로부터 수직면을 따라 높이를 측정한 각(0~90도)	춘분점에서 적도를 따라 반시계 방향으로 천체를 지나는 시간권까지 측정한 각
	천정거리(Z)		천정에서 수직권을 따라 별까지 측정한 각, 고도의 여각 (90도-h)	적위 적도면으로부터 시간권을 따라 측정한 각
천구위치			지평선, 천정, 천저, 수직권	천구의 적도, 천구의 북극 · 남극, 시간권
장점			고도와 방위각의 측정은 간편하므로 시간에 따른 천체의 위치를 표시하기 좋다.	천체는 시간이나 관측 장소에 관계없이 고유한 적경 및 적위 값을 갖는다.
단점			같은 별이라도 관측자의 위치에 따라 지평좌표가 달라지며, 같은 장소라도 별들은 천구 상에서 운동하므로 시간에 따라 별의 지평좌표가 달라진다.	춘분점 방향을 알지 못하면 적경을 측정할 수 없으므로 시간에 따른 천체의 위치를 표시하기 어렵다.

03 마그네슘은 묽은 염산과 다음과 같이 반응하여 수소기체를 발생시킨다.

$$Mg + 2HCl \rightarrow MgCl_2 + H_2$$

다음 표는 마그네슘과 묽은 염산이 반응할 때 발생하는 수소 기체의 부피를 일정한 시간 간격으로 측정한 결과이다.

시간(분)	0	1	2	3	4	5	6
수소의 부피(ml)	0	17	29	39	45	48	48

반응에서 시간에 따른 반응 속도의 변화를 바르게 나타낸 그래프는?

①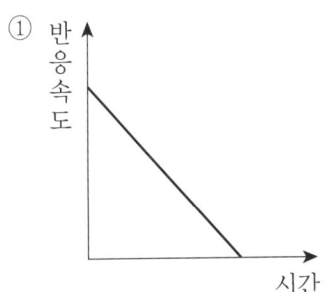

②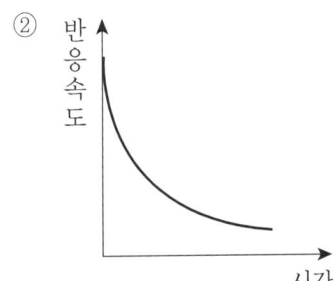

③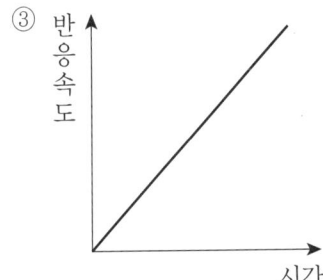

④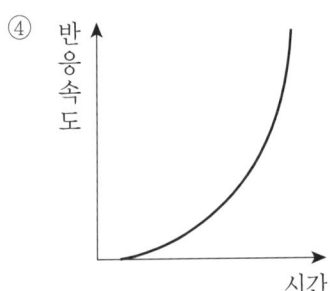

| 정답 |　②

단위 시간당 생성 물질의 발생량이 많으면 반응 속도가 빠르며, 이것은 그래프의 기울기로 알 수 있다. 실험 결과에서 단위 시간당 가장 많은 수소가 발생한 구간은 반응 초기이다. 또한 시간이 경과하면서 수소의 발생량이 점차 감소하다가 5분이 경과한 후부터는 변화 없게 된다. 이를 반영한 그래프는 ②번이다.

04 다음 그림은 혈액의 응고 과정을 나타낸 모식도이다. ☐☐☐ 속에 들어갈 적절한 단어를 바르게 묶은 것은?

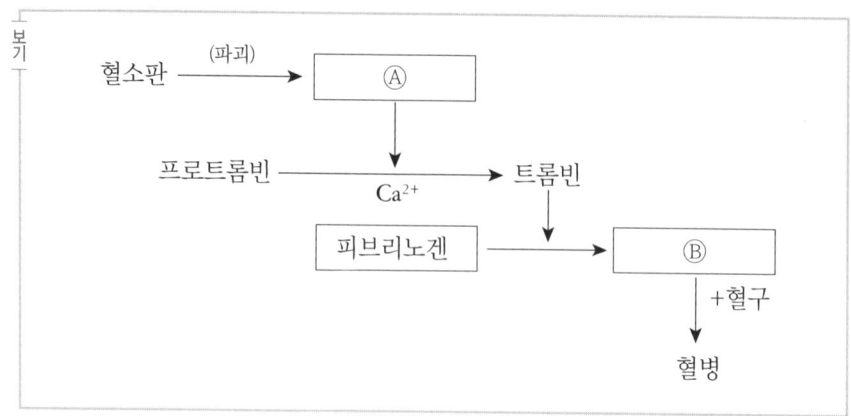

	Ⓐ	Ⓑ
①	헤파린	옥살산나트륨
②	트롬보키나아제	피브린
③	하루딘	트롬보키나아제
④	피브린	헤파린

| 정답 |　②

혈액의 응고과정은 다음의 네 가지 단계를 거친다.
첫째, 출혈이 되면 혈소판이 파괴되면서 혈소판 속의 트롬보키나아제가 나온다.
둘째, 트롬보키나아제가 혈장 속의 프로트롬빈을 트롬빈으로 변화시킨다.
셋째, 트롬빈이 혈장 속의 피브리노겐을 끈 모양의 피브린으로 변화시킨다.
넷째, 피브린이 적혈구를 얽어 맨 혈병을 형성하여 출혈을 막는다.
위 문제는 이 과정에 대한 도식이다.

공학

　SSAT 직무상식 시험에는 공학(일반과학 이론 포함) 이론도 출제되고 있다. 비중은 높지 않지만 대학 과정의 기본 이론을 묻는 문제가 주를 이루고 있기 때문에 상대적으로 난도가 높은 편이다. 공학은 컴퓨터 관련 이론(소프트웨어 및 하드웨어), 신소재 관련 분야에서 주로 출제되고, 일반 과학은 과학자 및 과학이론을 묻는 문제가 자주 출제되고 있다. 특히 최근에 삼성에서 개발된 신제품이나 새로운 기술관련 뉴스들은 출제될 확률이 매우 높기 때문에 주의 깊은 정리가 요구된다.

예제 1 일반금속은 온도가 내려가면 전기 저항이 감소하지만 절대0도(−273℃)에서도 저항이 0이 되지 않는 물질이 있다. 어떤 온도 이하에서는 저항이 0이 된다. 1911년 네덜란드의 오네스가 처음으로 이 현상을 발견하였고, 1986년 베드로노츠와 뮬러도 이 물질을 발견했다. 자기부상열차 등에 이용되고 있는 이 물질은 무엇인가?

① 케블러 섬유   ② 폴리카보네이트

③ 초전도체   ④ 파인 세라믹스

| 정답 | ③

문제는 초전도체에 대한 설명이다.

- 케블러 섬유 : 자동차나 기계에 쓰이는 엔지니어링 플라스틱의 하나로서 강도가 높고 내열성이 크다. 타이어 고무, 크레인의 밧줄이나 벨트, 방탄 조끼, 소방수 방화복 등이 이용된다.
- 폴리카보네이트 : 엔지니어링 플라스틱의 일종으로 유리 대신 사용된다.
- 파인세라믹스 : 세라믹스의 단점을 보완한 인공 화합물로서 높은 온도에 잘 견뎌, 우주 왕복선 앞부분에 이용된다.

예제 2 2010년 노벨 물리학상을 수상한 사람은?

① 안드레 가임   ② 윌러드 S. 보일

③ 나부 요이치로   ④ 알베르 페르

| 정답 | ①

2010년 노벨 물리학상은 안드레 가임과 콘스탄틴 노보셸로프가 공동 수상했다.
윌러드 S. 보일은 2009년, 나부 요이치로는 2008년, 알베르 페르는 2007년 노벨 물리학상 수상자들이다.

◆ 2000년대 이후 노벨 물리학상 수상자들

2000	조레스 I. 알페로프, 허버트 크뢰머, 잭 S. 킬비	러시아 미국 미국	복합반도체 개발집적회로 개발
2001	칼 위먼, 볼프강 케테를레, 에릭 코넬	미국 독일 미국	보스–아인슈타인 응축(BEC) 이론 실증
2002	레이먼드 데이비스 2세, 고시바 마사토시, 리카르도 지아코니	미국 일본 이탈리아	중성미자의 존재 입증, 우주의 X선원 발견
2003	알렉세이 A. 아브리코소프, 비탈리 L. 긴즈부르크, 앤소니 J. 레깃	미국 · 러시아 러시아 영국 · 미국	현대 초전도체와 초유체 현상에 대한 이론적 토대 확립
2004	데이비드 J. 그로스 H. 데이비드 폴리처 프랭크 윌첵	미국 미국 미국	양성자 · 중성자를 구성하는 소립자 쿼크를 묶는 '강력'의 새로운 속성을 밝혀낸 공로
2005	로이 J. 글라우버, 존 L. 홀, 테오도어 W. 핸슈	미국 미국 독일	양자광학적 결맞음 이론으로 현대 양자광학의 토대 마련 광 주파수 및 기술로 정밀 분광학 발전에 기여
2006	존 매더, 조지 스무트	미국 미국	우주극초단파 배경복사의 흑체형태와 이방성에 대한 연구
2007	알베르 페르, 페터 그륀베르크	프랑스 체크 · 독일	거대 자기 저항 발견에 대한 공로
2008	난부 요이치로	일본	아원자 물리학에서 절로대칭깨짐 현상을 발견한 공로
	고바야시 마코토 마스카와 도시히데	일본 일본	우주 대폭발 후에 적어도 6개의 쿼크 모멘트가 만들어진다는 깨진 대칭의 기원에 대한 발견
2009	찰스 가오(가오쿤) 윌러드 S. 보일 조지 E. 스미스	영국/미국 미국/캐나다 미국	광섬유를 이용해 빛의 전달과정을 규명

01 다음 제품은 삼성전자가 개발한 저장장치이다. 이에 대한 설명으로 적절하지 않은 것은?

① 반도체를 이용하여 정보를 저장하는 저장매체이며, 소음이 없고 전력 소비가 적다.

② 일반 HDD보다 읽고 쓰는 속도가 훨씬 빨라, 데이터를 읽는 것은 3-4배, 쓰는 것은 4-6배 빠르다.

③ 램 방식의 DRAM 이나 플래시 방식의 낸드플레시 메모리를 사용하고 있다.

④ 컴퓨터 부팅 속도가 빠르고 열의 발생도 일반 HDD에 비해 훨씬 적지만 외부 충격에 약한 단점이 있다.

| 정답 | ④

삼성전자가 개발한 SSD(Solid State Drive)는 반도체를 이용한 새로운 저장 매체이다. SSD는 금속 디스크 대신 반도체(낸드플래시 메모리)에 데이터를 저장한다. 쉽게 말해서 요즘 흔히 쓰이는 메모리카드를 여러 개 모아 PC의 저장 장치로 사용하는 것이다. 앞으로 HDD를 대체할 것으로 기대되고 있다. SSD는 HDD보다 거의 모든 면에서 우수하다. 우선 데이터를 읽고 쓰는 속도가 HDD보다 훨씬 빠르다. 데이터를 읽는 것은 서너 배, 쓰는 것은 4~6배나 빠르다. 따라서 현재 1, 2분 걸리는 PC의 부팅 시간을 10초로 줄일 수 있다. 또한 디지털화된 데이터를 전기신호로 찾기 때문에 기계식인 HDD에 비해서 외부 충격에 강하다. 한 마디로, 기존 PC의 문제를 한 번에 해결해 줄 차세대 저장 매체이다.

SSD 도입은 PC가 20년간 사용돼 온 '기계식 장치'인 HDD를 탈피해 100% 디지털 기기가 된다는 의미도 있다. 개발 초기에는 삼정전자에서만 생산하다가 지금은 인텔과 샌디스크뿐만 아니라 우리나라와 대만의 중소업체들도 SSD생산을 본격화하고 있다.

하지만 가장 큰 걸림돌은 가격과 용량이다. 현재 320기가 HDD 가격은 10만원 미만이다. 반면, 32기가 SSD는 30만 원 이상이다. 아직까지 용량대비 가격차이가 많으나 HDD를 대체하기에는 요원해 보인다.

02 피겨스케이팅에서 선수가 점프 회전하거나 스핀 회전을 할 시 팔을 최대한 안으로 오므려 가슴 앞에 두는 것은 어떤 과학적 원리 때문인가?

① 에너지 보존 법칙   ② 각운동량 보존법칙

③ 작용과 반작용의 법칙   ④ 가속도의 법칙

| 정답 | ②

피겨스케이팅 선수들이 회전량을 늘리기 위해서 팔을 안으로 오므리는 동작은 운동량 보존의 법칙 때문이다. 각운동량 보존의 법칙이란 외부로부터 힘이 물체에 작용하지 않는다면 그 물체의 전체 각운동량이 항상 일정한 값으로 보존된다는 법칙이다. 각운동을 하는 물체는 반지름과 회전속도가 반비례하는데, 피겨스케이팅 선수의 회전동작이 한 예가 될 수 있다. 피겨스케이팅의 스핀동작을 할 시 갑자기 양팔 사이를 좁히면 회전관성이 작아져 회전 속도를 빨리할 수 있는데, 이는 모든 회전체에 대하여 이 법칙이 성립하기 때문이다. 즉, 회전축으로부터의 거리가 짧아지는 대신 회전속도는 커진다.

• 에너지 보존 법칙 : 에너지의 형태가 바뀌거나 한 물체에서 다른 물체로 에너지가 옮겨갈 때, 항상 계전체의 에너지 총량은 변하지 않는다는 법칙이다.
• 작용과 반작용의 법칙 : 한 물체가 다른 물체에게 힘을 가하면(작용) 힘을 받은 그 물체 역시 힘을 가한 물체에게 똑같은 크기의 힘을 가한다는 것이다(반작용). 즉 서로의 물체가 주는 작용과 물체B가 물체A에 주는 반작용은 크기가 같은 방향이 반대이다.
• 가속도의 법칙 : 뉴턴의 운동법칙 중 제2법칙으로, 가속도의 법칙은 힘이 가해졌을 때 물체가 얻는 가속도는 가해지는 힘에 비례하고 물체의 질량에 반비례하는 것이다.

03 다음에서 설명하고 있는 이 현상은 무엇인가?

보기

가정의 생활 하수나 가축의 배설물 등이 한꺼번에 많이 유입되어 하천에 식물 플랑크톤이 늘어나게 되면, 물속의 산소를 대량으로 소비하게 되어 호흡할 때 산소가 필요한 물고기나 다른 생물들은 질식사 하여 수중 생태계에 혼란이 일어난다. 이와 같은 현상이 일어나면 조류로부터 악취와 독성물질이 생기므로 물의 이용가치는 거의 상실된다. 이 현상이 나타나면 하천의 이용을 정상화하기 까지는 수년이 걸리게 된다.

① 적조 현상   ② 부영양화 현상

③ 온실효과   ④ 녹조현상

| 정답 | ②

문제에서 설명하고 있는 현상은 부영양화 현상이다. 부영양화가 발생하면 물의 이용을 정상화하기 까지 수년이 걸리게 되는데, 그 이유는 썩은 유기물질들이 영양물질을 다시 물속에 방출시켜 영양물질이 풍부한 부영양 조건을 지속시키기 때문이다.

• 적조현상 : 적조 현상은 빛과 영양 염류의 조건이 좋을 때 식물성 플랑크톤이 일시에 많이 번식하여 물의 색깔이 적색 또는 황록색으로 변한다. 적조가 발생하면 물속의 산소가 부족하게 되거나, 플랑크톤 자체의 독성 또는 플랑크톤의 외부를 감싸고 있는 점액질이 물고기의 아가미를 덮어 호흡을 방해함으로써 어패류가 죽거나 수질이 악화되어 수산업에 막대한 피해를 준다.

한편 아질산염, 질산염, 암모니아, 인산염, 규산염 등 유기물 염류가 풍부한 물은 식물플랑크톤의 성장과 번식이 매우 빠른 속도로 진행되므로 며칠 안에 (맑은 물인) 민물은 검푸른색으로, 바닷물에서는 붉은색의 물로 변한다. 이렇게 갑작스럽게 대량의 식물플랑크톤이 나타나는 현상을 민물에서는 녹조현상, 바다에서는 적조현상이라 한다.

• 온실효과 : 대기 중에 탄산을 함유가 기체가 늘어나는 것이 원인이 되어 일어나는 온도상승효과를 말한다. 대기 중에서 수증기, 이산화탄소, 메탄, 질소화합물 및 염화불화탄소 화합물 등과 같은 기체가 지표면에서 방출되는 장과 복사 에너지를 흡수하여 대기 중에 가둠으로써 대기의 온도를 상승시키는 현상이다.

04 아래 사진의 로봇에 대한 설명으로 적절하지 않은 것은?

보기

① 일본 전자 회사 NEC에서 개발한 로봇으로 이름은 '로봇 쇼콜라티에' 이다.

② 주요 기능은 와인이나 포도주를 감별하고, 어린아이 목소리로 술맛에 어울리는 안주까지 추천한다.

③ 손에 내장된 센서로 적외선을 투사하여 적외선이 흡수, 반사되는 파장의 양을 측정하여 포도의 품종과 재배 장소 그리고 당도 등을 판별한다.

④ 와인이나 포도주뿐만 아니라 빵과 치즈의 종류도 분류해 낼 수 있다.

| 정답 | ①

위 로봇은 손에 장착된 센서가 와인이나 포도주 병에 닿으면 그 와인과 포도주의 종류 등을 알아 맞히는

'로봇 소믈리에' 이다. 2008년 일본 NEC사에서 개발하여 세계 최초의 로봇 소믈리에로 기네스북에 이름을 올렸다.

길아잡이

◆ 로봇 소믈리에
- 주요기능 : 포도주의 맛을 감별하고, 어린아이 목소리로 술맛에 어울리는 안주까지 추천할 수 있음. 소유자의 취향 저장 가능. 수십 종의 포도주 구분 및 적절한 맛 평가 가능. 술과 잘 어울리는 치즈와 오르되브르 등의 음식도 추천.
- 개발기관 : NEC 시스템 테크놀로지와 미에 대한 연구진이 공동개발
- 기술원리 : 적외선 투사를 통한 성분분석 · 적절한 당도 및 산도 맛 구별. 자외선의 포도주병 투용을 통한 대상물에 흡수되는 자외선의 양과 흡수되지 않고 되돌아오는 양을 분석해 음식물의 맛과 종류를 식별.
- 크기 : 60 센티미터
- 향후 과제 : 수천 수만가지의 포도주 전체 식별은 아직 불가. 포도주 뚜껑 개봉 시 산화에 따른 성분 및 맛 변화 측정불가.

01 영희는 세 가지 물질 가, 나, 다가 고체, 액체, 수용액 상태에서 각각 전류를 흐르게 하는
지 알아보기 위해 실험을 했다. 아래 표는 영희의 실험 결과표이다.

물질의 종류	고체 상태	액체 상태	수용액 상태
[가]	×	○	○
[나]	×	×	×
[다]	×	○	×

영희의 실험 결과 물질 가로 추측할 수 있는 것은?

① 황산구리(Ⅱ)　　② 설탕　　　　③ 에탄올　　　　④ 포도당

02 다음 표에서 가장 멀리 있는 별은?

별	ㄱ	ㄴ	ㄷ	ㄹ
겉보기 등급(m)	0	2	2	−2
절대 등급(M)	3	2	−3	3

① ㄱ　　　　　② ㄴ　　　　　③ ㄷ　　　　　④ ㄹ

03 아래 그림과 같이 저항의 크기가 각각 R1(8Ω), R2(16Ω), R3(24Ω)인 니크롬선을 직렬
로 연결하였다. 저항이 8Ω인 니크롬선에 0.7A의 전류가 흐른다면, 저항이 16Ω R3의
니크롬선 양단에 걸리는 전압은 얼마인가?

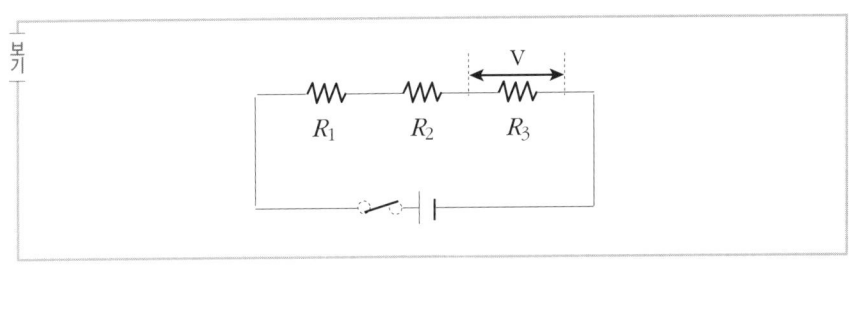

① 5.6V   ② 11.2V   ③ 28V   ④ 33.7V

04 다음 〈보기〉는 우리 주위에서 볼 수 있는 몇 가지 현상들을 나열한 것이다. 〈보기〉의 현상들이 가진 공통적인 원리를 가장 잘 나타낸 것은?

> **보기**
> - 옷에 묻은 기름때는 벤젠으로 잘 지워진다.
> - 유조선의 사고 시 유출된 원유는 바다 표면에 유막을 형성하며, 해양 생물에게 큰 피해를 준다.
> - 물이 고인 작은 웅덩이에 석유를 소량 뿌리면 물속에 서식하는 모기 유충이 구제된다.
> - 아세톤은 물과 잘 섞이지만, 물로 잘 지워지지 않는 얼룩을 지우는 데도 사용된다.
> - 설탕은 물에 잘 녹으나, 파라핀은 녹지 않는다.

① 탄소 화합물은 일반적으로 밀도가 작다.
② 물은 물분자 상호간의 인력이 강하여 다른 물질과 친화력이 작다.
③ 두 물질이 혼합되는 정도는 분자 간의 힘의 종류와 크기에 의존한다.
④ 휘발성이 큰 물질은 끓는점이 낮아 용매로서 널리 쓰인다.

05 다음은 어느 집안의 적록 색맹에 관한 가계도이다. D, E 사이에서 태어난 F가 색맹이 될
확률은?

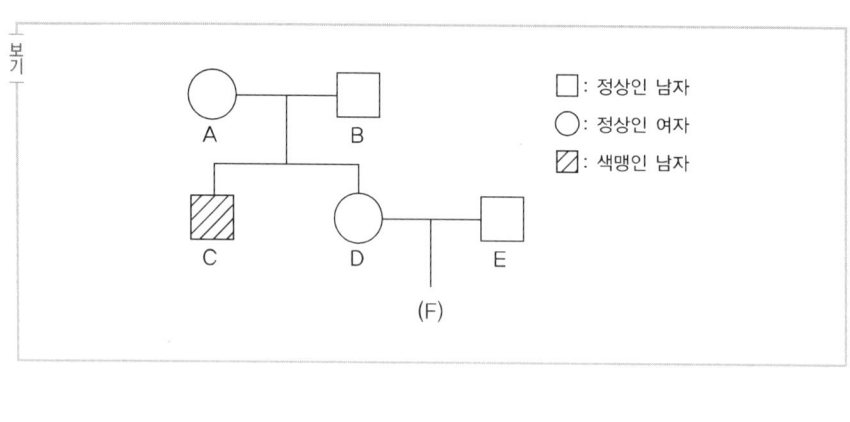

① 0   ② 1/2   ③ 1/4   ④ 1/8

06 10cm 길이의 고무줄 1개를 1cm 늘려 물체를 끌 때, 물체는 cm/s²의 가속도를 갖는다.
같은 재료로 된 20cm 길이의 고무줄 2개를 그림과 같이 물체에 연결하고 총 길이를
1cm늘리는 힘으로 물체를 끌 때 생기는 가속도는? (단, 마찰은 무시한다.)

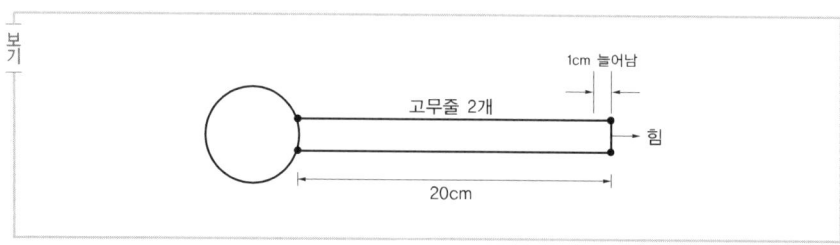

① 0.5cm/s²   ② 1cm/s²   ③ 2cm/s²   ④ 4cm/s²

3장 일반상식

　직무상식 부분에서 경제·경영, 과학·공학 상식과 더불어 큰 비중을 차지하고 있는 유형이다. 범위와 난이도에 있어서 그 어떤 유형보다 준비하기가 까다롭기는 하지만 매우 익숙한 유형이기도 하다. 왜냐하면 시중에 출간되어 있는 〈시사 일반상식〉에 관계된 책들이 이 부분을 주로 다루고 있기 때문이다.

　일반상식은 출제 범위가 없다고 보는 것이 좋다. 정치, 경제, 역사, 문화, 언어, 심리, 사회, 음악, 미술, 스포츠, 국제정치 등 광범위한 분야에서 다양하게 출제되고 있기 때문이다. 시중에 나온 두꺼운 상식 책이나 시사용어 정리집을 보면 많은 도움을 받을 수 있다.

　하지만 최신 시사 상식은 신문이나 잡지를 지속적으로 보고 정리해야 하기 때문에 정리된 상식책의 최신판이라 하더라도 그날그날의 주요 이슈들을 신문을 통해 정리하지 않으면 안 된다. 시중에 정평 있는 상식 책과 지속적인 신문 스크랩을 통해 30% 정도의 비중을 차지하고 있는 이 부분에서 최대한 점수를 잃지 말아야 하겠다.

　최근에는 직접적인 개념이나 용어를 묻는 대신에 그와 관련된 그림이나 사진을 제시하고 그 내용을 물어보는 문제가 주로 출제되고 있다. 따라서 단순 암기보다는 관련 자료를 세심히 보는 주의가 필요하다. 예컨대 고흐가 그린 〈자화상〉을 누가 그렸냐고 묻지 않고, 해당 그림을 주고 작가에 해당하는 설명을 고르거나 작가와 관련된 내용을 고르도록 하는 문제가 출제되고 있다. 그렇기 때문에 단순 암기가 아닌 자료와 관련 내용을 주의 깊게 정리할 필요성이 요구된다.

　여기서는 워낙 범위가 방대하여 기존에 산만하게 산재되어 있던 일반 상식 분야를 크게 2 분야로 대별하여 체계적으로 학습할 수 있도록 준비했다.

1절

일반교양

'일반교양' 이라 하면 고등학교 과정에서 배웠던 기초 과목에서부터 대학 학부의 교양 강좌를 아우르는 분야라 하겠다. 보통 인문과학과 사회과학 그리고 문학·예술 등의 분야로서 현대 교양인이라면 반드시 알아두어야 할 기본적인 내용을 검증하는 문제들이 출제되고 있다. 한국사와 한국어 능력은 물론 정치, 경세, 사회, 문화 그리고 철학, 문학, 예술에 이르기 까지 사회와 인간에 대한 이해를 바탕으로 포괄적인 교양 능력을 측정하고자 한다. 그렇기 때문에 주로 학교에서 배웠던 기초교양 과목들의 내용이 주를 이루고 있다. 고등학교 교과 과목을 중심으로 중요 내용을 정리한다면 이 유형의 문제에서 좋은 성과를 낼 수 있을 것이다.

`예제 1` 백제 근초고왕 때의 사실을 고른 것은?

① 부여씨의 왕위 세습제를 확립　　② 국호를 남부여라 칭함
③ 나제동맹을 맺음　　④ 지방의 22담로를 설치

| 정답 | ①

나제동맹은 동성왕 때이고, 국호를 남부여라 칭하고 지방에 22담로를 설치한 것은 성왕 때이다.

길잡이

◆ 근초고왕의 업적
　• 정복사업 : 고구려의 평양성을 공격하여 고국원왕을 전사시킴, 마한 병합, 가야에 대해 지배권 행사
　• 해외진출 : 남조의 동진과 교섭하고 산동지방과 일본의 규슈지방까지 진출하여 요서, 진평, 산동, 일본을 연결하는 고대상업세력 형성.
　• 기타 : 부여씨의 왕위세습, 부자상속, 진찌의 왕비족 결정, 고흥의 서기 편찬
　　일본에 아직기를 파견하고 칠지도를 하사, 탐라정벌(탐라 복속은 동성왕 때임), 지방관 파견, 담로제 실시(중앙과 귀족을 지방에 파견)

`예제 2` 1920년대 우리나라 문예지의 발생순서로 알맞은 것은?

① 창조-백조-폐허-조선문단　　② 개벽-폐허-백조-조선문단
③ 장미촌-창조-백조-조선문단　　④ 백조-조선문단-폐허-창조

| 정답 | ②

주의할 것은 창조의 발행년도가 1919년이라는 사실이다. 1920년대가 아님을 주의해야 한다.

길잡이

◆ 우리나라 동인지 및 잡지의 발간 순서
　창조(1919)-개벽(1920)-폐허(1920)-장미촌(1921)-백조(1922)-금성(1923)-영대(1924)-조선문단(1924)-해외문학(1927)-삼천리(1929)-문예공론(1929)

01 다음에서 북한의 '고려 민주 연방 공화국 창립 방안'에 대한 내용으로 거리가 먼 것은?

① 1민족 1국가, 1체제 2정부를 제안하였다.

② 1980년 10월 제6차 노동당 대회에서 제안하였다.

③ 1973년에 발표한 '조국 통일 5대 강령'에서 주장한 '고려 연방 공화국안'을 수정, 보완 한 것이다.

④ 상대방의 사상과 체제를 그대로 인정하고 지역자치제를 실시할 것을 제안하였다.

| 정답 | ①

북한은 '고려 민주 연방 공화국 창립 방안'에서 1민족 1국가, 2체제 2정부를 제안하였다.

길아잡이

◆ 고려 민주 연방 공화국 창립 방안

북한이 1980년에 내놓은 연방제 통일방안이다. 1960년대에 '연방제'로 통일할 것을 주장한 이래 지속적으로 연방제 통일방안을 고수하고 있다. 1970년대 '고려연방제'를 거쳐 1980년 노동당 제6차 대회를 통해 마련한 연방제 통일안이 '고려민주연방공화국창립방안'이다.

남과 북의 사상·제도를 그대로 인정하는 가운데 남북이 동등하게 참가하는 '민족통일정부'를 세우고 그 밑에 남북이 동등한 권한과 의무를 갖는 각각의 지역자치제를 실시하는 연방공화국을 창립하여 조국을 통일하자는 안이다. 연방국가 기구로 남북 동수의 대표와 적당한 수의 해외동포 대표로 '최고민족연방회의'를 구성하고 그 상임기구로 연방상설위원회를 조직하여 정치·국방·외교 등 연방국가의 전반적인 사업을 수행하도록 한다는 복안이다.

요컨대, 고려민주연방공화국창립방안은 남북 양 지역정부가 내정을 맡고 외교와 국방은 중앙정부가 맡는 '1민족 1국가 2제도 2정부' 형태를 띠고 있다.

02 다음은 조선시대 어떤 사건 대한 설명이다. 이 사건에 대한 명칭은?

> 보기
>
> 연산군의 사치비용을 백성과 훈구대신에게 분담시키면서 연산군의 척신과 일반 훈신이 갈등을 일으켜 척신들이 훈신들을 몰아내는 과정에 신진사림들이 연루되어 피해를 본 사건이다.

① 무오사화(戊午士禍)　　　　② 갑자사화(甲子士禍)

③ 을사사화(乙巳士禍)　　　　④ 기묘사화(己卯士禍)

| 정답 | ②

문제의 설명은 갑자사화(甲子士禍, 1504)에 대한 것이다.

- 무오사화(戊午士禍, 1498) : 김종직의 조의제문을 제자 김일손이 사초에 넣은 것을 구실삼아 유자광 등의 훈척세력이 김굉필, 정여창 등의 사림세력을 제거한 사건이다. 세조 이래 정권을 잡고 있던 공신 등 훈구세력과 신진사림의 대립투쟁 이었다.
- 을사사화(乙巳士禍, 1545) : 재위 9개월만에 인종이 병사로 돌아가자 명종이 즉위 후 문정왕후가 수렴 청정을 시작하였다. 이때 인종의 외척인 윤임(대윤)과 명종의 외척인 윤원형(소윤)의 반목 속에 소윤이 대윤을 몰아낸 사건이다.
- 기묘사화(己卯士禍, 1519) : 조광조가 등용되어 혁신적인 개혁정치를 단행하고 위훈삭제를 하자 과격 한 개혁정치에 염증을 느낀 왕과 훈구대신이 조광조 등 신진사림을 배격하면서 일어난 사건이다.

03　다음과 같이 지역을 개발하는 방식은?

> 보기 　낙후된 지역을 우선적으로 개발하여 지역격차를 완화하고, 균형적인 성장 을 도모하려는 방식

① 성장거점개발　　　　② 균형개발

③ 광역개발　　　　④ 지속가능한 개발

| 정답 | ②

지역개발의 방법으로는 3가지 방식이 있다.

- 성장거점개발 : 지역개발의 거점을 선정하여 집중 개발함으로써 그 파급효과를 주변지역으로 확산시 키는 방식. 위로부터의 개발(하향식 개발)이라고 함.
- 균형개발 : 낙후된 지역을 우선적으로 개발하여 지역격차를 완화하고, 균형적인 성장을 도모하려는 방 식. 아래로부터의 개발(상향식 개발)이라고 함.
- 광역개발 : 모든 지역을 대상으로 종합적으로 개발하는 방식
  * 지속가능한 개발 : 미래세대가 그들의 필요를 충족시킬 수 있는 가능성을 손상시키지 않는 범위에 서 현재 세대의 필요를 충족시키는 개발. 인간의 무분별한 개발행위로 인한 환경파괴를 방지하기 위해 제기된 환경과 개발의 조화 개념.

04 다음은 현상학을 창시한 후설이 창안한 용어이다. 이 철학적 용어는 무엇인가?

> 보 우리말로는 '의식작용'으로 번역되는 이 철학적 용어는 대상을 의미로서
> 기 구성하고 그 의미의 기능을 수행하는 작용의 측면이다. 예컨대 먼 거리에
> 서 보았을 때 원기둥처럼 보였던 탑이 실제로는 사각기둥이었다는 착각이
> 나, 실재하지 않는 대상에 대한 개념(용이나 둥근 사각형)도 현재 부여받
> 은 이러저런 수준의 질료(재료) 속에서 이것이 형성해 낸 의미이다.

① 노에마(Noema) ② 노에시스(Noesis)
③ 노에티카(Noetica) ④ 노이르(Noir)

| 정답 | ②

후설은 현상학적 환원에 의해 의식체험의 영역을 확보하는 한편, 여기서 서로 분리하기 어렵게 결합되어 있는 두 가지 측면이 있음을 명확히 했다. 하나는 인식에 나타나는 대상과 연관된 질료(재료)의 측면이고, 다른 하나는 의미적인 통합이 되지 않는 질료를 활성화해서 의미를 부여하는, 즉 대상을 의미로서 구성하고 그 의미의 기능을 수행하는 작용의 측면이다. 후설은 이 두 번째 측면을 노에시스라 불렀다. 이것은 후설이 그리스어 누스(Nous; 정신, 이성)와 노에인(Noein, 사유하다, 지각하다, 직관하다)을 결합시켜 만들어낸 용어이다. 노에시스를 직역하면 '의식작용'이 된다.

한편 후설은 질료에 노에시스가 작용해서 생겨난 '의미'를 노에마(Noema)라고 불렀다. 노에마는 의식되고 있는 의미적 내용 자체이다.

노에티카는 프랑스 작가 파스칼 키냐르가 후설의 노에시스 개념을 에티카(etica)와 결합시켜 만든 용어이다.

노이르(Noir)는 느와르의 불어 발음이다. 철학적 용어가 아닌 영화 장르에 대한 개념이다.

시사 상식

    시사 상식은 말 그대로 시의성 있고 사회인으로서 반드시 알고 있어야 하는 지식을 말한다. 그렇기 때문에 신문과 잡지 그리고 뉴스에 자주 등장하는 새로운 용어와 이슈들을 매일 정리하는 습관을 들여야 한다. 이 영역에서 출제되는 문제들은 가장 최근에 문제시 되었던 주요 사건이나 쟁점이 되었던 이슈들 큰 비중을 차지하고 있다. 다행히도 이 부분을 대비하기 위한 좋은 시사 상식 책들이 많이 출간되어 있기 때문에 참고하면 많은 도움이 될 수 있다. 중요한 것은 최신 시사 상식 교재라 하더라도 시험을 보기 한 달 전의 주요 이슈와 사건은 반드시 신문과 뉴스를 통해 정리를 해야 한다는 점이다. 준비를 소홀히 하면 낭패를 볼 수 있는 부분이기 때문에 철저하고 세심한 준비가 요구되는 영역이라 하겠다.

예제 1 PIGS는 돼지들이란 뜻으로, 2010년 재정위기가 닥친 유럽국가들을 지칭하는 말이다. 이에 해당되지 않는 국가는?

① 아일랜드　　　② 그리스　　　③ 포루투갈　　　④ 벨기에

| 정답 |　④

PIGS 또는 PIIGGS는 돼지들이란 뜻으로, 2010년 현재 재정위기가 닥친 포르투갈, 이탈리아, 아일랜드, 그리스, 스페인, 영국을 말한다. 원래는 PIGS 4개국이었는데, I 아일랜드, G 영국이 추가되어 PIIGGS 6개국을 지칭한다.

예제 2 동아시아의 영토분쟁 지역으로서, 1974년 베트남 전쟁 중 중국이 강제 점령한 지역이다. 중국, 베트남, 대만이 영토권을 주장하고 있는 가운데, 중국이 이 지역을 실효적으로 지배하고 있다. 이 지역은?

① 쿠릴열도　　　② 댜오위다오　　　③ 시사군도　　　④ 난사군도

| 정답 |　③

문제에서 묻고 있는 분쟁지역은 시사군도이다.
동아시아의 신냉전이라고 불리우는 영토분쟁을 정리하면 다음과 같다.

길아잡이

◆ 동아시아의 영토분쟁 지역

지역	독도 (다케시마)	쿠릴열도 (북방영토)	시사군도 (파라셀제도)	센카쿠열도 (댜오위다오)	난사군도 (스플래틀리군도)
분쟁당사국	한국, 일본	러시아, 일본	중국, 베트남, 대만	일본, 중국, 대만	중국, 대만 필리핀, 베트남, 말레시아, 브루나이
분쟁계기	1905년 일본내각에서 자국영토로 편입	1945년 2차대전 종료후 소련군이 점령	1974년 베트남 전쟁 중 중국이 점령	1895년 청일전쟁 중 일본에 편입	2차대전 중 일본이 점령, 종전후 중국에 반환
실효지배국	한국	러시아	중국	일본	중국, 대만, 필리핀, 베트남, 말레시아

01 다음 작품과 관계가 먼 설명은?

보기

① 감독은 루이비통의 여성복 수석 디자이너 출신이다.

② 퀴어 영화에 속하는 내용을 다루고 있다.

③ 인간 내면의 고독과 우울을 잘 형상화했다고 평가받고 있다.

④ 이 영화의 주인공은 대학 교수이다.

| **정답** | ①

이 작품은 톰 포드의 데뷔작품이다. 구찌의 여성복 디자이너로 출발한 톰 포드는 승승장구하여 구찌의 수석 디자이너가 된 후 구찌 브랜드의 모든 기획을 도맡아 지휘했다. 하지만 그의 꿈은 영화감독으로서, 2004년 최고경영자와 의견차이로 구찌를 그만두고 헐리우드로 가 영화를 제작하게 된다. 이 영화가 바로 2009년 개봉된 〈싱글맨〉이다. 이 작품은 동성애자인 영국인 대학교수(콜린 퍼스)가 16년간 함께한 파트너를 잃으면서 벌어지는 이야기를 다루고 있는데, 인간 내면의 고독과 우울을 잘 형상화 했다고 평가받고 있다.

02 다음에서 설명하고 있는 문화적 신조어는 무엇인가?

> 보기
> - 자신감, 지도력, 정열, 너그러움이란 긍정적 남성성을 갖추고, 여성경멸과 문화적 소양 결핍 등 보통 남성의 약점을 극복한 사람
> - 2005년 미국 광고회사 트렌드 분석가 메리언 솔즈먼이 〈남성의 미래〉에서 처음 사용
> - 다니엘 헤니, 빌 클린턴, 아놀드 슈워즈네거 등이 대표적 인물

① 메트로 섹슈얼　　　　　　　② 레트로 섹슈얼
③ 크로스 섹슈얼　　　　　　　④ 위버 섹슈얼

| 정답 |　④
문제에서 설명하고 있는 것은 위버 섹슈얼이다. 비슷한 용어들이라 정확한 구분이 필요하다.

길라잡이

◆ 문화적 신조어

메트로섹슈얼 (metrosexual)	• 성 정체성에 관계없이 외모와 라이프스타일에 돈을 많이 쓰는 도시 남자 • 패션감각, 멋진 몸매, 부드러운 미소, 깔끔한 매너를 모두 갖춘 것이 특징 • 1994년 영국 문화평론가 마크 심슨이 만든 용어 • 권상우, 안정환, 데이비드 베컴 등
크로스섹슈얼 (cross-sexual)	• 외모를 여성처럼 꾸미는 남성 • 영화배우 이준기가 대표적인 인물
레트로섹슈얼 (retrosexual)	• 자신의 외모를 꾸미는데 전혀 신경쓰지 않는 사람 • 2005년 영국 콜린스 영어사전에 신조어로 등록
콘트라섹슈얼 (contrasexual)	• 기존의 성 역할 및 관념에 반대되는 성향을 가진 여성 • 2004년 영국의 미래학연구소에서 만든 용어

03 각국의 화폐단위가 잘못 연결된 것은?

① 영국, 이집트 – 파운드(Pound)

② 이라크, 쿠웨이트, 바레인 – 디나르(Dinar)

③ 덴마크, 노르웨이, 스웨덴 – 크로네(Cronet)

④ 멕시코, 칠레, 필리핀 – 페소(Peso)

| 정답 | ③

스웨덴의 화폐단위는 코르네가 아니 크로나(Crona)이다.

페소화를 쓰는 나라에 아르헨티나도 있다.

참고로, 터키는 리라(Lira), 태국은 바트(Baht), 인도네시아는 루피아(Rupiah)를 화폐단위로 사용하고 있다.

04 2010년 12월 북한의 연평도 포격에 대한 대응 포격으로 우리나라 자주포 2문이 고장이 나서 우리 군의 대응사태에 대한 위기의식이 높아졌다는 언론의 보도가 있었다. 이 고장 난 2문의 포는 이번 북한의 연평도 포격에 대한 대응 포격을 한 한국의 주력 자주포인 K–9이다. 이 자주포는 국방과학연구소와 삼성테크원이 대한민국에서 독자 개발한 자주포로서 터키에 새로운 이름을 붙여 수출하고 있다. 한국의 주력 자주포인 K–9의 수출 명칭은?

① 번개　　　　　② 천둥　　　　　③ 폭풍　　　　　④ 태풍

| 정답 | ②

K–9 자주포란 기존의 K–55 자주포보다 더 우수한 자주포를 획득하기 위해 ADD(국방과학연구소)와 삼성테크원이 대한민국에서 독자 개발한 자주포이다.

자주포(自走砲)는 야전포를 스스로 움직여 사격할 수 있도록 무한궤도 등의 차체에 탑재한 것을 말한다. 대체로 전차에 비해 장갑이 얇고 더 큰 구경의 대포를 탑재한다. 주로 곡사무기를 사용한다는 특징이 있다.

K–9 자주포는 사단급 포병 무기로 북한의 170㎜ 자주포, 미국의 팔라딘 자주포보다 사거리가 길고 발사 속도가 빠르다. K–9의 최고 사거리는 60㎞이나 보통은 45㎞ 정도로 발사된다.

우리나라는 터키에 K–9 자주포를 T–155 피르티나(Firtina · 천둥)라는 이름으로 수출하고 있다.

연·습·문·제

01 다음 건축물과 관계가 깊은 나라에 대한 설명은?

보기

① 2010년 피파집행위원회에서 2022년 월드컵 유치권을 따냈다.
② 조지오웰의 〈카탈로니아찬가〉는 이 나라의 내전을 배경으로 한 작품이다.
③ 빛의 화가로 일컬어지는 인상주의 화가들의 고향이다.
④ 세계적으로 가장 높은 경제성장률을 보이고 있다.

02 다음 내용의 숫자를 모두 더하면?

보기
2010년 현재 우리나라 국회의원의 수
현행 대법관의 임기
중앙선거관리위원회 위원 수
대통령이 임명하는 헌법재판소 재판관의 수
서울특별시 구청장의 수

① 149　　　　② 256　　　　③ 322　　　　④ 348

03 아래의 작품과 가장 가까운 시기에 그려진 우리나라의 작품은?

보기

① 안견의 〈몽유도원도〉　　　　② 정조 대왕의 〈파초도〉

③ 솔거의 〈노송도〉　　　　　　④ 신윤복의 〈미인도〉

04 다음과 같은 특성을 대변하는 영화장르는 무엇인가?

보기

주로 2차 대전을 전후한 10여년 동안 헐리우드 메이저와 독립 프로덕션에 의하여 만들어졌던 영화들로서, 애초부터 추리소설이나 싸구려 애정소설 독자들을 겨냥한 기획의 소산이었다. 이 영화들은 적은 자본으로 단기간에 제작된 흑백영화가 대부분이었으며 당대의 미국 대도시를 무대로 탐정, 형사, 갱스터들이(물론 그들과 관계를 맺게 되는 여인들과 함께) 주인공으로 등장하는 추리물 이었다. 주로 음모와 배신이 난무하는 도시를 배경으로, 폭력을 음울하고 어둡게 표현했다.

① 누벨 바그　　　② 아르 누보　　　③ 느와르　　　④ 컬트

05 다음 지도를 보고 물음에 답하시오.

한식이는 이탈리아를 남북으로 종주하는 여행계획을 세웠다. 반드시 ㄱ(토리노)-ㄴ(피렌체)-ㄷ(로마)-ㄹ(나폴리)-ㅁ(타란토)까지 차례로 돌기로 했다. 하지만 경제적 효용성도 중요하기 때문에, 경제적 효율성이 없을 때에는 언제라도 여행을 중단하고 귀국하기로 했다. 다음 표는 한식이의 〈도시별 여행 경비와 만족의 가치〉를 나타낸 것이다. 이 경우 어디서나 귀국경비는 동일하다고 가정한다. 한식이가 귀국하기 직전 마지막으로 둘러본 이탈리아 도시의 특색에 해당하는 것은?

■ 도시별 여행 경비와 만족의 가치

도시	도시별 여행 경비(만원)	만족의 가치(만원)
ㄱ-밀라노	600	900
ㄴ-피렌체	400	600
ㄷ-로마	500	600
ㄹ-나폴리	300	200
ㅁ-타란토	200	50

① 프랑스 파리보다 작은 도시이지만 전 세계의 이목을 집중시키고 있는 패션 산업의 중심지로서, '스타일의 수도'라고도 불리고 있다.

② 이탈리아 제3의 도시로서, 예로부터 '이 도시를 보고 죽어라'라는 유명한 속

담이 전해올 만큼 세계적인 관광도시의 하나이다. 마카로니 생산의 중심지, 카메오 등 조개세공의 산지로도 유명하다.

③ 중부의 아펜니노산맥에서 발원하는 테베레강(江) 하류의 구릉지대에 자리잡고 있는 도시이며, 유명한 성베드로 대성당이 위치해 있다.

④ 메디치가의 황금시대 유산이 고스란히 남아있는 지역으로, 이탈리아 르네상스 문화의 중심지였다.

06 다음 역사적 사건의 명칭과 연관이 있는 동물은?

> 보기
> • 제3차 김홍집 내각과 제4차 김홍집 내각에 의한 개혁
> • 군대를 친위대와 진위대로 개편
> • 건양(建陽)이라는 일세일원(一世一元)의 연호 사용
> • 우체사무 개시와 소학교 설치

① 양   ② 원숭이   ③ 말   ④ 뱀

＊언어능력

언·어·능·력 **1** 장   p38

01 ②	02 ③	03 ①	04 ②	05 ②	06 ②

01 승계(承繼) : 다른 사람의 권리나 의무를 이어받는 일.
① 유전(流轉) : 이리저리 떠돎.
② 상속(相續) : 다음 차례에 이어 주거나 이어받음.
③ 전달(傳達) : 지시, 명령, 물품 따위를 다른 사람이나 기관에 전하여 이르게 함.
④ 증여(贈與) : 물품 따위를 선물로 줌.

02 아둔하다 : 슬기롭지 못하고 머리가 둔하다.
① 재빠르다 : 동작 따위가 재고 빠르다.
② 호젓하다 : 후미져서 무서움을 느낄 만큼 고요하다.
④ 붐비다 : 좁은 공간에 많은 사람이나 자동차 따위가 들끓다.

03 단애와 절벽은 모두 낭떠러지를 이르는 말로 유의관계에 있다. 밀정과 간첩은 몰래 정보를 알아내는 사람이라는 의미를 가지는 유의관계에 있다.

04 공약을 잘 지킬 수 있는지를 판단하라는 의미이다.
① 易行 : 행하기 쉬움.
② 履行 : 실제로 행함.
③ 移行 : 다른 상태로 옮아감.
④ 已行 : 이미 결정함.

05 영국과 식민지는 같이 전쟁을 치르면서도 서로 다른 생각을 가지고 있다.
동상이몽(同床異夢) : 겉으로는 같이 행동하면서도 속으로는 각각 딴생각을 하고 있음을 이르는 말.
빙탄지간(氷炭之間) : 서로 정반대가 되어 용납하지 못하는 관계를 이르는 말.
후안무치(厚顔無恥) : 뻔뻔스러워 부끄러움이 없음.
지지부진(遲遲不進) : 매우 더디어서 일 따위가 잘 진척되지 아니함.

06 ① 두문불출(杜門不出) : 방안에 틀어박혀 나가지 않음
② 육지행선(陸地行船) : 육지에서 배를 저으려 한다는 뜻으로, 안되는 일을 억지로 하려고 함을 비유적으로 이르는 말.
③ 고굉지신(股肱之臣) : 임금이 가장 신임하는 신하

④ 천려일득(千慮一得) : 어리석은 사람이라도 많은 생각을 하는 가운데에는 하나쯤 쓸만한
　것도 있을 수 있다는 말

언·어·능·력 **2**장 p54

01 ①　　**02** ②　　**03** ②　　**04** ③　　**05** ③　　**06** ④

01　연극의 줄거리가 개연성을 가지지 못하면 관람객의 심정적 작용을 일으키지 못한다는 앞의 내
용을 근거로 예술적 표현방식에서 대상을 개연성 있게 표현하는 것이 중요하다고 말하고 있다.
그러므로 앞에서 말한 일이 뒤에서 말할 일의 이유나 근거가 됨을 나타내는 '따라서' 가 들어가
는 것이 적절하다.

02　성공한 기업은 고객의 입장에서 조직 구조를 재조정했다는 내용 뒤에 어느 병원이 환자의 입
장에서 경영을 혁신했다는 내용이 이어진다. 여기서 병원은 앞 내용의 예시로 제시되었다는
것을 알 수 있다. 따라서 '예를 들자면' 의 뜻을 가진 '예컨대' 가 적절하다.

03　각 기업들이 자신의 행위가 '은행체제', '기업체제', '국가체제' 에 미칠 영향을 간과하여 경제
위기가 왔다는 내용이다. 따라서 '은행체제', '기업체제', '국가체제' 를 대등하게 연결해주는
'그리고' 가 적절하다.

04　(다)의 예시는 (나)에서 설명하는 유가에서 어진 마음을 베푸는 순서를 설명하고 있다. 따라서
(다)는 (나)의 뒤에 이어져야 한다. 반면 (가)와 (라)는 불씨의 자비설에 대한 설명이다. 그런데
(마)는 불씨의 자비설이 앞의 내용과 상반된다는 내용이다. 따라서 유가에 대한 설명 → (마)
→ 불씨의 자비설에 대한 설명 순으로 이어져야 한다. 따라서 (나)와 (다) 이후에 (마)-(가)-
(라)가 연결되는 것이 적절하다.

05　(라)에서 전통을 문화적 유산이라는 개념으로 정의하고 있고, 문화적 개념의 범위에 대해 (나)
에서 설명하고 있으므로 (라)의 뒤에 (나)가 이어져야 한다. (가)는 전통의 범위에 대한 추가설
명이므로 (라)(나)의 뒤에 이어져야 한다. 그리고 (다)는 앞의 논의를 이어받아서 전통이 될 수
있는 가능성에 대해 설명하고 (마)는 이를 비판하고 있으므로 (다) - (마)의 순으로 이어져야
한다.

06　'인간은 만물의 영장이라고 한다' (나)로 글이 시작되었으므로 이에 대한 설명인 (라)가 이어
져야 한다. 그리고 '인간은 창의적으로 문제를 해결해가는 존재다' 라는 (라)의 내용 뒤에는
이런 점을 근거로 언어의 발생을 설명하는 (바) - (다)가 이어져야 한다. 그리고 인간이 언어
를 창조적으로 만들었다는 (다)의 내용이 바로 마티의 주장이므로 (가)와 (마)는 그 뒤에 이어
져야 한다.

0**1**　첫 문단에서는 역사적 의의의 추구란 시대적·사회적 관련 속에서 과거의 사실들이 지니는 위치를 밝히는 것이라고 설명하고 있다. 그리고 두 번째 문단에서는 이러한 첫 문단의 내용을 받아들인 후 시대적·사회적 관련을 찾는 방법에 관해 논의를 전개하고 있다. 따라서 앞의 내용을 받아들일 때 쓰는 '그러면'이 들어가는 것이 적절하다.

0**2**　'진정한 이유', '보편적인 법칙', '일반적인 현상'은 모두 사실과 사실 사이의 관련성을 설명 가능하게 만드는 역할을 한다. 그러나 '대신의 말'은 표면에 내세운 말로서, 이러한 관련성을 설명하는 데 도움이 되지 않는다.

0**3**　모든 민족이 동일한 역사의 과정을 겪는다고 판단하기 위해서는 오직 단 하나의 법칙에 따라 역사가 진행된다고 보아야 한다. 그러나 위 글에서는 특정 사건을 예로 들어 이에 한정된 법칙만을 설명하고 있다. 따라서 단 하나의 법칙만이 존재한다는 사실은 위 글로부터 이끌어 낼 수 없으므로, 모든 민족은 동일한 역사를 겪는다고 말할 수 없다.

0**4**　(다)는 대중 매체 권력을 룩스가 제시한 3차원적 권력으로 볼 수 있다는 내용의 도입부이므로 맨 앞에 와야 한다. (라)와 (가)는 대중 매체가 3차원적 권력을 가지게 된 원인을 설명하고 있고 (나)는 1, 2, 3차원적 권력의 개념을 설명하고 있다. 따라서 개념적 설명인 (나)가 (라)와 (가)보다 앞에 있는 것이 적절하다. 또한 (가)에는 비대칭적인 대중 매체의 커뮤니케이션에도 대중 매체 권력이 드러난다고 제시되어 있으므로 (가)의 앞에 (라)가 오는 것이 적절하다.

0**5**　위 글에 따르면 대중 매체는 수용자 사이의 어떤 중계 기능을 한다. 그런데 그 다음 내용을 보면, 인간의 활동 범위가 크게 확장된 현대사회에서는 전통사회와 달리 정부를 비롯해 거의 모든 정치적·사회적 주체들이 대중 매체를 통해 소통한다고 되어 있다. 이를 연결해보면, 대중 매체는 활동 범위가 확장된 사회에서 주체들 간의 소통을 원활히 하는 중계 기능을 한다고 볼 수 있다. 따라서 활동 범위가 넓은 주체들 간의 소통을 돕는 기능을 한다는 점을 볼 때 공간적·사회적 거리를 단축시켜 준다는 내용이 빈칸에 가장 적절하다.

0**6**　위 글에서는 대중 매체가 권력을 가지고 있다고 보고, 대중 매체 숫자가 아무리 늘어도 수용자 수준으로 다원화되거나 수용자의 여러 측면을 온전히 담아내기에는 많은 한계가 있다고 보고 있다. 따라서 대중 매체에 자신의 의견을 반영시키는 경우가 늘고 있다는 사실은 위 글의 내용과 부합하지 않는다.

0**7**　수용자들 간의 연결 관계가 약하다는 의미이므로 유대(紐帶)가 적절하다.
　　유대(紐帶) : 둘 이상을 서로 연결하거나 결합하게 하는 것. 또는 그런 관계.
　　유대(有待) : 의식(衣食) 따위에 기대야 살 수 있는, 덧없는 인간의 몸.
　　유비(有備) : 방비나 준비가 되어 있음.
　　유비(類比) : 맞대어 비교함.

*수리능력

01   A : □ABCD의 넓이

■ 대각선의 길이가 각각 a = 5, b = $2\sqrt{10}$이고, 그 끼인각이 60°인 사각형의 넓이

$$= \frac{1}{2} \times 5 \times 2\sqrt{10} \times \frac{\sqrt{3}}{2} = \frac{5\sqrt{30}}{2}$$

B : $750^{\frac{1}{2}} \times 2^{-1}$

■ $750^{\frac{1}{2}} \times 2^{-1} = \sqrt{750} \times \frac{1}{2} = \frac{\sqrt{750}}{2} = \frac{\sqrt{25 \times 30}}{2} = \frac{5\sqrt{30}}{2}$

〈길라잡이〉
– 대각선의 길이가 각각 a, b이고, 그 끼인각이 θ인 사각형의 넓이 : $\frac{1}{2} ab \sin \theta$

– $a^{\frac{1}{2}} = \sqrt{a}$, $a^{-1} = \frac{1}{a}$

02   A : $\frac{\angle x}{2}$

■ 오각형의 내각의 합 = 180° × (5 − 2) = 540°

■ 180° − 80° = 100°, 180° − 45° = 135°, 180° − 95° = 85°

■ 180° − $\angle x$ = $\angle y$라 할 때 오각형의 내각의 합

= 540° = $\angle y$ +108° + 100° +135° +85°

■ $\angle y$ = 540° − (108° + 100° +135° +85°) = 112°

■ 180° − $\angle x$ = $\angle y$ = 112°, $\angle x$ = 68°, $\frac{\angle x}{2}$ = 34°

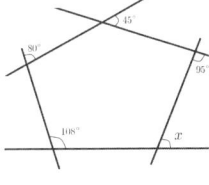

B : 정십이각형의 한 외각의 크기

■ 정십이각형의 내각의 크기= 180° × (12−2) = 1800°.

■ 정십이각형의 한 내각의 크기 = $\frac{180° \times (12 − 2)}{12} = \frac{1800°}{12}$ = 150°

■ 정십이각형의 한 외각의 크기 = 180° − 한 내각의 크기 = 180° − 150° = 30°

〈길라잡이〉
– n각형의 내각의 합 = 180° × (n −2)
– 내각의 크기 = 180° − 외각의 크기
– 정 n각형의 한 내각의 크기 = $\frac{180° \times (n − 2)}{n}$

03   A : 닮은 두 삼각기둥의 닮음비가 3:5이고, 작은 삼각기둥의 부피가 54㎤일 때, 큰 삼각기둥
의 부피

- 닮은 두 삼각기둥의 닮음비가 3:5일 때 부피의 비는 $3^3 : 5^3$
- 큰 삼각기둥의 부피를 $x\text{cm}^3$라 할 때 닮은 두 삼각기둥의 부피의 비는 $54\text{cm}^3 : x\text{cm}^3$
- $3^3 : 5^3 = 54\text{cm}^3 : x\text{cm}^3$
- $x\text{cm}^3 \times 3^3 = 54\text{cm}^3 \times 5^3$, $x\text{cm}^3 = 54\text{cm}^3 \times \dfrac{5^3}{3^3} = 250\text{cm}^3$

B : 닮은 두 오각형의 닮음비가 3:5이고, 작은 오각형의 넓이가 90㎠일 때, 큰 오각형의 넓이

- 닮은 오각형의 닮음비가 3:5일 때 면적의 비는 $3^2 : 5^2$
- 큰 오각형의 면적을 $y\text{cm}^2$라 할 때 닮은 두 오각형의 면적의 비는 $90\text{cm}^2 : y\text{cm}^2$
- $3^2 : 5^2 = 90\text{cm}^2 : y\text{cm}^2$
- $y\text{cm}^2 \times 3^2 = 90\text{cm}^2 \times 5^2$, $y\text{cm}^2 = 90\text{cm}^2 \times \dfrac{5^2}{3^2} = 250\text{cm}^2$

〈길라잡이〉

※ 면적과 부피와 같이 서로 단위가 다른 두 수의 크기를 비교하라는 문제가 종종 출제된다. 이 경우 각 값의 크기만을 비교하여 문제를 풀면 된다.

- 각기둥의 부피 = 밑면의 면적 × 기둥의 높이
- 닮은 입체도형의 닮음비와 부피의 관계 : 닮은 입체도형의 닮음비가 m : n이면, 부피의 비는 $m^3 : n^3$
- 닮은 평면도형의 닮음비와 면적의 관계 : 닮은 평면도형의 닮음비가 m : n이면, 그 넓이의 비는 $m^2 : n^2$

---

04 A : 주어진 점으로 만들 수 있는 삼각형의 개수
- 주어진 8개의 점 가운데 3개를 뽑아서 만들 수 있는 조합의 수
$$= {}_8C_3 = \frac{8!}{3!(8-3)!} = \frac{8!}{3! \times 5!} = 56$$

여기서 사각형을 이루는 각 선분 위의 3개의 점이 하나의 조합이 되는 경우는 4가지이며 이 4가지 조합에서는 삼각형이 만들어지지 않는다.
따라서 주어진 점으로 만들 수 있는 삼각형의 개수 = 56 − 4 = 52개

〈길라잡이〉

− n개의 대상 중 순서를 고려하지 않고 r개를 뽑아 만들 수 있는 조합의 수 $= {}_nC_r = \dfrac{n!}{r!(n-r)!}$

− n! = n × (n−1) × (n−2) × ⋯ × 3 × 2 × 1

− r! = r × (r−1) × (r−2) × ⋯ × 3 × 2 × 1

− (n−r)! = (n−r) × (n−r−1) × (n−r−2) ⋯ × 3 × 2 × 1

---

05 A : 144의 약수의 개수
- $144 = 2^4 \times 3^2$
- 144의 약수의 개수 = (4 +1) × (2 +1) = 15개

B : 두 개의 주사위를 동시에 던져 그 눈의 합이 3의 배수가 되는 경우의 수

- 두 개의 주사위를 동시에 던져 그 눈의 합이 3이 되는 경우 {1, 2}, {2, 1} = 2가지
- 두 개의 주사위를 동시에 던져 그 눈의 합이 6이 되는 경우 {1, 5}, {5, 1}, {2, 4}, {4, 2}, {3, 3} = 5가지
- 두 개의 주사위를 동시에 던져 그 눈의 합이 9가 되는 경우 {3, 6}, {6, 3}, {4, 5}, {5, 4} = 4가지
- 두 개의 주사위를 동시에 던져 그 눈의 합이 12가 되는 경우 {6, 6} = 1가지

  따라서 2가지 + 5가지 + 4가지 + 1가지 = 12가지

〈길라잡이〉

※ 두 눈의 합이 3이 되는 경우와 같이 각각의 경우를 직접 따져 봐야하는 문제들이 종종 출제된다. 그렇지만 확인해야 하는 경우의 수가 적도록 출제되기 때문에 당황하지 않고 정확히 경우의 수를 따진다면 쉽게 문제를 해결할 수 있다.

- 약수 : 0이 아닌 정수를 나눠떨어지게 하는 자연수이다.
- 나머지가 0이 될 때까지 소수로 나눠지는 수는 $a^p \times b^q$로 표현할 수 있다.
  → 단 a, b는 나눌 수 있는 가장 작은 소수
- $a^p \times b^q$로 나타낼 수 있는 정수의 약수의 개수
  = (p + 1) × (q + 1)

06

- $\sqrt{n^2 + 14n + 49} = \sqrt{(n+7)^2} = n + 7 = 81, n = 74$
- $0.3x^2 - 0.2x - 0.5 = 0, \quad 0 < x$
- $3x^2 - 2x - 5 = 0, \ (3x - 5)(x + 1) = 0, \ x = \dfrac{5}{3}, \ x = -1$
- $0 < x \rightarrow x \neq -1, \ x = \dfrac{5}{3}$

A : $(76 - n)^2 - x$
- $(76 - n)^2 - x = (76 - 74)^2 - \dfrac{5}{3} = 2\dfrac{1}{3}$

B : $(n - 72)x$
- $(n - 72)x = (74 - 72) \times \dfrac{5}{3} = 2 \times \dfrac{5}{3} = \dfrac{10}{3} = 3\dfrac{1}{3}$

〈길라잡이 1〉

- $n > 0, m > 0$일 때 $= \sqrt{n + m \pm 2\sqrt{n \times m}} = \sqrt{n} \pm \sqrt{m}$
- 인수분해
  → $mx + nx = (m + n)x$
  → $m^2 + 2mn + n^2 = (m + n)^2$
  → $mnx^2 + (mp + no)x + (o \times p) = (mx + o)(nx + p)$
- $(mx + o)(nx + p) = 0,$ (단, $m \neq 0, \ n \neq 0$) 일 때 $x = -\dfrac{o}{m}$ 또는는 $x = -\dfrac{p}{n}$

<길라잡이 2>
- $x^2 + (m+n)x + mn = (x+m)(x+n)$
- $m^2 - 2mn - n^2 = (m-n)^2$
- $m^2 - n^2 = (m+n)(m-n)$

<길라잡이 3>
- 로그의 정의 : $a > 0$, $a \neq 1$, $b > 0$일 때, $a^x = b \Leftrightarrow x = \log_a b$
  이 때 $\log_a b$의 a를 '$\log_a b$의 밑' 이라 하며, b를 '$\log_a b$의 진수' 라 한다.
- 로그의 변환 : $a > 0$, $a \neq 1$, $b > 0$, $x > 0$ 일 때
  $\log_a a = 1$, $\log_a 1 = 0$, $\log_a b^n = n\log_a b$(단, n은 실수)
- 로그의 사칙연산
  $\log_a b - \log_a x = \log_a \dfrac{b}{x}$, $\quad \log_a b + \log_a x = \log_a b \times x$
- 로그의 밑 변환 : $a > 0$, $a \neq 1$, $b > 0$일 때
  $\log_a b = \dfrac{\log_c b}{\log_c a}$ (단, $c \neq 1$, $c > 0$), $\log_a b = \dfrac{1}{\log_b a}$(단, $b \neq 1$)
- 기본적인 부등식
  1. n, m의 양, 0, 음에 관계없이 $n > m \Leftrightarrow n^3 > m^3$
  2. $n > 0$, $m > 0$ 일 때, $n > m \Leftrightarrow n^2 > m^2 \Leftrightarrow \sqrt{n} > \sqrt{m}$

수 · 리 · 능 · 력 **2**장 p133

01 ③   02 ④   03 ③   04 ①   05 ④   06 ④   07 ③   08 ②

01 한 번에 승차시킬 수 있는 인원은 1편성 인원 × 편성이다.
B 모노레일 = 4량 × 478인 = 1,912, D 모노레일 = 4량 × 420인 = 1,680
■ (478명 − 420명) × 4 = 232명

02 평균 역간 거리 = $\dfrac{영업거리}{정거장수}$

A 모노레일 = $\dfrac{16.9\text{km}}{9역}$ = 1.88km

B 모노레일 = $\dfrac{8.4\text{km}}{8역}$ = 1.05km

C 모노레일 = $\dfrac{13.3\text{km}}{7역}$ = 1.9km

D 모노레일 = $\dfrac{16.2\text{km}}{6역}$ = 2.7km

03 ■ 학급별로 수행평가 전체 인원에서 수행평가 통과인원이 차지하는 비율을 계산하고 이를 비교하라는 것

■ 전체 수행평가 통과율 = $\dfrac{수행평가\ 통과인원}{수행평가\ 인원} \times 100$ 이 된다.

■ A반 = $\dfrac{18명}{40명}$, B반 = $\dfrac{25명}{41명}$, C반 = $\dfrac{24명}{38명}$, D반 = $\dfrac{16명}{40명}$

■ A반과 D반은 50% 이하인 반면 B반과 C반은 50% 이상이다.

- B반과 C반을 비교해 보면,

→ B반 $= \dfrac{25명}{41명}$, C반 $= \dfrac{24명}{38명}$

→ $\dfrac{25명}{41명}$ VS $\dfrac{24명}{38명}$

→ $\dfrac{25-24}{41-38} = \dfrac{1}{3}$ VS $\dfrac{24명}{38명}$

→ $\dfrac{1}{3} < \dfrac{24명}{38명}$

→ $\dfrac{25명}{41명} < \dfrac{24명}{38명}$가 된다. 따라서 C반이 B반보다 더 높다.

04

- 학급별로 수행평가 연습횟수가 2회인 전체 학생 중에서 수행평가에 통과한 인원이 차지하는 비율을 비교하라는 것.
- A반 : $\dfrac{6명}{15명}$, B반 : $\dfrac{7명}{13명}$, C반 : $\dfrac{8명}{13명}$, D반 : $\dfrac{6명}{14명}$
- A반과 B반을 비교해 보면 B반이 A반보다 분모는 크고 분자는 작으므로 비율값은 A반이 더 낮다.
- A반과 C반을 비교해 보면 A반이 C반보다 분모는 크고 분자는 작으므로 비율값은 A반이 더 낮다.
- A반과 D반을 비교해 보면 A반이 D반보다 분모는 크고 분자는 같으므로 비율값은 A반이 더 낮다.

〈길라잡이〉

• 정보 제공 형태 파악

발문 + 수행평가 작성 요령 + 수행평가에 관한 결과

• 주어진 정보의 재구성

결과 \ 연습횟수		1회	2회	3회	전체
A	통과	6	6	6	18
	실패	3	9	10	22
	전체	9	15	16	40
B	통과	8	7	10	25
	실패	2	6	8	16
	전체	10	13	18	41
C	통과	7	8	9	24
	실패	6	5	3	14
	전체	13	13	12	38
D	통과	3	6	7	16
	실패	6	8	10	24
	전체	9	14	17	40

05 A산업의 매출액 10억 4천만원 + B산업의 매출액 41억 6천 = 52억

06 C산업의 부가가치 : 282억 × 0.02 × 0.3
D산업의 부가가치 : 141억 × 0.02 × 0.6
E산업의 부가가치 : 408억 × 0.04 × 0.5
F산업의 부가가치 : 102억 × 0.01 × 0.5

07 2003년에 한국의 물가지수 100보다 높은 국가는 총 6개(일본, 프랑스, 캐나다, 미국, 독일, 영국) 국가이며, 2007년에는 총 7개(일본, 프랑스, 터키, 캐나다, 미국, 독일, 영국) 국가이다.

> 〈길라잡이〉
> 각 연도의 한국 물가수준을 100으로 한 지수자료이다. 따라서 특정 연도에서 한국을 중심으로 국가들 간에는 크기 비교는 할 수 있지만 특정 국가의 연도별 비교는 기본적으로 할 수 없다는 점을 기억해야 한다.

08 2003년부터 2007년까지 한국이 매년 3%씩 물가 상승했다는 것은 2003년 대비 2007년에 약 12%의 물가 상승률을 보인 것이다. 그런데 2003년 대비 2007년에 다른 국가들이 한국과 동일한 물가상승률을 보인다면 다른 국가들도 2003년과 2007년 모두 동일한 물가지수를 보이게 되며, 한국보다 물가상승률이 높다면, 2007년 물가지수는 2003년보다 높을 것이다. 2003년에 비해 2007년에 물가지수가 증가한 국가는 터키, 체코, 헝가리 3개국이다.

> 〈길라잡이〉
> 위의 설명을 구체적으로 살펴보면 다음과 같다.
> 2003년 터키의 물가지수는 88인데 이는 한국의 물가수준을 100으로 놓았을 때의 수치이다. 여기에서 한국의 물가를 A, 터키의 물가를 B라 하면, 한국을 기준으로 한 터키의 물가수준은 = 88이다. 여기에서 만약 두 국가가 2007년에 2003년 대비 12%씩 상승하였다면 = 가 된다. 즉 한국과 동일한 물가상승률을 보인다면 결국 2003년과 2007년의 물가지수는 동일하게 된다. 그런데 만약 한국보다 더 높은 물가상승률을 보인다면 가 되어 보다 높게 된다.

수 리 능 력 **3**장 p142

01 ③	02 ③	03 ①	04 ②	05 ④	06 ②

01
- A에서 B까지 이동한 시간은 a, B에서 C까지 이동한 시간은 b라 하면
  a + b = 5시간   … ❶
- A에서 C까지 거리 = 3km/h × a + 4km/h × b
- A에서 C까지 거리 = A에서 B까지 거리 × 3이라고 하였으므로
  3km/h × a + 4km/h × b = (3km/h × a) × 3

- 6km/h × a − 4km/h × b = 0 ··· ❷
- ❶을 ❷에 대입하면 6km/h × (5 − b) − 4km/h × b = 0
- 10km/h × b = 30km/h, b = 3시간
- b = 3시간 ❶에 대입하면 a = 2시간
- A에서 C까지 거리 = 3km/h × 2시간 + 4km/h × 3시간 = 18km
- A에서 C까지 평균 속도 = $\dfrac{A에서\ C까지\ 이동거리}{A에서\ C까지\ 이동시간}$ = $\dfrac{18km}{5시간}$ = 3.6km/h

〈길라잡이 1〉
- 거리 = 속도 × 시간
- 평균 속도 = $\dfrac{총\ 이동거리}{총\ 이동시간}$

02
- A, B, C가 8일 동안 생산한 부품 100개 × 8 + 50개 × 8 + 40개 × 8 = 1520개
- A와 B와 C가 8일 동안 불량품을 제외하고 생산한 제품 1444개
- A, B, C가 8일 동안 생산한 부품 중 불량품의 개수 = 1520개 − 1444개 = 76개
- 총 불량률 = $\dfrac{76}{1520}$ × 100 = 5%

03
- 처음 동전을 던졌을 때 앞 또는 뒤가 나올 확률은 각각 $\dfrac{1}{2}$
- 두 번째 동전을 던졌을 때 앞 또는 뒤가 나올 확률은 각각 $\dfrac{1}{2}$
- 세 번째 동전을 던졌을 때 앞 또는 뒤가 나올 확률은 각각 $\dfrac{1}{2}$

  따라서 세 번 모두 동전을 던져 나오는 각각의 확률은 $\dfrac{1}{2}$ × $\dfrac{1}{2}$ × $\dfrac{1}{2}$ = $\dfrac{1}{8}$
- 세 번 던져 세 번 모두 앞이 나오는 경우는 (앞, 앞, 앞) 뿐이므로 확률은 $\dfrac{1}{8}$
- 두 번 앞이 나오고 한 번 뒤가 나오는 경우 (앞, 뒤, 앞) $\dfrac{1}{8}$ + (뒤, 앞, 앞) $\dfrac{1}{8}$ + (앞, 앞, 뒤)
  $\dfrac{1}{8}$ = $\dfrac{1}{8}$ × 3 = $\dfrac{3}{8}$
- 한 번 앞이 나오고 두 번 뒤가 나오는 경우 (앞, 뒤, 뒤) $\dfrac{1}{8}$ + (뒤, 앞, 뒤) $\dfrac{1}{8}$ + (뒤, 뒤, 앞) $\dfrac{1}{8}$
  = $\dfrac{1}{8}$ × 3 = $\dfrac{3}{8}$
- 세 번 던져 세 번 모두 앞이 나오는 경우는 (뒤, 뒤, 뒤) 뿐이므로 확률은 $\dfrac{1}{8}$

  각 경우에 따른 기댓값을 합한 값 = $\dfrac{1}{8}$ × 10,000원 + $\dfrac{3}{8}$ × 5,000원 + $\dfrac{3}{8}$ ×(−2,000원) +
  $\dfrac{1}{8}$ × (−5,000원) = 1,750원

〈길라잡이〉
- 사건 A가 일어날 확률 = $\dfrac{사건\ A가\ 일어나는\ 경우의\ 수}{일어날\ 수\ 있는\ 모든\ 경우의\ 수}$
- 사건 A와 B가 함께 일어날 확률 = (A가 일어날 확률) × (B가 일어날 확률)

- 소금물의 농도가 8%인 소금물의 양을 xg라면 소금의 농도가 12%인 소금물의 양 = 2,400kg + xg

- 소금물의 양이 2,400kg + xg이고 소금의 농도가 12%인 소금물에 들어있는 소금의 양

$$\frac{12\% \times (2,400g + xg)}{100} = \frac{15\% \times 2,400g}{100} + \frac{8\% \times xg}{100}$$

- 36,000g + 8xg = 28,800g + 12xg, x = 1,800g

- 농도 8%인 1.8kg의 식염수에 들어있는 소금의 양 = $\frac{8\% \times 1,800g}{100}$ = 144g

〈길라잡이〉

– 소금의 양 = 소금물의 양 $\times \dfrac{\text{소금물의 농도 (\%)}}{100}$

- 작년 가격을 A라 할 때 올해 가격은 0.8 × A
- 작년 생산량 및 판매량을 B라 할 때 올 해 생산량 및 판매량은 2.5 × B
- 작년 매출액을 C이며 작년 수익은 0.2 × C라 할 때 올해 수익은 0.6 × C
- 작년 매출액 C = A × B이므로 올해 매출액 = (0.8 × A) × (2.5 × B) = 2AB = 2C
- 작년의 원가 = C − 0.2 × C = 0.8 × C, 올해의 원가 = 2C − 0.6 × C = 1.4 × C
- 작년 제품의 개당 원가 = $\dfrac{0.8 \times C}{B}$, 올해 제품의 개당 원가 = $\dfrac{1.4 \times C}{2.5 \times B}$ = $\dfrac{0.56 \times C}{B}$ =
- 작년 대비 올해 제품의 개당 원가 절감율

$$\left(1 - \frac{\text{올해 제품당 원가}}{\text{작년 제품당 원가}} \right) \times 100 = \left(1 - \frac{\dfrac{0.56 \times C}{B}}{\dfrac{0.8 \times C}{B}} \right) \times 100 = 30\%$$

- 현재 시간 4시 이며 식당에 도착하는 시간은 3시간 15분 후인 7시 15분
- 7시 15분일 때 시침과 분침이 이루는 각도 = 7시 15분일 때 시침이 6시 정각의 시침과 이루는 각도 + 7시 15분일 때 분침이 6시 정각의 시침과 이루는 각도
- 7시 15분일 때 시침이 6시 정각의 시침과 이루는 각도 = 75분 × 0.5° = 37.5°
- 7시 15분일 때 분침이 6시 정각의 시침과 이루는 각도 = 15분 × 0.5° = 90°
- 7시 15분일 때 시침과 분침이 이루는 각도 = 37.5° + 90° = 127.5°

〈길라잡이 1〉

– 시침의 분당 이동 각도 = $\dfrac{360°}{12\text{시간} \times 60\text{분}}$ = 0.5°

– 분침의 분당 이동 각도 = $\dfrac{360°}{60\text{분}}$ = 6°

*추리능력

01 피보나치 수열 : 앞의 두 항의 합으로 다음 항이 결정되는 피보나치수열이다.

$$-5 \to 4 \xrightarrow{-5+4} -1 \xrightarrow{4+(-1)} 3 \xrightarrow{(-1)+3} 2 \xrightarrow{3+2} 5 \xrightarrow{2+5} 7$$

02 ■ 분자와 분모를 나누어서 판단해야 한다.
■ 분자 : 공비가 3인 등비수열
  1항 $= 3^0$, 2항 $= 3^1$, 3항 $= 3^2$, 4항 $= 3^3$, 5항 $= 3^4$, 6항 $= 3^5$, 7항 $= 3^6$, 8항 $= 3^7 \cdots$
■ 분모 : 증가하는 자연수의 제곱
  1항 $= 1^2$, 2항 $= 2^2$, 3항 $= 3^2$, 4항 $= 42$, 5항 $= 5^2$, 6항 $= 6^2$, 7항 $= 7^2$, 8항 $= 8^2 \cdots$

03 ■ 해당 알파벳에서 다음 알파벳이 나오기 위해 좌측 또는 우측으로 이동하는 칸의 수를 통해 문자 변화의 규칙을 추리하면 된다.
■ 좌측으로 2의 배수, 우측으로 3의 배수만큼 이동하는 변화가 반복되고 있다.
■ o $\xrightarrow{\text{좌측 2칸}}$ m $\xrightarrow{\text{우측 3칸}}$ p $\xrightarrow{\text{좌측 4칸}}$ l $\xrightarrow{\text{우측 6칸}}$ r
■ 따라서 R 다음에는 좌측으로 6칸 이동하게 된다.
■ r $\xrightarrow{\text{좌측 6칸}}$ l

04 ※ 한글 자·모음 뿐 아니라 복자음 또는 복모음을 포함하는 사전상의 자·모음이 이용되는 경우도 있으므로 다음의 사전 상의 자·모음의 순서도 숙지하고 있도록 한다.
사전상의 모음 : ㅏ, ㅐ, ㅑ, ㅒ, ㅓ, ㅔ, ㅕ, ㅖ, ㅗ, ㅘ, ㅙ, ㅚ, ㅛ, ㅜ, ㅝ, ㅞ, ㅟ, ㅠ, ㅡ, ㅢ, ㅣ
사전상의 자음 : ㄱ, ㄲ, ㄴ, ㄷ, ㄸ, ㄹ, ㅁ, ㅂ, ㅃ, ㅅ, ㅆ, ㅇ, ㅈ, ㅉ, ㅊ, ㅋ, ㅌ, ㅍ, ㅎ

■ 'ㅝ'와 같이 사전상의 모음을 포함하고 있으므로 사전상의 모음순서를 이용하여 문제를 해결한다.
■ ㅏ → ㅑ : 우측으로 2칸 이동
■ ㅑ → ㅕ : 우측으로 4칸 이동
■ ㅏ → ㅝ : 우측으로 8칸 이동
■ 우측으로 2칸 이동 → 우측으로 2칸 이동 → 우측으로 2칸 이동과 같이 2의 승수가첫째항, 둘째항, 셋째항에 비례하여 커지면서 그 수만큼 우측으로 이동하는 규칙성을 보이고 있음을 알 수 있다. 따라서 'ㅝ' 다음에는 'ㅝ'에서 우측으로 2^4칸 이동한 모음이 온다.
■ ㅝ $\xrightarrow{\text{우측 16칸}}$ ㅏ

05 ■ 자음 : 좌측으로 2칸 → 좌측으로 3칸 → 좌측으로 5칸 → 좌측으로 7칸 → 좌측으로 11칸
사전상의 자음 : ㄱ, ㄲ, ㄴ, ㄷ, ㄸ, ㄹ, ㅁ, ㅂ, ㅃ, ㅅ, ㅆ, ㅇ, ㅈ, ㅉ, ㅊ, ㅋ, ㅌ, ㅍ, ㅎ
■ 모음 : 우측으로 2칸 → 우측으로 3칸 → 우측으로 5칸 → 우측으로 7칸 → 우측으로 11칸

사전상의 모음 : ㅏ, ㅐ, ㅑ, ㅒ, ㅓ, ㅔ, ㅕ, ㅖ, ㅗ, ㅘ, ㅙ, ㅚ, ㅛ, ㅜ, ㅝ, ㅞ, ㅟ, ㅠ, ㅡ, ㅢ, ㅣ
- 받침 : 좌측으로 2칸 → 좌측으로 3칸 → 좌측으로 5칸 → 좌측으로 7칸 → 좌측으로 11칸
사전상의 자음 : ㄱ, ㄲ, ㄴ, ㄷ, ㄸ, ㄹ, ㅁ, ㅂ, ㅃ, ㅅ, ㅆ, ㅇ, ㅈ, ㅉ, ㅊ, ㅋ, ㅌ, ㅍ, ㅎ

- 자음과 모음 그리고 받침의 변화를 보면 소수가 커지면서 좌측 또는 우측으로 그에 해당하는 수만큼 이동하고 있는 모습을 볼 수 있다. 따라서 '뻚' 다음으로 오는 문자는 좌측 또는 우측으로 13칸 이동한 자음과 모음이 오게 된다. 따라서
- ㅃ —좌측 13칸→ ㅊ, ㅟ —우측 13칸→ ㄴ, ㄸ —좌측 13칸→ ㅆ으로 '쵰'이 된다.

06
- 자음 : ㅋ —우측 1칸→ ㅌ —우측 2칸→ ㅎ —우측 3칸→ ㄴ —우측 4칸→ ㅁ
사전상의 자음 : ㄱ, ㄲ, ㄴ, ㄷ, ㄸ, ㄹ, ㅁ, ㅂ, ㅃ, ㅅ, ㅆ, ㅇ, ㅈ, ㅉ, ㅊ, ㅋ, ㅌ, ㅍ, ㅎ
- 모음 : ㅣ —우측 2칸→ ㅒ —우측 3칸→ ㅓ —우측 5칸→ ㅘ —우측 7칸→ ㅟ
사전상의 모음 : ㅏ, ㅐ, ㅑ, ㅒ, ㅓ, ㅔ, ㅕ, ㅖ, ㅗ, ㅘ, ㅙ, ㅚ, ㅛ, ㅜ, ㅝ, ㅞ, ㅟ, ㅠ, ㅡ, ㅢ, ㅣ
- 받침 : ㅃ —우측 2칸→ ㅆ —우측 4칸→ ㅊ —우측 6칸→ ㄲ —우측 8칸→ ㅅ
사전상의 자음 : ㄱ, ㄲ, ㄴ, ㄷ, ㄸ, ㄹ, ㅁ, ㅂ, ㅃ, ㅅ, ㅆ, ㅇ, ㅈ, ㅉ, ㅊ, ㅋ, ㅌ, ㅍ, ㅎ

- 자음의 경우 각 항의 순서에 비례하여 이동하는 칸이 1씩 증가하는 모습을 볼 수 있다. 모음의 경우 항이 늘어날수록 작은 소수부터 순차적으로 증가하는 소수만큼 이동하는 칸이 증가하는 모습을 볼 수 있으며, 받침의 경우 2의 배수만큼 이동하는 칸이 증가하는 모습을 볼 수 있다. 따라서 '뮋' 다음에 오는 글자는
- ㅁ —우측 5칸→ ㅇ, ㅟ —우측 11칸→ ㅓ, ㅅ —우측 10칸→ ㄱ인 '엌'이 된다.

추 리 능 력 **2**장　p175

01 예시로 주어진 도형을 통해 각각의 규칙을 추리할 수 있어야 한다. 예시를 보면 ∞ → ◣를 거친 도형은 색반전에 좌우대칭된 도형이다. 따라서 ∞ 또는 ◣ 각각은 색반전 및 좌우대칭이다. 그런데 ▽ → ∞를 거친 도형은 색반전이 되지 않았다. 이를 통해 ◣의 규칙은 '색반전'임을 알 수 있으며, ◣의 규칙은 '색반전'이므로 ∞의 규칙은 좌우대칭이다. ∞의 규칙은 좌우대칭이므로 ▽ → ∞를 거친 도형은 좌우대칭에 시계방향 90° 회전을 한 도형이다. 따라서 ▽의 규칙은 시계방향 90° 회전임을 알 수 있다. 나아가 ∞ → ▽ → ✛을 거친 도형을 통해 ✛의 규칙은 상하대칭임을 알 수 있다. 따라서 ∞ → ◣은 색반전에 좌우대칭이므로 주어진 도형에 ∞ → ◣을 적용한 도형은 ①임을 알 수 있다.

02 ✛의 규칙은 상하대칭이고 ∞의 규칙은 좌우대칭이다. 따라서 주어진 도형을 상하대칭하고 다시 좌우대칭 한 도형을 찾으면 된다. 이에 해당하는 도형은 ③이다.

03 주어진 도형 ⊞을 y축 대칭한 도형은 y축을 중심으로 도형을 뒤집은 도형 ⊞ 같다. 그리고 이 도형을 원점 대칭한 도형은 y축 대칭한 도형을 다시 x축 대칭한 후 y축 대칭한 도형과 같다. 이는 최초의 도형을 x축 대칭한 도형인 ⊞ 도형과 같다.

04 종이가 한번 접힐 때 마다 몇 겹이 되는지 판단하면 12겹이 됨을 알 수 있다. 따라서 구멍은 12개가 된다. 그리고 구멍이 뚫린 종이를 펼칠 때마다 구멍의 위치는 대칭 된다. 예컨대 최종적으로 종이가 접히고 구멍이 뚫린 상태에서 종이를 한 번 펼치면 처음 구멍과 대칭이 되는 위치에 구멍이 뚫려 있음을 확인할 수 있다. 이와 같은 과정을 4번 반복하면서 구멍의 위치를 확인하면 전체적인 구멍의 모습이 드러나게 된다. 즉, 접힌 순서를 역으로 거슬러 올라가며 각 단계에서 구멍의 위치를 판단하면 전체적인 모습을 판단할 수 있게 되는 것이다.

05 ①은 정팔면체를 만들 수는 있지만 문양이 옳지 않다. ②는 입체도형을 만들었을때 문양의 위치가 제시된 전개도와 다르게 된다. ③은 정팔면체를 만들 수 없다.

06 → 블록의 개수 = (n층의 가로 블록의 수 × 세로블록의 수)+(n−1측의 가로블록의 수×세로 블록의 수)+…
    따라서 주어진 블록의 개수 = (8×6)+(6×4)+(5×3)+(3×1)=90개
    → 2면 이하로 칠해지는 블록의 개수 = 총 블록의 개수 − 3면 이상 칠해지는 블록의 개수
    → n층의 3면 이상 칠해지는 블록의 개수 = n층의 블록의 개수 − 3면 이상이 칠해지는 블록의 개수
    따라서 1층에서 2면 이하로 칠해지는 블록의 개수 = (8×6)−24 (주의 : 바닥면을 포함하여 칠해진다)
    2층에서 2면 이하로 칠해지는 블록의 개수 = (6×4)−4
    3층에서 2면 이하로 칠해지는 블록의 개수 = (5×3)−4
    4층에서 2면 이하로 칠해지는 블록의 개수 = 3−3
    따라서 90개의 블록 가운데 2면 이하로 칠해지는 블록의 개수는 = 90−24−4−4−3=55개

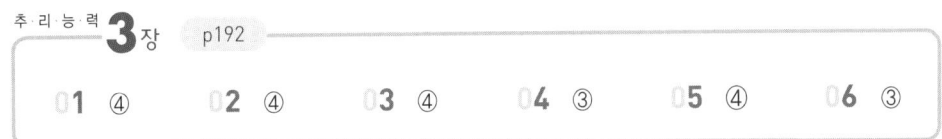

추·리·능·력 **3**장   p192

01 ④   **02** ④   **03** ④   **04** ③   **05** ④   **06** ③

01 (가)의 예상을 통해 A, D, E, F는 8강에서 서로 경기를 하지 않는다는 것을 알 수 있다. (나)의 예상을 통해 A, B, E, G는 8강에서 서로 경기를 하지 않는다는 것을 알 수 있다. (가)와 (나)의 예상에서 A와 E는 공통적으로 4강에 진출한다고 했으므로 두 사람이 확실하게 패할 것이라고 예상한 C 또는 H와 8강에서 경기한다는 것을 알 수 있다.
    그러므로 D또는 F는 B 또는 G와 8강에서 경기를 하도록 대진표가 짜였음을 알 수 있다. 따라서 D와 H는 8강에서 경기를 맞붙는 부서일 수 없다.

(가)와 (나)의 예상을 통해 A와 E는 C와 H 중 한부서와 8강에서 경기를 하게 되며, D는 B또는 G와, F는 B또는 G와 8강에서 경기를 하게 된다는 것을 알 수 있다.

문제에서 C, E, F, G가 4강에 진출한다고 했으므로 8강에서 C와 E는 서로 경기를 하지 않았고, F와 G는 서로 경기를 하지 않았음을 알 수 있다.

따라서 8강에서 A는 C와 경기를 하였고, E는 H와 경기를 하였음을 알 수 있다. 마찬가지로 8강에서 D는 G와 경기를 하였고, B는 F와 경기를 했다는 것을 알 수 있다.

주어진 조건을 정리해보자

(가) A는 신입사원과 당직을 설 수 없으므로 (나)에 의해 B, C, D와 당직을 서야 한다.

(나)에 의해 신입인 E, F, G는 A, B, C, D와 짝을 이루어야 한다.

선택지를 보면 ①과 ②는 B와 A가 연이어 당직을 섰기 때문에 (라)에 위배되므로 고려하지 않아도 된다.

또한 ③에서 A는 신입사원과 당직을 섰으므로 (가)에 위배된다. 따라서 조건에 부합하는 것은 ④이다.

04

6명이 6일 동안 2명씩 당직을 선다면 1명이 2번씩 당직을 서야 한다. 따라서 E도 2번 당직을 서야 한다. 그런데 (라)에 따라 같은 사람과 두 번 당직을 설 수 없으므로 D와 E가 당직을 선다면 E는 D가 아닌 다른 사람과 당직을 한 번 더 서야 한다. 즉, E는 A, B, C, F, G 중 한 명과 당직을 서야 한다. 그런데 E, F, G는 신입사원이므로 신입사원끼리 당직을 설 수 없다는 (나)에 따라 E는 F, G와 당직을 설 수 없다. 그리고 A는 신입사원과 당직을 설 수 없다는 (가)에 따라 A도 E와 당직을 설 수 없다. 그리고 발문에서 C와 E는 당직을 설 수 없다고 했으므로 C도 제외된다. 결국 E는 B와 당직을 설 수 밖에 없다. 따라서 D와 E가 같이 당직을 서면 B와 E는 반드시 같이 당직을 선다.

M사와 K사의 자동차는 쇼윈도에 전시될 수 없고 T사의 자동차는 항상 M사의 자동차 오른쪽에 전시해야 하므로 T사의 자동차도 쇼윈도에 전시될 수 없다. 따라서 쇼윈도에 전시될 수 있는 자동차는 이 세 회사를 제외한 나머지 4개의 회사 중 하나의 자동차이다. 따라서 확률은 $\frac{1}{4}$이다.

06

K사와 F사가 붙도록 전시되는 경우는 K–F와 F–K 뿐이다.

㉠ K–F, M–T, □, □, □로 5자리가 되므로 경우의 수 : 5×4×3×2×1=120

㉡ F–K, M–T, □, □, □로 5자리가 되므로 이 경우 경우의 수 : 5×4×3×2×1=120

K–F, M–T 또는 F–K, M–T는 쇼윈도에 전시될 수 없으므로 각 경우에서 K–F, M–T 또는 F–K, M–T가 쇼윈도에 전시되는 경우를 제외시켜야 한다.

㉠의 경우에는 K–F$\left(\frac{1}{5}\right)$, M–T$\left(\frac{1}{5}\right)$가 제외, ㉡의 경우에는 K–F$\left(\frac{1}{5}\right)$, M–T$\left(\frac{1}{5}\right)$가 제외된다.

따라서 K사 자동차와 F사의 자동차가 붙도록 전시되는 경우의 수는 다음과 같다.

$$\left(120 - 120\left(\frac{2}{5}\right)\right) + \left(120 - 120\left(\frac{2}{5}\right)\right) = 240 - 120\left(\frac{4}{5}\right) = 144$$

＊직무상식능력

직무상식능력 **1**장 p213

01 ①　　**02** ①　　**03** ②　　**04** ③　　**05** ③　　**06** ④

01　문제의 이론은 '핵심역량(core competence)' 이론 중 크라할라드와 하멜이 공저한 〈미래를 위한 경쟁〉에 수록되어 있는 내용이다. 핵심역량의 의미는 기업 내부의 조직구성원들이 보유하고 있는 총체적인 기술, 지식, 문화 등 기업의 핵심을 이루는 능력을 말한다. 핵심역량 이론의 대표적인 저서로는 〈미래를 위한 경쟁〉, 〈지식창조 기업〉, 〈사람이 경쟁력이다〉 등이 있다. 각 저서의 핵심 내용을 정리하면 다음과 같다.

> **길라잡이**

◆ 핵심역량 이론의 대표적 저서

미래를 위한 경쟁	• 핵심역량에 대한 프라할라드와 하멜의 대표적 저서 • 경쟁사를 압도하는 고유의 기술력, 고객을 만족시키는 기획력, 조직 내에 축적된 관리역량 등을 핵심역량이라 정의함 • 기존의 경쟁 틀에 얽매이지 않은 획기적인 시각과 역량으로 새로운 경쟁구도를 창출해야 한다는 논리를 역설함
지식창조기업	• 1980년대 부상한 일본 기업 배우기의 완결판이라 할 수 있는 노나카 이쿠지로와 다케우치의 저서 • 성공하는 일본 기업의 특질은 지식을 창조하는 내부 프로세스임
사람이 경쟁력이다.	• 핵심역량의 근원을 인적자원이라고 지적한 제프리 페퍼의 저서 • 높은 성과를 달성한 기업들이 성공할 수 있었던 근본적 요인은 업종 선택이나 기술개발, 규모의 경제가 아니라 인적자원의 경쟁력에 기반한 것임을 강조

02　문제의 설명은 위키노믹스에 대한 것이다.
- 판데노믹스(Pandenomics) : 세상의 중심이 인터넷으로 이동하게 되자 새로운 경제 패러다임이 등장하게 되었는데 그것이 바로 pandemic과 economics가 합성된 판데노믹스이다. 한마디로 네트워크 환경을 통해 전염병처럼 만들어지는 새로운 경제적 가치로 표현할 수 있다.
- 이노비즈(Innobiz) : 기술 우위를 바탕으로 경쟁력을 확보한 기술혁신형 중소기업을 말한다. innovation(혁신)과 Business(기업)의 합성어로, 연구개발을 통한 기술 경쟁력 및 내실을 기준으로 선정된다. 전 세계적으로 기술 혁신을 통해 기업과 국가의 경쟁력을 높이려는 뉴 패러다임이 새로운 화두로 떠오르고 있는 가운데 미국, 독일 등 OECD 선진국들은 이미 1995년부터 중소벤처기업을 국가경쟁력의 핵심으로 여기고 정부차원에서 전폭적인 지원 정책을 실시해오고 있다.
- 디지털경제(digital economy) : 디지털 개념과 경제를 합성한 용어이다. 디지털기술을 활용한 제품개발 기술은 물론 인터넷으로 대표되는 세계적 네트워크를 통해 새로운 정보유통

질서를 확보함으로써 기존의 시공간을 뛰어넘는 새로운 경제패러다임으로 그 의미가 확산되고 있다.

03   A국에서는 주어진 노동을 투입할 때 쌀(X재)과 밀(Y재)을 각각 최대한 (40, 80)단위 생산할 수 있으므로 국내가격비는 $(P_Y/P_X)^A = 2$이고, B국에서는 주어진 노동을 투입할 때 쌀(X재)과 밀(Y재)을 각각 최대한 (30, 120)단위 생산할 수 있으므로 국내가격비 $(P_Y/P_X)^B = 4$이다. 따라서 A국은 X재 생산에 비교우위를 갖고, B국은 Y재 생산에 비교우위를 갖는다.
    A국은 X재 생산에 비교우위를 가지므로 무역 이후에는 X재를 40단위 생산하고, B국은 Y재 생산에 비교우위를 가지므로 Y재를 120단위 생산한다. 무역 이후 A국은 X재와 Y재를 각각 (24, 48)단위 소비하므로 A국은 X재 16단위를 수출하고(B국, X재 16단위를 수입하여 소비), Y재 48단위를 수입한다(B국, Y재 72 단위를 소비). 그러므로 B국 재화소비량은 (16, 72)단위가 된다.

04   각국은 기회비용이 낮은 재화생산에 비교우위를 갖는다. 각국의 자동차와 비디오 생산의 기회비용을 계산해 보면 다음과 같다.

국가	자동차	노트북
한국	5	0.2
대만	8	0.125

표에서 보는 바와 같이 자동차 생산의 기회비용은 한국이 더 낮고, 노트북 생산의 기회비용은 대만이 더 낮으므로 한국은 자동차 생산에, 대만은 노트북 생산에 비교우위가 있다.
    한국에서는 자동차 생산의 기회비용은 5이고, 대만에서는 자동차 생산의 기회비용이 8이므로 무역 이전에 한국에서는 자동차 1대와 노트북 5대가 교환되고, 대만에서는 자동차 1대와 노트북 8대가 교환된다. 무역을 통해 두 나라가 모두 이익을 얻기 위해서는 교역조건이 양국의 국내가격비 사이에서 결정되어야 한다. 그러므로 자동차 1대와 교환되는 노트북은 5~8대 사이에서 결정되어야 한다.

05   문제의 설명은 모빌오피스제에 대한 것이다. 모빌오피스제란 재택근무와 사무실 근무의 중간 단계로 이른바 움직이는 사무실 또는 이동사무실이라는 제도이다. 이는 '사원 있는 곳에 사무실이 있다'는 차세대 근무형태의 개념이다. 직원의 근무형태에 따라 다른데, 사무실 내에 자신만의 사무공간을 두지 않아 매일 출퇴근을 하지 않는 대신 핸드폰, 노트북 등을 휴대하고 다니면서 집, 자동차 등을 고객 사무실로 활용, 정보검색을 통해 제품에 관한 고객문의에 신속히 대응하고 계약 및 결재까지 수행하는 '모빌 유저'라고 불리우는 직원에 적합한 제도이다.
    • 리프레시 휴가제 : 일정한 근속연수의 경과 등 직장생활의 전환기를 맞는 근로자에게 심신의 리프레시(refresh)에 충당하기 위한 휴가를 부여하는 제도이다.
    • 재택근무제 : 출퇴근 시간의 조절, 일일 근무시간을 늘이고 휴일을 추가하는 방식, 1주일 중에 3일 정도 출근하고 나머지 시간을 집에서 근무하는 방식 등의 여러 가지 유연근무방식 중 가장 파격적인 근무방식을 말한다.
    • 플렉스타임제 : 총 소정근로시간(1일8시간, 주 44시간) 범위 내에서 매일의 출퇴근 시각,

또는 1일의 근로시간 등을 근로자가 자유롭게 정할 수 있는 제도로, 일명 탁력근무제라고
도 한다.

06 자동차 사업이 아니라, 자동차용 전지 사업이다.
5대 신사업투자 결정은 이건희 회장이 삼성의 경영 전면에 다시 나서게 된 계기이다. 5대 신
사업은 10년 뒤의 유망성에 초점이 맞춰져 있다. 태양전지와 자동차용 전지, LED, 바이오 제
약, 의료기기 등이 5대 신사업으로 선정됐다. 키워드는 친환경과 에너지 그리고 건강산업이
다. 태양전지와 자동차용 전지, LED는 대표적인 친환경 산업이고, 바이오 제약과 의료기기
사업은 건강분야다. 환경, 에너지, 건강 등이 향후 전도유망한 산업일 것으로 판단해 신수종
사업으로 결정한 것이다.

직무상식능력 **2**장　p232

01 ①　**02** ③　**03** ②　**04** ③　**05** ④　**06** ②

01 전해질은 물에 녹았을 때 (+)전하와 (−)전하를 띤 이온으로 나누어지기 때문에 전류를 흐르게
한다. 그러나 비전해질은 전하를 띤 입자로 나누어지지 않으므로 전류를 흐르게 하지 않는다.
설탕, 에탄올, 포도당 등은 비전해질이므로 전하를 띤 입자로 나누어지지 않는 물질이다. 황
산구리(Ⅱ)와 염화나트륨은 전해질이다.

02 별까지의 거리는 거리 지수(겉보기 등급−절대 등급)에 의해 알 수 있다. 거리 지수가 큰 별이
가장 먼 별이다.
ㄱ. 0−3=−3　　　ㄴ. 2−2=0
ㄷ. 2−(−3)=5　　ㄹ. −2−3=−5

03 저항의 직렬연결에서 각 저항에 흐르는 전류(A)는 모두 같다. 따라서 $16\varOmega$에 흐르는 전류는
$0.7A$이다. 전압(V)=전류(I)×저항(R)에서 $0.7A×16\varOmega=11.2V$

04 물과 같은 극성 용매에는 극성 물질인 아세톤과 설탕 등이 잘 녹으며, 벤젠과 같은 무극성 용
매에는 무극성 물질인 기름때, 원유, 파라핀 등이 잘 녹는다. 이것은 용매 분자들과 용질 분자
들 사이의 인력에 의해서 결정된다. 분자 내의 전하 분포가 균일한 무극성 분자들 사이에는
분산력이 작용한다.

05 A, B 사이에서 색맹인 아들 C가 태어났으므로 A는 XX, A, B 사이에서 딸 D가 잠재성이 될
확률은 1/2, 잠재성이 D(XX)와 정상인 E(XY) 사이에서 색맹인 자녀 F가 태어날 확률은 1/4
이므로 F가 색맹이 될 확률은 1/2×1/4=1/8 이다.

06 10cm 길이의 고무줄 1개를 1cm 늘리는 데 필요한 힘을 F라고 하자. 같은 재료로 된 20cm
길이의 고무줄 1개를 1cm 늘리는 데는 F/2의 힘이 필요하다. 왜냐하면 10cm 길이일 때

1cm 늘어나면 같은 힘을 주었을 때 20cm 길이에서는 2cm 늘어나기 때문이다.

이제 20cm 길이의 고무줄 2개를 한꺼번에 1cm 늘리려면 $\frac{F}{2} \times 2$이므로 F가 된다. 따라서 이때 물체의 사곡도는 똑같이 1cm/s² 이 된다.

직무상식능력 3장 p246

| 01 ③ | 02 ④ | 03 ① | 4 ③ | 5 ③ | 6 ① |

01 복합문제 중 하나이다. 복합문제는 문제와 관련 있는 내용으로 논의를 확대하여 상식능력을 다각도로 점검하는 문제이다. 최근 들어 점점 비중이 높아지고 있다.

사진은 르 코르뷔지에의 '사보아 주택'으로 최초의 평슬라브 건축물로 평가받는 건축물이다. 프랑스 건축가 르 코르뷔지에는 '집은 살기 위한 기계'라고 하는 유명한 말로 기계 미학사상을 대변하였다. 서양 건축의 기조인 고전주의 미학을 조화시켜 철근 콘크리트 건축의 새로운 국면을 개척한 건축가이다.

프랑스 건축가이고, 사보아 주택이 프랑스에 있기 때문에 프랑스와 관계있는 설명을 고르면 된다.

19세기 인상주의 화가들은 프랑스 파리를 배경으로 활동했다.

2022년 월드컵 유치권을 따낸 나라는 카타르이다.

조지오웰의 〈카탈로니아찬가〉는 스페인 내전을 배경으로 했다.

세계적으로 가장 높은 경제성장률을 보이고 있는 나라는 중국이다.

02 -2010년 현재 우리나라 국회의원의 수는 공선법상 299인이다.

-현행 대법관의 임기는 6년이다.

-중앙선거관리위원회 위원은 9인으로 구성한다.

-대통령은 헌법재판소재판관 9인 모두를 임명한다.

-서울시 구청장은 25개이다.

　(강남구청, 구로구청, 강동구청, 송파구청, 관악구청, 광진구청, 용산구청, 성동구청, 중랑구청, 도봉구청, 은평구청, 마포구청, 영등포구청, 종로구청, 중구청동대문구청, 금천구청, 강북구청, 노원구청, 동작구청, 서초구청, 양천구청, 강서구청, 서대문구청, 성북구청 등 25개)

길잡이

◆ 관련 헌법 규정

헌법 제105조

①대법원장의 임기는 6년으로 하며, 중임할 수 없다.

②대법관의 임기는 6년으로 하며, 법률이 정하는 바에 의하여 연임할 수 있다.

③대법원장과 대법관이 아닌 법관의 임기는 10년으로 하며, 법률이 정하는 바에 의하여 연임할 수 있다.

헌법 제114조

①선거와 국민투표의 공정한 관리 및 정당에 관한 사무를 처리하기 위하여 선거관리위원회

를 둔다.

②중앙선거관리위원회는 대통령이 임명하는 3인, 국회에서 선출하는 3인과 대법원장이 지명하는 3인의 위원으로 구성한다. 위원장은 위원중에서 호선한다.

③위원의 임기는 6년으로 한다.

④위원은 정당에 가입하거나 정치에 관여할 수 없다.

⑤위원은 탄핵 또는 금고 이상의 형의 선고에 의하지 아니하고는 파면되지 아니한다.

헌법 제111조

②헌법재판소는 법관의 자격을 가진 9인의 재판관으로 구성하며, 재판관은 대통령이 임명한다.

③제2항의 재판관중 3인은 국회에서 선출하는 자를, 3인은 대법원장이 지명하는 자를 임명한다.

④헌법재판소의 장은 국회의 동의를 얻어 재판관중에서 대통령이 임명한다.

제112조

①헌법재판소 재판관의 임기는 6년으로 하며, 법률이 정하는 바에 의하여 연임할 수 있다.

제98조

①감사원은 원장을 포함한 5인 이상 11인 이하의 감사위원으로 구성한다.

②원장은 국회의 동의를 얻어 대통령이 임명하고, 그 임기는 4년으로 하며, 1차에 한하여 중임할 수 있다.

③감사위원은 원장의 제청으로 대통령이 임명하고, 그 임기는 4년으로 하며, 1차에 한하여 중임할 수 있다.

제104조

①대법원장은 국회의 동의를 얻어 대통령이 임명한다.

②대법관은 대법원장의 제청으로 국회의 동의를 얻어 대통령이 임명한다.

③대법원장과 대법관이 아닌 법관은 대법관회의의 동의를 얻어 대법원장이 임명한다.

④법관의 정년은 법률로 정한다.

03 그림은 르네상스 시대의 대표적 화가였던 레오나르도 다빈치의 〈모나리자〉이다.

〈모나리자〉는 1498년 정도에 그린 작품이다.(15세기 말엽에 해당하는 작품)

－안견은 조선 초기인 세종(1418~1450) 대의 화가로서 다빈치가 살던 시대와 가장 비슷한 시대의 우리나라 화가이다.

－정조(1776~1800)는 18세기 사람이다.

－솔거는 통일신라시대의 화가(약 7세기~8세기)이다.

－신윤복(1758~?)은 18세기 후반기의 화가이다.

길잡이

◆ 레오나르도 다빈치에 대한 연구

생애를 대개 5시기로 구분하여 연구

• 제1차 피렌체 시대(1466~1482)

• 제1차 밀라노 시대(1482~1499)

• 제2차 피렌체 시대(1500~1506)

• 제2차 밀라노 시대(1506~1513)

• 로마 · 앙부아즈 시대(1513~1519)

04 문제에서 설명하고 있는 영화 장르는 느와르이다.
- 누벨바그 : 1950년대 후반에 시작되어 1962년 절정에 이른 프랑스의 영화 운동. 누벨바그는 '새로운 물결(New Wave)'이란 뜻이다. 주제와 기술상의 혁신을 추구했던 이 경향은 무너져가는 프랑스 영화 산업에 대한 반동으로 형성됐다.
- 아르누보 : 아르누보는 19~20세기에 유럽 · 미국 각지에서 일제히 유행한 장식양식을 일컫는 말로서, '아르누보(artnouveau)'는 불어로 '새로운 예술'이란 뜻이다. 이 명칭은 1895년 말 미술상 사무엘 빙이 파리에 개점한 가게의 이름 〈아르누보〉에서 유래한다. 아르누보는 유럽의 전통적 예술에 반발하는 당시 미술계의 풍조를 배경으로 하고 있는데 아르누보의 작가들은 대개 전통으로부터의 이탈, 새 양식의 창조를 지향하여 자연주의, 자발성, 단순 및 기술적 완전을 이상으로 했다.
- 컬트 : 사전적으로 컬트(cult)란 말은 종교상의 예배(식), 제사, 유행, 숭배자(예찬자)의 무리, 이교, 사이비 종교, 종파, 기도 요법 등을 뜻한다. 이런 용어에서 기원한 컬트 영화는 제도권 영화에서 빛을 발하지 못하였으나 소수의 영화광들에 의해 다시 탄생한 영화를 의미한다. 그런 점에서 강렬한 판타지를 지니고 있으면서 관객들이 적극적으로 참여할 수 있는 여백이 많은 영화이다. 따라서 컬트 영화의 형식적인 규범이나 스타일이 그 자체로 존재하지는 않는다.

05 이 문제는 경제학의 한계효용체감의 법칙과 세계지리(특히 이탈리아의 주요 도시)에 대한 지식을 복합적으로 검증하는 문제이다. 한계효용체감을 법칙을 알아야 마지막 여행지를 알 수 있고, 그 지역의 지리 · 문화적 특색을 알지 못하면 풀 수 없는 문제이다.
밀라노 : 900-600=300. +300으로 경비보다 만족의 가치가 높다. 따라서 계속 여행을 계속할 것이다.
피렌체 : 600-400=200. 역시 +200의 이익이므로 계속 여행을 한다.
로마 : 600-500=100. +100의 만족을 보이고 있으므로 계속 여행을 하는 것이 유리하다.
나폴리 : -100이다. 경비가 만족을 초과하고 있다. 손해가 발생하기 때문에 나폴리는 여행을 하지 않는 것이 유리하다.
타란토 역시 경비가 만족을 초과하고 있기 때문에 여행하지 않는 것이 유리하다.
따라서 한식이는 로마까지 여행을 하고 귀국하는 것이 가장 좋다.
① 밀라노 지역에 대한 산업적 설명이다.
② 나폴리 지역에 대한 지리적 설명이다.
③ 이탈리아의 수도인 로마에 대한 지리적 설명이다.
④ 나폴리 지역에 대한 역사적 설명이다.

06 문제의 역사적 사건은 을미개혁에 대한 내용이다.
- 12지신 : 자(子;쥐), 축(丑;소), 인(寅;호랑이), 묘(卯;토끼), 진(辰;용), 사(巳;뱀), 오(午;말), 미(未;양), 신(申;원숭이), 유(酉;닭), 술(戌;개), 해(亥;돼지)
- 10천간 : 갑(甲)을(乙)병(丙)정(丁)무(戊)기(己)경(庚)신(辛)임(壬)계(癸)
을미(乙未)년에 있었던 개혁이므로 미(未)에 해당하는 동물인 양이다.

◆ 을미개혁
일본은 1895년 을미사변을 일으켜 친러파를 축출하고 제3차 김홍집 내각과 제4차 김홍집 내각을 조직하여 을미개혁을 시행했다.

-군제의 개편; 친위대와 진위대
-단발령 실시
-종두법 실시
-건양이라는 일세일원의 연호 사용
-태양력 사용
-우체사무 개시
-소학교 설치

EDU-TECH 대한적성시험연구소
S SAT 삼성그룹 직무적성검사

발행일 2011년 2월 15일 1판 1쇄 인쇄
2011년 2월 25일 1판 1쇄 발행

지은이 (주)EDU-TECH 대한적성시험연구소

발행인 황인욱

발행처 圖書出版 오래

주 소 서울특별시용산구 한강로 2가 156-13
전 화 02) 797-8786, 070-4109-9966 (대표)
팩 스 02) 797-9911
이메일 orebook@naver.com
홈페이지 www.orebook.com
출판신고번호 제302-2010-000029호.(2010. 3. 17)

ISBN 978-89-94707-26-6

가 격 15,000원